AN DEN LESER

Dianetik (vom Griechischen dia, „durch", und nous, „Seele") beschreibt grundlegende Prinzipien des Verstandes und der Seele. Durch Ausübung dieser Entdeckungen wurde es offensichtlich, dass Dianetik sich mit einer Wesenheit befasste, die sich dem Verfall der Zeit widersetzt – der menschlichen Seele – ursprünglich als „Ich" bezeichnet und später als „Thetan". Hiervon ausgehend setzte Hubbard seine Forschung fort und legte schließlich den Weg zu völliger spiritueller Freiheit für jeden Einzelnen fest.

Dianetik ist ein Vorläufer und ein Teilbereich der Scientology Religion und richtet sich gemäß ihrer Ausübung in der Kirche nur an den „Thetan" (die Seele), der dem Körper übergeordnet ist, sowie an dessen Beziehung zum und seine Auswirkungen auf den Körper.

Dieses Buch wird in seiner ursprünglichen Form vorgestellt. Es beinhaltet eine Aufzeichnung der Forschungen und Beobachtungen von L. Ron Hubbard über das Leben in seiner geistigen Bedeutung und über die Natur des Menschen. Es ist Bestandteil der religiösen Literatur und Schriften von L. Ron Hubbard und erhebt keine über das hier Gesagte hinausgehenden Ansprüche auf Seiten des Autors, des Verlegers oder irgendeiner Scientology Kirche.

Weder die Dianetik noch die Scientology verstehen sich als eine Methode zur körperlichen Heilung, noch geben sie dies vor, noch erheben sie irgendwelche Ansprüche in dieser Richtung. Die Kirche nimmt keine Personen auf, die die Behandlung einer körperlichen oder geistigen Krankheit erhoffen, sondern verlangt stattdessen eine kompetente medizinische Untersuchung durch qualifizierte Spezialisten zur Behandlung möglicher Krankheiten, bevor sie ihre Seelsorge beginnt.

Das Hubbard® Elektrometer oder E-Meter ist ein religiöses Gerät, das in der Kirche verwendet wird. Aus sich selbst heraus bewirkt das E-Meter nichts. Es wird ausschließlich von Geistlichen und Geistlichen in der Ausbildung benutzt, die in seiner Verwendung qualifiziert worden sind, um Gemeindemitgliedern zu helfen, selbst die Quelle seelischer Nöte aufzufinden.

Die Erreichung des segensreichen Nutzens und der Ziele der Dianetik und der Scientology erfordert die hingebungsvolle Teilnahme eines jeden Einzelnen, denn nur durch die eigenen Bemühungen kann man diese für sich erlangen.

Wir hoffen, dass das Lesen dieses Buches nur der erste Schritt einer persönlichen Entdeckungsreise in dieser neuen und vitalen Weltreligion ist.

DIESES BUCH GEHÖRT

____

SELBST-ANALYSE

SELBST-ANALYSE

Ein einfaches Selbsthilfebuch mit Tests und Prozessen, die auf den Entdeckungen beruhen, die in der Dianetik enthalten sind

L. RON HUBBARD

new·era®
Publications International ApS

Eine
Hubbard®
Veröffentlichung

New Era® Publications
International ApS
Store Kongensgade 53
1264 Kopenhagen K, Dänemark

ISBN 978-87-7989-949-0

GERMAN - SELF ANALYSIS

Wichtiger Hinweis

Achten Sie beim Lesen dieses Buches sehr sorgfältig darauf, dass Sie niemals über ein Wort hinweggehen, das Sie nicht vollständig verstehen. Der einzige Grund, warum jemand ein Studium aufgibt, verwirrt oder lernunfähig wird, liegt darin, dass er über ein nicht verstandenes Wort hinweggegangen ist.

Die Verwirrung oder die Unfähigkeit, etwas zu begreifen oder zu lernen, entsteht NACH einem Wort, das man nicht definiert und verstanden hat. Es können nicht nur die neuen und ungewöhnlichen Wörter missverstanden sein, die Sie nachschlagen müssen. Auch bei ganz gebräuchlichen Wörtern kann es häufig vorkommen, dass man eine falsche Definition dafür hat und sie daher Verwirrung stiften.

Diese Information, dass man über ein undefiniertes Wort nicht hinweggehen sollte, ist die wichtigste Tatsache auf dem ganzen Gebiet des Studierens. Jedes Fachgebiet, dessen Studium Sie angefangen und dann aufgegeben haben, enthielt Wörter, für die Sie keine Definition hatten.

Achten Sie also beim Studieren dieses Buches sehr, sehr sorgfältig darauf, dass Sie niemals über ein Wort hinweggehen, das Sie nicht vollständig verstehen. Wenn der Stoff verwirrend wird oder Sie ihn anscheinend nicht begreifen können, wird es kurz davor ein Wort geben, das Sie nicht verstanden haben. Gehen Sie nicht weiter, sondern gehen Sie VOR den Punkt zurück, wo Sie in Schwierigkeiten gerieten, finden Sie das missverstandene Wort und sehen Sie zu, dass Sie seine Definition bekommen.

Glossar

Als Hilfe für das Verständnis des Lesers wies L. Ron Hubbard die Herausgeber an, ein Glossar zur Verfügung zu stellen. Dieses ist im Anhang enthalten - im *Herausgeber-Glossar von Wörtern, Fachausdrücken und Wendungen*. Wörter haben manchmal mehrere Bedeutungen. Das *Herausgeber-Glossar* enthält nur die Definitionen der Wörter, wie sie in diesem Text verwendet werden. Weitere Definitionen des Wortes können in Standard-Sprachwörterbüchern oder in Dianetik- und Scientology-Wörterbüchern gefunden werden.

Wenn Sie irgendwelche anderen Wörter finden, die Sie nicht kennen, schlagen Sie sie in einem guten Wörterbuch nach.

SELBSTANALYSE

INHALTSVERZEICHNIS

Kapitel Zehn

Anhang

An jene Hunderttausende von begeisterten Anhängern der Dianetik,
die das Banner der geistigen Gesundheit gegen
die zerfallenden Festungen des Aberglaubens
vorausgetragen haben und denen es gelungen ist,
die Hoffnungen des Menschen um ihre Fahne zu scharen.

Schenken Sie dem, der Ihnen sagen würde, dieses System werde nicht funktionieren, nicht allzu viel Beachtung. Er würde sich nicht sicher fühlen, wenn Leute um ihn herum zu stark würden. Der weise Mann probiert aus, bevor er spricht. Der Kritiker aber folgt der Marotte eines zynischen und apathischen Zeitalters. Sie haben ein Recht auf Ihre eigene Meinung. Dieses System funktioniert oder auch nicht, gemäss Ihrer eigenen Erfahrung. Selbst alle Autoritäten der christlichen Welt können Naturgesetze nicht verändern.

Einführung

Selbstanalyse kann keine Toten auferstehen lassen.

Selbstanalyse wird weder Irrenhäuser leeren noch dem Krieg ein Ende setzen. Dies sind die Aufgaben des Dianetik Auditors und des Fachmanns der Gruppen-Dianetik.

Selbstanalyse wird Sie aber durch das interessanteste Abenteuer Ihres Lebens führen. Das Abenteuer *Ihrer selbst.*

Wie leistungsfähig sind Sie? Was sind Ihre Möglichkeiten? Wie sehr können Sie sich verbessern? Nun, im Grunde sind Ihre Absichten sich selbst und Ihren Mitmenschen gegenüber *gut.* Im Grunde sind Ihre potenziellen inneren Kräfte um vieles größer, als Sie dies je jemand glauben ließ, auch wenn sie manchmal durch den nicht so bleichen Schatten schlechter Erfahrung getrübt sind.

Nehmen Sie Ihr Gedächtnis, einen kleinen Teil Ihrer gesamten vorhandenen Vorzüge. Ist es perfekt? Können Sie sich nach Belieben alles zurückrufen, was Sie je gelernt oder gehört haben, jede Telefonnummer und jeden Namen? Wenn Sie es nicht können, so können Sie erkennen, dass es besser sein könnte. Es wird nun jemand, wenn er die Titelseite dieses Buches nur flüchtig betrachtet hat, anzunehmen versuchen, dass *Selbstanalyse* einfach nur das Gedächtnis verbessert. Das wäre genau so, wie wenn man sagen würde, dass ein Zug nur den Fahrplan einhalten kann. *Selbstanalyse* leistet viel mehr.

Aber das Gedächtnis ist ein Beginn. Wenn Ihr Gedächtnis so genau wäre wie ein Computer und sogar noch schneller, wären Sie viel leistungsfähiger und hätten es bequemer; Sie würden sich sicher die Notizen sparen, die Sie jetzt machen müssen. Ja, wahrscheinlich könnte Ihr Gedächtnis für Dinge, die Sie studiert haben, und Dinge, die Sie brauchen, *gar nicht gut genug sein.*

Es gibt jedoch eine Vielzahl von Dingen, die genauso wichtig sind wie das Gedächtnis. Es gibt Ihre Reaktionszeit. Die meisten Menschen reagieren in Notfällen zu langsam. Angenommen, Sie brauchen eine halbe Sekunde, um Ihre Hand von einem heißen Ofen zurückzuziehen. Das ist viel zu lange, um Ihre Hand auf dem Ofen zu haben.

Oder sagen wir, Sie brauchen eine Drittelsekunde, um zu sehen, wie das Auto vor Ihnen anhält, bevor Sie selbst auf die Bremse treten. Das ist zu lange. Eine große Anzahl von Unfällen passiert wegen zu langer Reaktionszeit.

Bei einem Sportler ist die Reaktionszeit ein direkter Maßstab dafür, wie leistungsfähig er in einer Sportart sein kann. Es hilft einem also in vielfacher Hinsicht, wenn man fähig ist, schnell zu reagieren.

Selbstanalyse beschleunigt die Reaktionszeit. Hier ist ein Trick: Nehmen Sie einen ungefalteten Geldschein und bitten Sie jemanden, ihn senkrecht über Ihrer Hand zu halten. Spreizen Sie Daumen und Zeigefinger genau unter dem unteren Rand des Geldscheins. Sagen Sie jetzt Ihrem Freund, dass er den Geldschein loslassen soll. Sie müssen versuchen, den Geldschein mit Daumen und Zeigefinger zu fassen. Haben Sie ihn verfehlt und erst zugeschnappt, als der Geldschein schon vollständig durchgefallen war? Das ist eine sehr langsame Reaktion. Haben Sie ihn am oberen Rand erwischt, nachdem er schon fast durch war? Das ist viel zu langsam. Haben Sie ihn in der Mitte erwischt? Das ist ziemlich gut. Oder haben Sie ihn am unteren Ende erwischt, noch bevor er wirklich anfing zu fallen? So sollte es sein. Das bedeutet weniger Unfälle und größere allgemeine Wachsamkeit. Nun, wenn Sie keinen echten körperlichen Schaden an der Hand oder am Arm haben, wird *Selbstanalyse* das für Sie beschleunigen.

Haben Sie Schwierigkeiten beim Einschlafen oder Aufstehen? Fühlen Sie sich häufig etwas müde? Nun, dem kann man abhelfen.

Und was die sogenannten psychosomatischen Krankheiten anbelangt, wie zum Beispiel Nebenhöhlenentzündungen, Allergien, einige Herzbeschwerden, „seltsame" Schmerzen und Wehwehchen, schlechtes Sehen, Arthritis usw. usw. usw. bis zu siebzig Prozent aller Leiden des Menschen - *Selbstanalyse* sollte in der Lage sein, merklich zu helfen.

Dann gibt es die Frage, wie jung oder alt Sie aussehen. *Selbstanalyse* kann hier eine ziemliche Veränderung herbeiführen.

Und es gibt die Sache der einfachen und natürlichen Fähigkeit, im Leben glücklich zu sein und Dinge zu genießen. Hierin glänzt *Selbstanalyse* beachtlich. Denn sie kann Ihre Tonstufe in der Regel rasch genug anheben, sodass selbst Sie damit übereinstimmen werden, dass Dinge gut sein können.

Der Held meiner Kindheit, der Maler Charles Russell, beschrieb einmal einen gewissen Trank folgendermaßen: „Mit dem Zeug im Leib spuckt ein Hase einem Wolf ins Auge." Nun mag *Selbstanalyse* nicht immer diese Wirkung haben, aber es geschieht doch oft genug, um dies die Regel zu nennen. Sicher ist, dass derjenige, der sie anwendet, oft durch eine solche Periode hindurchgeht, sehr zur Beunruhigung seiner Freunde. *Selbstanalyse* hat etwa die Wirkung, wie sie in dem Lied zum Ausdruck kommt:

„Die bösen Buben fürchten mich, die Mädchen seh'n mich gern,

Und wenn ich auf 'nem Wildpferd reit', so spürt's in mir den Herrn ..."

Die Moral und Warnung ist: „Wählen Sie keinen zu großen Wolf", zumindest nicht, bis Sie eine längere Zeit hindurch *Selbstanalyse* gemacht haben und die Dinge gewissermaßen wieder im richtigen Licht sehen.

Kurzum, dies ist ein Abenteuer. Wie gut können Sie werden?

Eine Menge hängt davon ab, wie gut Sie potenziell sind - aber seien Sie versichert, dass dies viel besser ist, als Sie je vermutet haben. Und es ist absolut sicher, dass es besser ist, als Ihre Freunde es Ihnen je erzählen würden.

Seien Sie bitte nicht entmutigt, wenn Sie sich später auf der Selbsteinschätzungs-Tabelle ziemlich weit unten finden. Nicht alles ist verloren. Der Prozessing-Abschnitt kann Sie in einem anständigen Tempo nach oben katapultieren, wenn Sie dranbleiben.

Und seien Sie nicht überrascht, wenn Sie, während Sie am Prozessing-Abschnitt arbeiten, plötzlich anfangen, sich unbehaglich zu fühlen. Ab und zu kann das jeder erwarten. Machen Sie einfach weiter. Sollte es zu schlimm werden, dann gehen Sie einfach zum letzten Abschnitt und beantworten Sie diese Fragen einige Male; Sie sollten dann sehr bald anfangen, sich besser zu fühlen.

Ich versuche, Ihnen nichts weiter zu sagen als Folgendes - Abenteuer sind langweilig, wenn nicht ein wenig Aufregung unerwartet aufkommt. Und mit Aufregung ist zu rechnen - manchmal zu viel.

Wenn Sie schließlich fertig sind, werden Sie eine ganze Menge über sich wissen.

All dies geschieht auf Ihre eigene Verantwortung. Etwas so Wirkungsvolles wie diese Prozesse kann gelegentlich ein Feuer entfachen. Wenn Sie geistig ziemlich stabil sind, besteht keine wirkliche Gefahr. Aber ich werde Sie nicht irreführen. Jemand könnte einfach durch das Lesen dieses Buches verrückt werden. Sollten Sie jemanden *Selbstanalyse* anwenden sehen, der nicht ganz so stabil ist, wie er glaubt, so reden Sie mit Engelszungen auf ihn ein, dass er die Finger davon lässt. Wer kaum geistigen Haferschleim verträgt, hat kein Recht auf rohes Fleisch. Schicken Sie ihn zu einem Dianetik Auditor. Auch wenn er ins Schleudern kommt, ein Dianetik Auditor kann ihn wieder in Ordnung bringen. Rufen Sie einfach einen Auditor herbei.

Täuschen Sie sich also nicht über die Tatsache hinweg, dass *Selbstanalyse* einen unstabilen Menschen zum Durchdrehen bringen kann.

Wir beschäftigen uns hier mit den Ursachen, derentwegen Menschen verrückt werden. Was hierzu in diesem Buch nicht erklärt ist, finden Sie in einem Standardwerk über Dianetik. Allerdings ist zu bezweifeln, ob *Selbstanalyse* in einem Jahr so viel Verrücktheit hervorbringen kann wie eine Einkommenssteuererklärung unserer gründlichen, wenn auch irgendwie beschränkten Regierung.

Nun zu den Einzelheiten: Sie finden die Tests in Kapitel Acht. Sie können den ersten machen. Damit werden Sie eine Zahl erhalten, die Ihnen einen Platz in der Tabelle zuweist. Schieben Sie die Schuld nicht auf mich, wenn das ein schlechter Platz ist. Geben Sie Ihren Eltern oder Ihren Lehrern die Schuld.

Als Nächstes wird es Sie wahrscheinlich interessieren, den Text zu lesen. Er wird Ihnen eine andere Anschauung der Dinge geben – möglicherweise. Es ist bedauerlich, wenn der Text einem Gelehrten zu einfach ist oder aber zu komplex oder sonst irgendetwas. Es ist ganz einfach ein Bemühen, einige Begriffe über den Verstand darzulegen, Begriffe, die auf viel technischem Material in der Dianetik beruhen, die hier aber leichter verdaulich gemacht wurden. Es wird Ihnen beim Prozessing besser gehen, wenn Sie den Text gelesen haben.

Der Prozessing-Abschnitt, Kapitel Zehn, hat viele Teile. Sie können sich einfach geradewegs hindurcharbeiten oder aber jeden einzelnen immer und immer wieder durcharbeiten, bis Sie das Gefühl haben, dass Sie diesen Teil Ihres Lebens genügend erforscht haben. Auf jeden Fall werden Sie jeden Abschnitt viele Male durchgehen.

Hinten in diesem Buch befindet sich eine beidseitig benutzbare Scheibe, die Ihnen helfen wird.

So sind Sie nun vorbereitet, auf Entdeckungsreise in Ihr eigenes Leben zu gehen. Das ist für jedermann ein interessantes Abenteuer. Was ich tun konnte, um es zu erleichtern, habe ich getan. Seien Sie jedoch nicht zu streng mit mir, wenn Sie in einem längst verschollenen Fluss auf Grund laufen und von Menschenfressern oder Engrammen verschlungen werden. Der letzte Abschnitt wird Ihnen helfen, da herauszukommen – oder zumindest dem, was von Ihnen übrig geblieben ist.

Verzagen Sie jedoch nicht, und lassen Sie nicht nach, wenn es einmal ungemütlich wird. Es ist leicht, alles hinzuwerfen. Und dann würden Sie nie wissen, was Sie im Grunde wirklich sind.

Wollen Sie das Ganze bis zum Ende durchstehen? Sie sind tapfer. Mein Kompliment.

Mögen Sie nie wieder derselbe sein.

L. RON HUBBARD

K A P I T E L   E I N S

WIE WIR UNS SELBST KENNENLERNEN

KAPITEL EINS

WIE WIR UNS SELBST KENNENLERNEN

Sind Sie sich selbst ein Freund?

Wahrscheinlich haben Sie keinen Freund, den Sie mehr vernachlässigen, als sich selbst. Und doch muss jeder Mensch zuerst ein Freund seiner selbst werden, bevor er der Welt ein wahrer Freund sein kann.

In dieser Gesellschaft wuchert die Aberration geradezu in den überfüllten Städten und Geschäftszentren. Es gibt nur wenige Menschen, die nicht von allen Seiten Kampagnen ausgesetzt sind, mit denen ihnen eingeredet wird, sie seien viel geringer, als sie selbst von sich glauben.

Wenn irgendjemand das über Ihre Freunde sagen würde, was man über Sie andeutet, würden Sie den Betreffenden bekämpfen. Es ist an der Zeit, dass Sie für den besten Freund kämpfen, den Sie je haben werden – Sie selbst.

Der erste Schritt beim Schließen dieser Freundschaft besteht darin, dass Sie Bekanntschaft damit machen, was Sie sind und was Sie werden könnten. „Erkenne dich selbst!", sagten die alten Griechen. Bis vor kurzem war es nicht möglich, sich selbst gründlich kennenzulernen. Über das menschliche Verhalten als Wissenschaft war wenig bekannt. Die Atomphysik hat der Menschheit jedoch neues Wissen enthüllt, darunter auch die allgemeinen Charakteristika der Lebensenergie. Dadurch kann vieles erkannt werden, was zuvor nicht vermutet wurde.

Um sich selbst zu erkennen, müssen Sie zwar nicht über Atomphysik Bescheid wissen, aber Sie müssen etwas über das offensichtliche Ziel des Lebens im Allgemeinen und Ihre eigenen Ziele im Besonderen wissen.

In einem späteren Kapitel finden Sie Fragen, deren Beantwortung Ihnen einen tieferen Einblick in Ihre gegenwärtigen Fähigkeiten und deren Entwicklungsmöglichkeiten gibt. Lassen Sie sich ja nicht täuschen, Ihre Fähigkeiten können weitaus größer werden, als Sie je zuvor vermutet haben.

Befassen wir uns erst einmal mit dem allgemeinen Ziel allen Lebens. Woher mögen wir gekommen sein und wohin mögen wir gehen? Wenn wir dies wissen, können wir etwas über die Grundgesetze erfahren, die Ihre eigenen Antriebe und Ihr Verhalten motivieren.

Alle Probleme sind im Grunde einfach, wenn man einmal die grundlegende Antwort kennt. Und das Leben ist dabei keine Ausnahme. Seit Jahrtausenden haben die Menschen sich bemüht, die dem Dasein zugrunde liegenden Triebkräfte zu entdecken; und in einem aufgeklärten Zeitalter, als durch die Erforschung der Universen bereits genügend Geheimnisse gelüftet worden waren, um uns Atombomben zu bescheren, wurde es möglich, nach dem Grundgesetz des Lebens zu forschen und es zu finden. Was würden Sie tun, wenn Sie über dieses Grundgesetz verfügten? Wie leicht würden Sie dann all die Probleme, Rätsel und Verwicklungen von Persönlichkeit und Verhalten verstehen? Sie könnten Zauberkünstler verstehen und Bankdirektoren, Oberste und Kulis, Könige, Katzen und Kohlenträger. Und Sie könnten, was wichtiger ist, ohne weiteres vorhersagen, was diese unter irgendeinem gegebenen Umstand tun würden. Sie wüssten ganz ohne Rätselraten - mit einer Sicherheit von geradezu teuflischer Genauigkeit -, was von irgendjemandem zu erwarten wäre.

„Am Anfang war das Wort", aber wie lautete das Wort? Welches Grundprinzip umriss es? Welches Verstehen würde jemand haben, wenn er es wüsste?

Einst unternahm ein persischer König gewaltige Anstrengungen, um dieses Wort in Erfahrung zu bringen. Er versuchte, es zu entdecken, indem er seine Weisen das gesamte Wissen der Welt zusammenfassen ließ.

Auf seinen Befehl hin wurden alle Bücher, die geschrieben und erhältlich waren, in einer ungeheuren Bibliothek zusammengetragen. Karawanenladungen von Büchern wurden in jene alte Stadt geschafft, und die Weisen jener Zeit arbeiteten jahrelang, um jedes bekannte Stück Wissen in einem einzigen Band zusammenzufassen.

Aber der König wollte eine bessere Darlegung des grundlegenden Wortes. Und so ließ er seine Weisen den Band auf eine einzige Seite reduzieren. Und er ließ sie die Seite weiter auf einen Satz reduzieren. Und dann, nach vielen weiteren Jahren des Studiums, erhielten seine Philosophen endlich jenes einzelne Wort - die Formel, die alle Rätsel lösen würde.

Und ein Krieg zerstörte die Stadt, und das Wort ging verloren.

Aber welches Wort war das? Sein Wert würde sicher alle Reichtümer Persiens übersteigen, denn es würde ein Verstehen des Menschen ermöglichen. Zweitausend Jahre später können wir, basierend auf dem Studium der atomaren und molekularen Phänomene, wiederum als gegeben voraussetzen, wie dieses Wort lautete. Und es verwenden. Es verwenden, um uns selbst zu erkennen und um die Handlungen anderer Menschen vorherzusagen.

KAPITEL ZWEI

Über die Gesetze von Überleben und Überfluss

KAPITEL ZWEI

Über die Gesetze von Überleben und Überfluss

Das Dynamische Prinzip des Daseins lautet: ÜBERLEBEN!

Auf den ersten Blick mag das zu grundlegend erscheinen. Es mag zu simpel scheinen. Aber wenn wir dieses Wort untersuchen, finden wir einiges, das es uns ermöglicht, Kunststücke damit zu machen und Dinge zu wissen, die vorher nie bekannt waren.

Wissen könnte als Pyramide dargestellt werden. An ihrer Spitze stünde nur eine einfache Tatsache, eine Tatsache allerdings, die das Universum so weitgehend umfasst, dass viele Tatsachen aus ihr abgeleitet werden könnten. Wir könnten uns vorstellen, von diesem Punkt nach unten in immer größer werdende Mengen von Tatsachen hinabzusteigen, was durch das Breiterwerden der Pyramide dargestellt wäre.

An jedem beliebigen Punkt dieser Pyramide, den wir untersuchen, würden wir feststellen, dass Tatsachen, je weiter man hinabsteigt, weitreichendere Bedeutungen haben, die weniger zueinander in Beziehung stehen. In dem Maße, wie man nach oben geht, wird man immer größer werdende Einfachheiten finden. Wissenschaft ist das Verfahren, sehr ähnlich dem jenes persischen Königs, am Fuß der Pyramide anzufangen und im Bemühen emporzusteigen, grundlegendere Tatsachen zu entdecken, die spätere Tatsachen erklären. Man könnte sagen, dass Philosophie das Vorgehen darstellt, sehr grundlegende Tatsachen zu nehmen und dann aus ihnen Erklärungen für immer mehr Tatsachen abzuleiten.

An der Spitze unserer Pyramide haben wir ÜBERLEBEN!

Es sieht ganz danach aus, als ob vor sehr langer Zeit das Höchste Wesen allem Leben einen Befehl gegeben hätte: „Überlebe!" Es wurde nicht gesagt, wie zu überleben sei, und auch nicht, wie lange. Alles, was gesagt wurde, war: „Überlebe!" Das Gegenteil von „Überleben!" ist „Unterliegen". Und das ist die Strafe dafür, sich nicht mit Überlebensaktivitäten zu beschäftigen.

Aber wie steht es nun mit Dingen wie Moral, Idealen, Liebe? Gehen diese Dinge nicht über „bloßes Überleben" hinaus? Unglücklicher- oder glücklicherweise tun sie das nicht.

Wenn man an Überleben denkt, ist man irrtümlich geneigt, nur an „äußerste Notwendigkeit" zu denken. Das ist nicht Überleben; denn hier ist kein Spielraum für Verlust.

Wenn ein Ingenieur eine Brücke konstruiert, kalkuliert er einen sogenannten „Sicherheitsfaktor" ein. Wenn eine Brücke zehn Tonnen tragen soll, dann baut er sie so, dass sie auch noch fünfzig Tonnen aushält. Er macht diese Brücke fünfmal so stabil. So hat er dann einen Spielraum für Materialverschleiß, Überbelastung, plötzliche und unvorhergesehene Beanspruchung der Bestandteile und jeden nur möglichen Unglücksfall eingebaut.

Die einzige wirkliche Garantie, wie man im Leben überlebt, ist *Überfluss.*

Wenn ein Bauer sich ausrechnet, dass er im Jahr zwölf Scheffel Getreide für seine Ernährung braucht, und dann zwölf Scheffel anpflanzt, so hat er seine Überlebenschance sehr deutlich verringert. Tatsächlich wird er nicht überleben, wenn nicht irgendein Nachbar umsichtiger war. Denn die Heuschrecken werden sich einen Teil des Weizens holen; und die Dürre und der Hagel einen weiteren. Und der Steuereintreiber wird sich einiges holen. Und wie will dieser Bauer Weizen aussäen, wenn er beabsichtigt, alles, was er anbaut, als Nahrung zu verwenden?

Nein, der Bauer, der weiß, dass er im kommenden Jahr zwölf Scheffel Weizen für seine Ernährung braucht, sollte lieber hundert Scheffel anpflanzen. Dann können die Heuschrecken und die Finanzbeamten davon wegkauen, so viel sie wollen, und er kann immer noch genügend für seine eigene Ernährung ernten, außer natürlich, er lebt in einem sozialistischen Land - wo niemand überlebt, zumindest nicht besonders lange!

Ein Einzelner überlebt oder unterliegt im Verhältnis zur Fähigkeit, die nötigen Mittel zum Überleben zu bekommen und zu behalten. Zum Beispiel bedeutet die Sicherheit einer guten Arbeitsstelle eine gewisse Garantie für das Überleben - sofern andere Bedrohungen des Daseins nicht allzu überwältigend werden. Jemand, der im Jahr zwanzigtausend verdient, kann sich bessere und wetterfestere Kleidung leisten, eine intaktere und schönere Wohnung, ärztliche Betreuung für sich und seine Familie, gute Transportmittel und, was wichtig ist, er hat den Respekt seiner Kollegen. Alle diese Dinge sind Überleben.

Natürlich kann der Mann, der im Jahr zwanzigtausend verdient, eine so aufreibende Arbeit haben, so viel Neid bei seinen Kollegen erregen und so sehr gepiesackt werden, dass er etwas von seinem Überlebenspotenzial einbüßt. Aber sogar ein Subversiver wird politisch umschwenken, wenn Sie ihm zwanzigtausend im Jahr anbieten.

Nehmen Sie jemanden, der nur wenig pro Monat verdient. Die Kleidung, die er trägt, schützt ihn nur sehr unzureichend. Daher kann er leicht krank werden. Er wohnt in einem Haus, das ihn nur schlecht vor der Witterung schützt. Vor lauter Sorgen ist er abgezehrt. Denn sein Überlebensniveau liegt so niedrig, dass er keinen Spielraum hat, keinen Überfluss. Er kann nichts für den Tag zurücklegen, an dem er einmal krank wird. Einen Arzt kann er nicht bezahlen. Und er kann keinen Urlaub nehmen. Selbst in einem kollektivistischen Staat hätte er ein derartiges Los; er würde so gründlich unter staatliche Aufsicht gestellt, dass er wenig tun könnte, um sein eigenes Überleben zu schützen.

Die Jugend hat, verglichen mit dem Alter, einen Überfluss an Überleben. Denn Jugend hat noch Ausdauer. Und die Träume der Jugend - Träume fördern gutes Überleben - sind durch Fehlschläge noch nicht gebrochen. Darüber hinaus hat die Jugend eine lange Lebenserwartung. Das ist wichtig, weil Überleben die Länge der Zeit, die man lebt, mit einschließt.

Gutes Überleben für den Einzelnen oder für viele kann dort nicht gefunden werden, wo Ideale, Ehrlichkeit und Liebe zu seinen Mitmenschen fehlen. Der Verbrecher überlebt nicht gut. Er verbringt im Allgemeinen die Mehrzahl seiner Erwachsenenjahre eingesperrt wie ein wildes Tier und von den Gewehren guter Scharfschützen an der Flucht gehindert. Jemand, der als ehrlich bekannt ist, wird mit Überleben belohnt - guten Arbeitsstellen und guten Freunden. Und der Mensch, der seine Ideale hat, überlebt nur so lange gut, wie er diesen Idealen treu bleibt, was auch immer die Handlanger des Teufels ihm ins Ohr säuseln, um ihn dazu zu bringen, von diesen Idealen abzulassen. Haben Sie je von einem Arzt gehört, der aus Gewinnsucht heimlich beginnt, Verbrecher zu behandeln oder mit Dope zu handeln? Dieser Arzt überlebt nicht lange, nachdem er seine Ideale fallen gelassen hat.

Kurzum, die esoterischsten Begriffe fallen unter dieses Verständnis von ÜBERLEBEN! Man überlebt so lange, wie man sich selbst, seiner Familie, seinen Freunden und den Gesetzen des Universums treu bleibt. Wenn jemand in einem dieser Punkte versagt, ist sein Überleben geschmälert.

Überleben endet allerdings nicht abrupt. Überleben heißt nicht, im einen Moment lebendig und im nächsten tot zu sein. Überleben erfolgt vielmehr auf einer abgestuften Skala.

KAPITEL DREI

Über den Tod des Bewusstseins

KAPITEL DREI

Über den Tod des Bewusstseins

Wo hört Überleben auf und fängt Unterliegen an? Die Trennungslinie ist nicht der Tod, wie wir ihn gemeinhin kennen, sondern vielmehr etwas, das wir den Tod des Bewusstseins des Individuums nennen könnten.

Die wichtigste Waffe des Menschen ist seine Vernunft. Da er im Gegensatz zu vielen anderen Lebensformen keine Reißzähne, Panzerung und Klauen besitzt, hat er sich auf sein logisches Denkvermögen verlassen, um sein Überleben zu verbessern.

Es war eine gute Entscheidung, das Denkvermögen zur Hauptwaffe zu machen. Es hat den Menschen mit dem Königreich der Erde belohnt. Vernunft ist eine hervorragende Waffe. Die Tiere mit ihren Reißzähnen, ihrer Panzerung und ihren langen Klauen sind auf Waffen festgelegt, die sie nicht ändern können. Sie können sich nicht auf eine sich verändernde Umwelt einstellen. Doch ist es für das Überleben enorm wichtig, sich zu verändern, wenn die Umwelt sich verändert. Jede ausgestorbene Art ist ausgestorben, weil sie sich nicht verändern konnte, um eine neue Umwelt zu beherrschen. Vernunft hilft diesem Versagen in starkem Maße ab. Denn der Mensch kann neue Werkzeuge und Waffen erfinden und eine völlig neue Umgebung schaffen. Die Vernunft gestattet dem Menschen, sich zu wandeln, um neuen Situationen gerecht zu werden. Mit Vernunft behält er die Kontrolle über neue Umgebungen.

Jedes Tier, das sich lediglich seiner Umgebung anpasst, um ihr zu entsprechen, ist zum Untergang verurteilt. Denn Umgebungen ändern sich rasch. Die beste Überlebenschance haben Tiere, die ihre Umwelt beherrschen und sie verändern.

Die einzige Möglichkeit, einen kollektivistischen Staat zu organisieren, besteht darin, die Leute zu der Überzeugung zu bringen, dass sie sich wie die Tiere an bestehende Verhältnisse anpassen und sich nach ihnen richten müssen. Man muss den Leuten das Recht nehmen, als Individuen Kontrolle über ihre Umgebung auszuüben. Dann können sie reglementiert und in Gruppen zusammengepfercht werden. Sie werden dann zu Besitztümern, nicht Eigentümern. Man muss ihnen die Vernunft und das Recht, vernünftig zu denken, entziehen, denn der eigentliche Kern der Vernunft ist das Recht, über seine Umgebung eigene Beschlüsse zu fassen.

Die Elemente bekämpfen den Menschen, und der Mensch bekämpft den Menschen. Das vorrangige Angriffsziel der Gegner der Menschheit oder eines Menschen ist deren bzw. dessen Recht und Fähigkeit, vernünftig zu denken. Die rohen und blind wütenden Naturgewalten, Sturm, Kälte und Nacht überwältigen den Menschen, fordern ihn heraus und zermalmen vielleicht sogar die Vernunft ebenso wie den Körper.

Aber genauso wie dem Tod stets Bewusstlosigkeit vorausgeht, und wenn es nur Augenblicke sind, genauso kommt vor dem Tod des Organismus erst der Tod der Vernunft. Dieser Vorgang kann lange dauern, sogar ein halbes Leben, sogar noch länger.

Haben Sie je die gespannte Aufmerksamkeit eines jungen Mannes beobachtet, der mutig den Kräften trotzt, die sich dem Leben entgegenstellen? Und haben Sie einen anderen, betagten Menschen beobachtet? Sie werden feststellen, dass beim alten Menschen das logische Denkvermögen gelitten hat. Er hat sich hart und mühsam Erfahrungen erworben, und von der Mitte seines Lebens an versuchte er, in den Geleisen dieser Erfahrungen weiterzukommen. Die Jugend denkt auf der Basis geringer Erfahrung schnell, und das Alter mit seiner großen Erfahrung denkt langsam; das ist eine Binsenweisheit. Das Denken der Jugend ist weit davon entfernt, immer richtig zu liegen, denn die Jugend versucht, vernünftig zu überlegen, ohne angemessene Informationen zu haben.

Angenommen, wir hätten einen Menschen, der sich all sein logisches Denkvermögen bewahrt hätte und darüber hinaus umfangreiche Erfahrungen besäße. Stellen wir uns vor, unsere Greise könnten mit all der Begeisterung und der Vitalität der Jugend denken, während sie darüber hinaus den ganzen Schatz ihrer Erfahrung hätten. Das Alter sagt zur Jugend: „Du hast keine Erfahrung!" Die Jugend sagt zum Alter: „Du hast keinen Weitblick, du willst keine neuen Ideen akzeptieren oder sie auch nur prüfen!" Eine ideale Kombination wäre offenbar, die Erfahrung des Alters und die Vitalität und Vorstellungskraft der Jugend zu haben.

Vielleicht haben Sie auch zu sich gesagt: „Meine ganze jetzige Erfahrung ist gut und schön, doch was würde ich nicht für etwas von der Begeisterung geben, die ich einmal hatte." Oder vielleicht haben Sie alles damit entschuldigt, dass Sie „Ihre Illusionen verloren haben". Aber sicher, dass es Illusionen waren, sind Sie nicht. Sind Dinge wie Aufgewecktheit im Leben, rasche Begeisterungsfähigkeit, der Wunsch und der Wille zu leben, der Glaube an ein Ziel - sind diese Dinge Illusionen? Oder sind sie Symptome des eigentlichen Stoffes, aus dem kraftvolles Leben besteht? Und ist ihr Schwinden nicht ein Symptom des Todes?

Wissen zerstört den Lebenswillen nicht; Schmerzen und der Verlust der Selbstbestimmung zerstören diesen Willen. Das Leben kann schmerzhaft sein, und oft ist es schmerzhaft, Erfahrung zu gewinnen. Wesentlich ist, diese Erfahrung zu bewahren. Aber bleibt Erfahrung nicht Erfahrung, auch wenn sie den Schmerz nicht mehr enthält?

Stellen Sie sich vor, Sie könnten aus Ihrem Leben allen angesammelten Schmerz, physischer und anderer Art, auslöschen. Wäre es denn gar so furchtbar, von einem gebrochenen Herzen Abschied zu nehmen oder von einer psychosomatischen Krankheit, von Furcht, Angst und Schrecken?

Stellen Sie sich vor, ein Mensch hätte noch einmal eine Chance, mit allem, was er weiß, dem Leben und dem Universum erneut ins Auge zu sehen und zu sagen, dass es bezwungen werden könnte.

Können Sie sich einen Tag zurückrufen, als Sie noch jünger waren und beim Aufwachen funkelnden Tau auf Gras und Blättern schimmern sahen und eine goldene Sonne, strahlend über einer glücklichen Welt?

Können Sie sich zurückrufen, wie schön und herrlich es einmal war? Den ersten süßen Kuss? Die Wärme wahrer Freundschaft? Die anheimelnde Atmosphäre einer Fahrt im Mondschein?

Was war es, das diese strahlende Welt so anders werden ließ?

Das Bewusstsein über die Welt, die einen umgibt, ist nichts Absolutes. Zu einer Zeit des Lebens empfindet man Farbe, Glanz und Freude bewusster als zu einer anderen. In der Jugend kann man die strahlende Wirklichkeit der Dinge leichter fühlen als im Alter. Und ist dies nicht etwas wie eine Abnahme der Bewusstheit, des Bewusstseins?

Was ist es, das jemanden des strahlenden Glanzes der Welt, die ihn umgibt, weniger gewahr sein lässt? Hat sich die Welt verändert? Nein, denn jede neue Generation sieht den Zauber und die Schönheit, die überschäumende Kraft des Lebens - desselben Lebens, das dem älteren Menschen bestenfalls stumpf vorkommen mag. Der Einzelne verändert sich. Und was lässt ihn sich verändern? Der Verfall seiner Drüsen und Sehnen? Wohl kaum, denn alle Bemühungen, die auf Drüsen und Sehnen - das heißt, die Struktur des Körpers - ausgerichtet sind, haben wenig, wenn überhaupt etwas, vom strahlenden Glanz des Lebens wiederhergestellt.

„Ach, Jugendzeit", seufzt der Erwachsene. „Hätte ich doch dein Feuer wieder!" Was hat dieses Feuer vermindert?

So wie die Bewusstheit über den Glanz des Lebens nachlässt, hat die eigene Bewusstheit abgenommen. Bewusstsein verfällt in genau demselben Maße wie Bewusstheit. Die Fähigkeit, die Welt um einen herum wahrzunehmen, und die Fähigkeit, treffende Schlussfolgerungen über die Welt zu ziehen, sind im Grunde dieselbe Sache.

Brillen sind ein Symptom für den Verfall der Bewusstheit. Man braucht Verstärkung für seine Sehkraft, um die Welt strahlender zu sehen. Der Verlust der Fähigkeit, sich schnell zu bewegen, so schnell zu rennen, wie man es als Kind konnte, ist eine Verminderung von Bewusstheit und Fähigkeit.

Vollständige Bewusstlosigkeit ist Tod. Halb bewusstlos ist halb tot. Zu einem Viertel bewusstlos zu sein ist ein viertel tot. Und genau in dem Maße, wie jemand die mit dem Leben verbundenen Schmerzen ansammelt und es versäumt, auch die Freuden anzusammeln, rückt ihm der Herr mit der Sense immer näher auf die Pelle. Und dann folgt zu guter Letzt die physische Unfähigkeit, zu sehen, zu denken und zu sein, bekannt als Tod.

Wie sammelt man diesen Schmerz an?

Würden volles Bewusstsein und ein vollständiges klares Begreifen des Lebens wiederkehren, wenn man ihn loswürde?

Und gibt es einen Weg, ihn loszuwerden?

KAPITEL VIER

UNSER STREBEN NACH UNSTERBLICHKEIT

KAPITEL VIER

Unser Streben nach Unsterblichkeit

Das physikalische Universum besteht aus vier Elementen - *Materie, Energie, Raum und Zeit.*

Gemäß der Kernphysik ist die Materie aus Energie, zum Beispiel Elektronen und Protonen, zusammengesetzt. Und Energie und Materie existieren in Raum und Zeit. Eigentlich ist das alles ganz einfach. Und genau deshalb brauchen wir nicht groß darauf einzugehen, um zu verstehen, dass das Universum, in dem wir leben, aus einfachen Bestandteilen aufgebaut ist, die in verschiedener Weise gruppiert und umgruppiert werden, sodass sie vielfältige Gestalten und Erscheinungsformen bilden.

Der betonierte Bürgersteig, die Luft, Sprudel mit Eiswürfeln, Gehaltsschecks, Katzen, Könige und Kohlenträger sind im Grunde genommen aus Materie, Energie, Raum und Zeit zusammengesetzt. Und wenn sie lebendig sind, enthalten sie eine andere Zutat - *Leben.*

Leben ist eine Energie von ganz besonderer Art und gehorcht bestimmten Gesetzen, die sich von denjenigen unterscheiden, die für das gelten, was wir normalerweise für Energie halten (wie zum Beispiel Elektrizität). Leben ist jedoch eine Energie und hat einige besondere Eigenschaften.

Leben ist in der Lage, Materie und Energie in Raum und Zeit zu sammeln, zu organisieren und sie zu beleben. Das Leben nimmt eine gewisse Menge Materie und Energie und formt damit einen Organismus, wie zum Beispiel einen Einzeller, einen Baum, einen Eisbären oder einen Menschen.

Danach wirkt dieser Organismus, der immer noch von der Energie, die wir Leben nennen, belebt ist, weiter auf Materie und Energie in Raum und Zeit ein und organisiert und belebt Materie und Energie weiterhin zu neuen Objekten und Formen.

Man könnte sagen, dass das Leben damit beschäftigt ist, das physikalische Universum zu erobern. ÜBERLEBEN! gilt als der grundlegende Drang des Lebens. Um Überleben zu erreichen, muss das Leben seine Eroberung des physikalischen Universums fortsetzen und dabei erfolgreich sein.

Wenn das Leben oder eine Lebensform aufhört, mit dieser Eroberung fortzufahren, hört es/sie auf zu überleben und unterliegt.

Wir haben es hier mit einem gigantischen Geschehen zu tun: der Energie des Lebens versus Materie, Energie, Raum und Zeit. Leben versus das physikalische Universum.

Ein ungeheures Ringen ist hier im Gang. Das chaotische, unorganisierte, nur zur Gewalt fähige physikalische Universum leistet der Eroberung durch das Leben Widerstand, jenes organisierenden und beharrlichen Lebens, das fähig zur Vernunft ist.

Das Leben lernt die Gesetze von Materie, Energie, Raum und Zeit des physikalischen Universums und wendet dann diese Gesetze gegen das physikalische Universum an, um dessen Eroberung voranzutreiben.

Der Mensch hat viel Zeit darauf verwandt – so zum Beispiel in den Wissenschaften der Physik und Chemie –, alles, was er konnte, über das physikalische Universum in Erfahrung zu bringen; was aber noch wichtiger ist, er hat durch den täglichen Kampf des Lebens gegen das Universum gelernt. Glauben Sie ja nicht, dass sich bei einem Einzeller noch keine Kenntnis der praktischen Regeln des Lebens zeigt, denn sie zeigt sich. Was für eine Gewitztheit ist vonnöten, um einige Chemikalien und Sonnenlicht zu einer lebendigen Einheit zusammenzuführen! Der Biologe steht voll Ehrfurcht vor der Geschicklichkeit der Verwaltung der kleinsten lebenden Zellen. Er sieht voller Staunen auf diese komplizierten und umsichtigen Wesen, diese mikroskopischen Einheiten von Formen des Lebens, und nicht einmal er kann glauben, dass dies alles Zufall ist.

Es gibt also Leben, eine vitale Energie, die nicht ganz dasselbe ist wie die Energie des physikalischen Universums. Und dann gibt es noch Lebensformen.

Die Lebensform oder der Organismus, zum Beispiel ein *lebendiger* menschlicher Körper, besteht aus Leben *plus* Materie, Energie, Raum und Zeit des physikalischen Universums. Ein *toter* Körper besteht aus Materie, Energie, Raum und Zeit des physikalischen Universums *minus* der Lebensenergie. Das Leben war in dem Körper, hat ihn organisiert und hat sich dann aus dem Organismus zurückgezogen. Wir kennen diesen Vorgang als den Zyklus von Empfängnis, Geburt, Wachstum, Verfall und Tod.

Es gibt zwar Antworten darauf, wohin das Leben geht, wenn es sich zurückzieht, und was es dann tut, doch brauchen wir dies jetzt nicht zu untersuchen. Für einen lebenden Organismus ist die Tatsache von Wichtigkeit, dass er in Abhängigkeit von dem gesamten Streben allen Lebens zu überleben sucht und dass ihm die Eroberung des physikalischen Universums gelingen muss, um dies zu tun.

Einfach ausgedrückt: Zuerst muss das Leben genügend Materie und Energie ansammeln, um einen Organismus (wie den menschlichen Körper) aufzubauen. Dann muss es den Organismus mit freundlichen anderen Organismen (zum Beispiel anderen Menschen) verbünden, die zur Zusammenarbeit bereit sind, und es muss fortfahren, zusätzliche Materie und Energie für Nahrung, Kleidung und Unterkunft für die Erhaltung seiner selbst heranzuschaffen. Um zu überleben, muss es zusätzlich zwei spezifische Dinge von grundlegender Wichtigkeit tun, abgesehen von der Notwendigkeit, Gefährten, Nahrung, Kleidung und Unterkunft zu haben.

Das Leben muss sich Vergnügen verschaffen.

Das Leben muss Schmerz vermeiden.

Das Leben hat einen aktiven Drang weg vom Schmerz, denn der Schmerz ist Nichtüberleben, zerstörerisch und Tod an sich. Der Schmerz ist eine Warnung vor dem Nichtüberleben oder möglichem Tod.

Das Leben hat einen aktiven Drang zum Vergnügen hin. Vergnügen kann definiert werden als die Handlung in Richtung Erreichen oder Verschaffen von Überleben. Das äußerste Vergnügen ist eine Unendlichkeit von Überleben oder Unsterblichkeit - ein Ziel, das der physische Organismus selbst nicht erreichen kann (aber dessen Leben schon), doch strebt der Organismus dieses Ziel an.

Glücklichsein könnte demnach als die Überwindung von Hindernissen in Richtung auf ein wünschenswertes Ziel definiert werden. Wenn es näher betrachtet wird, wird man entdecken, dass jedes wünschenswerte Ziel ein Überlebensziel ist.

Zu viel Schmerz behindert den Organismus auf seinem Weg zum Überleben.

Zu viele Hindernisse zwischen dem Organismus und dem Überleben bedeuten Nichtüberleben.

Dementsprechend stellt man fest, dass der Verstand damit beschäftigt ist, sich Mittel und Wege auszurechnen oder vorzustellen, um Schmerz zu vermeiden und Vergnügen zu erreichen und die Lösungen in die Tat umzusetzen. Und das ist alles, was der Verstand tut:

Er erkennt, formuliert und löst Probleme, die sich auf das Überleben des Organismus, zukünftiger Generationen, der Gruppe, des Lebens und des physikalischen Universums beziehen, und setzt die Lösungen in die Tat um.

Wenn der Verstand die Mehrzahl der vorgelegten Probleme löst, erreicht der Organismus auf diese Weise ein hohes Überlebensniveau. Wenn der Verstand des Organismus beim Lösen der Mehrzahl der Probleme scheitert, dann scheitert der Organismus.

Verstand und Überleben haben also eine eindeutige Beziehung. Wir meinen hier den gesamten Verstand, nicht nur das Gehirn. Das Gehirn ist eine Struktur. Der Verstand kann als das ganze Wesen betrachtet werden, sterblich und unsterblich, die eindeutige Persönlichkeit des Organismus und alle ihre Eigenschaften.

Wenn also jemandes Verstand gut arbeitet und die Probleme, die er lösen sollte, löst und diese Lösungen entsprechend in die Tat umsetzt, ist das Überleben des Organismus gesichert. Wenn der Verstand nicht gut arbeitet, ist das Überleben des Organismus fraglich und zweifelhaft.

Jemandes Verstand muss also in hervorragender Verfassung sein, wenn er das Überleben seiner selbst, seiner Familie, zukünftiger Generationen, seiner Gruppe und des Lebens optimal garantieren soll.

Der Verstand trachtet danach, Überlebenshandlungen zu garantieren und zu steuern. Er erstrebt nicht nur für den Organismus (sich selbst) Überleben, sondern erstrebt es für die Familie, Kinder, zukünftige Generationen und alles Leben. Daher kann er auch gezielt abgestumpft sein. Ein Verstand kann in Bezug auf das eigene Überleben abgestumpft sein und sich dennoch des Überlebens zukünftiger Generationen bewusst sein. Er kann in Bezug auf Gruppen abgestumpft sein und sich dennoch seiner Verantwortung für den Organismus (selbst) sehr bewusst sein. Um gut zu funktionieren, darf der Verstand in keiner Hinsicht abgestumpft sein.

Um gut zu funktionieren, muss sich der Verstand als fähig betrachten, das physikalische Universum aus Materie, Energie, Raum und Zeit entsprechend den Erfordernissen des Organismus, der Familie, zukünftiger Generationen, von Gruppen und ebenso des Lebens zu handhaben.

Der Verstand muss fähig sein, für sich selbst, für zukünftige Generationen, für die Familie, für die Gruppe ebenso wie für das Leben selbst Schmerz zu vermeiden und Freude zu finden.

Im selben Maße, wie der Verstand dabei versagt, Schmerz zu vermeiden und Freude zu finden, versagen der Organismus, die Familie, zukünftige Generationen, die Gruppe und das Leben.

Wenn ein Organismus in einer Gruppe dabei versagt, Probleme des Überlebens richtig zu lösen, ist dies ein teilweises Versagen für die ganze Gruppe. Daher: „Suche niemals zu finden, wem die Stunde schlägt, sie schlägt dir!"

Leben ist ein Bemühen in wechselseitiger Abhängigkeit und Zusammenarbeit. Jeder einzelne lebende Organismus hat im Überleben anderer Organismen eine Rolle zu spielen.

Im Falle eines denkenden Verstandes, wie dem des Menschen, muss der Organismus fähig sein, für sein eigenes Überleben und das Überleben anderer unabhängig zu handeln. Um dieses vielfältige Überleben zu erreichen, muss ein Verstand jedoch fähig sein, Lösungen zu verwirklichen, die nicht nur für ihn selbst optimal sind, sondern auch für alle anderen Dinge, die von seinem Überleben betroffen sind.

Daher muss der Verstand eines Organismus Übereinstimmung mit dem Verstand anderer Organismen erreichen, damit alle auf dem höchstmöglichen Niveau überleben können.

Wenn ein Verstand getrübt und abgestumpft wird, beginnt er seine Lösungen schlecht zu berechnen. Er beginnt, über seine Ziele in Verwirrung zu geraten. Er ist unsicher darüber, was er eigentlich zu tun beabsichtigt. Und er wird das Überleben anderer Organismen beeinträchtigen und verhindern. Er kann zum Beispiel beginnen, die Berechnung anzustellen, dass er als Selbst überleben muss und dass nur sein Selbst wichtig ist, und auf diese Weise das Überleben anderer außer Acht lassen. Dies ist eine gegen das Überleben gerichtete Tätigkeit und in hohem Maße aberriert.

Ein Verstand, der anfängt, nur für sich selbst zu „überleben" und andere Organismen um ihn herum herabzuwürdigen und gewaltsam zu kontrollieren, hat schon mehr als die Hälfte der Wegstrecke zu seinem eigenen Tod zurückgelegt. Es ist ein Verstand, der weniger als zur Hälfte lebendig ist. Er hat weniger als die Hälfte seines tatsächlichen Potenzials. Seine Wahrnehmung des physikalischen Universums ist unzureichend. Er erkennt nicht, dass sein Überleben von der Zusammenarbeit mit anderen abhängt. Er hat seine Überlebensmission verloren. Dieser Verstand ist bereits auf dem besten Weg zum Tod, hat seinen Höhepunkt überschritten und wird sogar persönliche Maßnahmen ergreifen, die seinen eigenen Tod herbeiführen.

Leben, das große, allumfassende Leben, hat Verwendung für den Tod eines Organismus. Wenn ein Organismus nicht mehr gut bestehen kann, sieht der Plan des Lebens vor, ihn zu töten und dann wieder in einen neuen Organismus zu investieren.

Der Tod ist die Maßnahme des Lebens, um sich eines veralteten und unerwünschten Organismus zu entledigen, sodass neue Organismen geboren werden und gedeihen können.

Nicht das Leben selbst stirbt, nur der physische Organismus. Offenbar stirbt eine Persönlichkeit nicht einmal. Tod ist also in Wahrheit ein Begriff, der sich auf den Tod des physischen Teils des Organismus beschränkt. Leben und Persönlichkeit bestehen offensichtlich weiter. Der physische Teil des Organismus stellt seine Funktion ein. Und das ist der Tod.

Wenn ein Organismus einen Punkt erreicht, an dem er nur noch halb bewusst ist und sowohl seine Wahrnehmungskraft als auch seine Funktion nur noch halb so gut sind, wie sie sein sollten, dann beginnt der Tod. Danach trifft der Organismus Maßnahmen, um das Sterben zu beschleunigen. Er tut dies „unbewusst". Doch wird ein solcher Verstand in diesem aberrierten Zustand auch anderen Organismen den Tod bringen, und darum ist ein halb bewusster Organismus für andere eine Bedrohung. Hier ist der Unfallanfällige angesiedelt, der Faschist, die herrschsüchtige, egoistische und selbstsüchtige Person. Hier ist ein Organismus auf dem Weg hinaus.

Wenn ein Organismus einen Punkt erreicht, wo er nur noch zu einem Drittel lebendig und zu einem Drittel bewusst ist und nur ein Drittel dessen wahrnimmt, was möglich ist, dann beschleunigt das Leben den Tod dieses Organismus und derer um ihn herum umso mehr. In dieser Kategorie finden wir den Selbstmörder, den ständig Kranken und jenen, der sich weigert zu essen.

Manchmal dauert es Jahre und Jahre, bis ein Organismus, der den Weg zum Tod hin eingeschlagen hat, stirbt. Denn der Organismus erholt sich wieder etwas, und er hat noch immer einen geringen Wunsch zum Weiterleben. Auch helfen ihm andere Organismen zu leben. Er wird von der Woge des Lebens vorangetragen, auch wenn seine persönliche Marschroute auf den Tod hinzielt - den Tod anderer, den eigenen Tod und den Tod des physikalischen Universums, das ihn umgibt.

Die Gesellschaft, deren Hauptteil entschlossen ist zu überleben, versagt darin oder weigert sich, den Tod oder den Todesdrang von Organismen zu erkennen. Die Gesellschaft erlässt Gesetze gegen Mord und Selbstmord. Die Gesellschaft stellt Krankenhäuser zur Verfügung und schleppt solche Leute mit sich weiter. Die Gesellschaft will nichts von Euthanasie oder „Töten aus Barmherzigkeit" hören.

Organismen, die die halbe Strecke auf dem Weg zum Tod hinter sich gebracht haben, finden außerordentliche Mittel und Wege, um anderen, Dingen und sich selbst den Tod zu bringen. Das sind dann die Hitlers, die Verbrecher und die zerstörerisch Neurotischen.

Geben Sie einer Person, die diesen Punkt überschritten hat, ein Auto zu fahren und sie kann in einen Unfall verwickelt werden. Geben Sie ihr Geld, und sie wird es für Dinge ausgeben, die gegen das Überleben gerichtet sind.

Aber wir dürfen nicht das Dramatische betonen und das Wichtige vergessen, wie es die Zeitungen tun. Die Handlung und der Drang zum Tod hin werden nur dann bemerkbar, wenn es sehr dramatisch ist, doch ist es in seinen undramatischen Formen am gefährlichsten.

Eine Person, die die Mitte des Weges passiert hat, bringt Dingen und Menschen immer Tod in kleinen Mengen. Ein schmutzig gelassenes Haus, nicht eingehaltene Verabredungen, ungepflegte Kleidung, heimtückischer Klatsch, nörgelnde Kritik an anderen, „zu ihrem eigenen Besten" - all dies sind Enturbulierungen, die zu Fehlschlägen führen, und zu viele Fehlschläge führen zu Tod.

Man sollte ja nicht annehmen, dass die „Mitte des Weges" die Hälfte der Lebensdauer bedeutet. Sie bedeutet halb bewusst, halb lebendig, zur Hälfte (oder weniger) wahrnehmend und denkend. Ein Kind kann durch seine Eltern und durch die Schule auf dieses Niveau hinuntergedrückt werden. Und tatsächlich sinken Kinder üblicherweise über diese Mitte hinaus nach unten, so groß sind die Niederlagen, die ihnen in ihrer Umwelt beim Ringen mit dem Leben beigebracht werden. Alter ist kein Kriterium, wohl aber die körperliche Gesundheit.

Das verlässlichste Anzeichen dafür, dass jemand die Mitte überschritten hat, ist seine körperliche Verfassung. Die chronisch Kranken haben diese Mitte überschritten.

Will man eine sichere Gesellschaft haben, dann muss man, um diese Gesellschaft von ihren Todesfaktoren zu befreien, entweder Verfahrensweisen haben, um die Leute auszuschalten, die dieser Gesellschaft den Tod bringen - die Hitlers, die Geisteskranken und die Verbrecher -, oder aber man muss über irgendwelche Möglichkeiten verfügen, diese Leute zu retten und sie wieder in den Zustand vollen Bewusstseins zu bringen.

Volles Bewusstsein hieße volle Erkenntnis der eigenen Verantwortlichkeiten, der Beziehung zu anderen und der Fürsorge für sich selbst und für die Gesellschaft.

Wie kann man das erreichen? Wäre es erreichbar, könnte man eine gesellschaftliche Ordnung in bis dahin unerreichbare Höhen emporheben. Man könnte Gefängnisse und Irrenhäuser leeren. Man könnte eine Welt schaffen, die für den Krieg zu geistig gesund ist. Es könnten Leute in Ordnung gebracht werden, die nie zuvor die Möglichkeit dazu hatten. Und Menschen, die nie zuvor wirklich erfahren haben, was Glück ist, könnten glücklich sein. Man könnte den guten Willen und die Leistungsfähigkeit aller Menschen und aller Gesellschaftsordnungen anheben, wenn man die Vitalität dieser Leute wiederherstellen könnte.

Um zu wissen, wie man sie wiederherstellen kann, muss man wissen, wie das Bewusstsein, die Vitalität und der Lebenswille vermindert werden.

KAPITEL FÜNF

Wie wir das Niveau unseres Bewusstseins anheben

KAPITEL FÜNF

Wie wir das Niveau unseres Bewusstseins anheben

Ein Organismus wird durch angesammelten Schmerz in Richtung Tod heruntergedrückt.

Schmerz in einem einzigen, großen, überwältigenden Schock führt unmittelbar zum Tod.

Schmerz in kleinen Mengen, über ein ganzes Leben hin verteilt, unterdrückt den Organismus Stufe um Stufe in Richtung Tod.

Was ist Schmerz?

Schmerz ist die Warnung vor Verlust. Schmerz ist ein in lebende Organismen eingebautes automatisches Warnsystem, das den Organismus darüber informiert, dass ein Teil oder der gesamte Organismus unter Belastung steht und dass er entweder etwas dagegen unternehmen sollte oder stirbt.

Das Signal des Schmerzes bedeutet, dass der Organismus in unmittelbarer Nähe einer zerstörerischen Kraft oder eines zerstörerischen Objektes ist. Schmerz nicht zu beachten heißt sterben. Schmerz ist die Peitsche, die den Organismus von heißen Öfen und eisigem Frost wegtreibt. Schmerz ist die Androhung von Nicht-Überleben, die Strafe für Irrtümer beim Versuch zu überleben.

Und immer ist Schmerz Verlust. Wenn man sich den Finger verbrennt, heißt das, dass der Körper die Oberflächenzellen dieses Fingers verloren hat. Sie sind tot. Ein Schlag auf den Kopf bedeutet den Tod von Kopfhautzellen und anderen Zellen in diesem Gebiet. Der ganze Organismus wird auf diese Weise vor der Nähe einer Quelle des Todes gewarnt und versucht deshalb, davon wegzukommen.

Der Verlust eines geliebten Menschen ist auch ein Verlust von Überleben. Der Verlust eines Besitzes ist auch ein Verlust von Überlebenspotenzial. Dann bringt man körperlichen Schmerz und den Verlust überlebenswichtiger Organismen und Gegenstände durcheinander, und deshalb gibt es so etwas wie „seelischen Schmerz".

Aber das Leben ist in seinem Kampf gegen das physikalische Universum niemals nachsichtig, wenn es ums Versagen geht. Ein Organismus, der tollkühn genug ist, sich einem allzu massiven Schlag auszusetzen, und so in Bewusstlosigkeit hinuntergedrückt wird, verbleibt in der Nähe des Schmerz verursachenden Objektes. Es wird als Nicht-Überleben betrachtet, wenn er so deutlich zu überleben versagt.

Die Bewusstlosigkeit, die als Folge eines Schlags oder einer Krankheit erlebt wird, gibt ein schnelles Bild davon, was in der gesamten Spanne eines Lebens geschieht.

Gibt es zwischen diesen beiden Vorgängen, abgesehen von der Zeit, überhaupt irgendeinen Unterschied?

Ein Schlag, der Bewusstlosigkeit zur Folge hat und mit dem Tod endet.

Die angesammelten Schläge über ein ganzes Leben hin, die die stufenweise Verminderung des Bewusstseins zur Folge haben und schließlich im Tod enden.

Das eine ist langsamer als das andere.

Eine der grundlegenden Entdeckungen der Dianetik war, dass Bewusstlosigkeit und der gesamte damit verbundene Schmerz in einem Teil des Verstandes gespeichert wurden und sich anhäuften, bis der Organismus zu sterben begann.

Eine weitere Entdeckung der Dianetik war, dass diese schmerzhafte Erfahrung aufgelöst oder ausgelöscht werden könnte und dass dann volles

Bewusstsein zurückkehrt und die Fähigkeit zu überleben wiederhergestellt wird.

Die Dianetik hat es - mit anderen Worten - möglich gemacht, die über die Jahre angesammelte Bewusstlosigkeit und schmerzhaften Erfahrungen auszulöschen und die Gesundheit und Vitalität eines Organismus wiederherzustellen.

Angesammelte Erfahrungen von körperlichem Schmerz und Verlust verringern Bewusstsein, körperliche Gesundheit und Lebenswillen bis hin zu einem Punkt, an dem der Organismus aktiv den Tod sucht, wenn auch oft in versteckter Weise.

Löschen Sie die schmerzhaften Erfahrungen und Verluste eines Lebens aus oder machen Sie sie unwirksam, und die Vitalität kehrt zurück.

Die Vitalität des Lebens, das Streben nach höheren Überlebensniveaus, ist das Leben selbst.

Es hat sich herausgestellt, dass der menschliche Körper außergewöhnlich fähig ist, sich selbst zu erneuern, wenn die gespeicherten, schmerzhaften Erinnerungen ausgelöscht wurden. Weiterhin wurde entdeckt, dass die Behandlung sogenannter psychosomatischer Leiden wie Arthritis, Rheuma, Dermatitis und Tausender weiterer zu keiner beständigen Heilung führte, solange dieser aufgespeicherte Schmerz bestehen blieb. Vor langer Zeit entdeckte die Psychotherapie, die nichts über Schmerzspeicherung und deren Auswirkungen wusste, dass man einen Patienten von der einen Krankheit befreien konnte, mit dem einzigen Effekt, dass sofort wieder eine andere auftauchte. Und so wurde die Psychotherapie zu einer defätistischen Lehre, denn sie konnte dem aberrierten oder kranken Menschen nicht auf Dauer helfen, wenn sie ihm auch etwas Erleichterung verschaffen konnte. Daher wurden *alle* Bemühungen, den Menschen vital und gesund zu machen, mit Misstrauen betrachtet, weil der Grund dafür, warum er unfähig und krank war, nicht entdeckt und bewiesen worden war.

Mit der Dianetik wurde es möglich, Aberration und Krankheit auszumerzen, weil es möglich wurde, den Schmerz in den Schmerzspeicherbanken des Körpers aufzuheben bzw. auszulöschen, ohne, wie die Chirurgie, noch mehr Schmerzen zu verursachen.

Das Bewusstsein hängt also von der Abwesenheit oder Aufhebung oder Auslöschung der Erinnerungen an schmerzhafte Erfahrungen ab, da ja die Bewusstlosigkeit ein Teil dieses Schmerzes ist - eines seiner Symptome.

So besteht zum Beispiel Arthritis im Knie aus einer Ansammlung aller Verletzungen des Knies in der Vergangenheit. Der Körper bringt die Zeit und Umgebung mit jener Zeit und Umgebung durcheinander, in der das Knie tatsächlich verletzt wurde, und hält so die schmerzhafte Erfahrung an dieser Stelle fest. Die Körperflüssigkeiten meiden die Gegend der früheren schmerzhaften Erfahrung. Und so entsteht dort eine Ablagerung, die man Arthritis nennt. Der Beweis dafür ist, dass die Arthritis aufhört und auch kein anderer Schaden an ihrer Stelle auftritt und für die betreffende Person die Arthritis im Knie erledigt ist, wenn die Knieverletzungen der Vergangenheit lokalisiert und von ihrer Ladung befreit werden. Und dies geschieht in zehn von zehn Fällen - ausgenommen nur jenen, bei denen Alter und körperlicher Verfall so weit in Richtung Tod fortgeschritten sind, dass der Punkt, von dem an es kein Zurück mehr gibt, überschritten ist.

Nehmen wir das Beispiel eines kranken Herzens. Die betreffende Person hat Herzschmerzen. Sie kann Medikamente nehmen oder es mit Voodoo-Zauber versuchen oder ihre Ernährung umstellen - das kranke Herz bleibt. Findet man aber eine echte physische Verletzung des Herzens und hebt sie auf oder tilgt sie, so hören die Herzschmerzen auf und das Herz wird gesund.

Nichts ist leichter zu beweisen als diese Grundwahrheiten. Ein guter Dianetik Auditor kann die Vitalität und Kraft einer scheinbar gebrochenen, sorgenüberhäuften Frau von achtunddreißig Jahren wiederherstellen, indem er die Zeiten vergangener körperlicher und seelischer Schmerzen restlos auflöst. Er hat dann eine Frau vor sich, die wie fünfundzwanzig aussieht - und zwar wie eine strahlende, fröhliche Fünfundzwanzigjährige.

Das ist sicher unglaublich. Aber das ist eine Atombombe auch: dass ein paar Gramm Plutonium eine ganze Stadt von der Landkarte radieren können.

Wenn man einmal die Grundwahrheiten des Lebens kennt und weiß, wie es sich als Energieform verhält, so ist man in der Lage, den Kranken, den unglücklichen Menschen, den potenziellen Selbstmördern das Leben wiederzugeben.

Und was noch wichtiger ist als die seelische oder körperliche Behandlung eines Schwerkranken: Man kann die Abwärtsspirale eines gesunden und munteren Menschen unterbrechen, um zu verhindern, dass er später derart krank wird. Ein sogenannter normaler Mensch kann zu früher unvorstellbaren Seinszuständen von Genialität und Erfolg hinaufgetragen werden.

Stellen Sie das vollständige Bewusstsein einer Person her, und Sie stellen ihr vollständiges Lebenspotenzial wieder her.

Das kann jetzt getan werden.

KAPITEL SECHS

Wie wir unser Niveau des Lebens und des Verhaltens anheben

KAPITEL SECHS

Wie wir unser Niveau des Lebens und des Verhaltens anheben

Die *Tonskala,* von der Sie eine kleine Ausgabe in Kapitel Sieben finden, ist eine Darstellung der Abwärtsspirale des Lebens, ausgehend von voller Lebenskraft und vollem Bewusstsein, über halbe Lebenskraft und Halbbewusstsein bis hinunter zum Tod.

Durch verschiedene Berechnungen der Energie des Lebens, durch Beobachtungen und Tests kann diese Tonskala Verhaltensstufen angeben, die beim Niedergang des Lebens auftreten.

Diese verschiedenen Stufen sind allen Menschen gemeinsam.

Wenn jemand beinahe tot ist, kann man sagen, dass er sich chronisch in *Apathie* befindet. Er benimmt sich hinsichtlich anderer Dinge auf eine bestimmte Art und Weise. Dies ist 0,1 auf der Tonskala.

Wenn sich jemand chronisch in Gram über seine Verluste befindet, ist er in *Gram.* Und er benimmt sich vielen Dingen gegenüber auf bestimmte Art und Weise. Dies ist 0,5 auf der Skala.

Wenn jemand noch nicht so tief wie Gram ist, aber erkennt, dass Verluste drohen, oder wenn er durch vergangene Verluste chronisch auf dieser Stufe fixiert ist, kann man sagen, dass er in *Furcht* ist. Dies ist um etwa 1,1 auf der Skala.

Jemand, der gegen angedrohte Verluste kämpft, ist in *Wut.* Er zeigt andere Verhaltensweisen. Das ist 1,5.

Die Person, die mögliche Verluste nur vermutet oder auf diesem Niveau fixiert worden ist, grollt. Man kann sie als *antagonistisch* bezeichnen. Das ist 2,0 auf der Skala.

Die Situation eines Menschen oberhalb von Antagonismus ist noch nicht so gut, dass er begeistert ist, aber nicht so schlecht, dass er grollt. Er hat einige Ziele verloren und kann nicht sofort andere finden. Man sagt, dass er auf *Langeweile* ist oder auf 2,5 auf der Tonskala.

Auf 3,0 der Skala hat eine Person eine *konservative,* vorsichtige Haltung dem Leben gegenüber, erreicht aber ihre Ziele.

Auf 4,0 ist das Individuum *begeistert,* glücklich und vital.

Sehr wenige Leute sind von Natur aus auf 4,0. Mit Wohlwollen betrachtet liegt der Durchschnitt wahrscheinlich um 2,8 herum.

Beim Durchgehen der Tabelle findet man in den einzelnen Kästchen jeweils die verschiedenen Charakteristika von Leuten auf dem entsprechenden Niveau. Schrecklicherweise haben sich diese Charakteristika als konstant erwiesen. Wenn man 3,0 als Kennzahl hat, wird man sich die ganze Tabelle hindurch auf 3,0 befinden.

Sie haben schon früher beobachtet, wie diese Tabelle wirksam ist. Haben Sie je ein Kind gesehen, das versucht hat, etwas zu bekommen, sagen wir ein Fünfcentstück? Zuerst ist es glücklich. Es will einfach nur ein Fünfcentstück haben. Wenn man ihm das verweigert, dann erklärt es, wozu es das Geld haben will. Wenn es das Kind nicht schafft, das Fünfcentstück zu bekommen, und wenn es dieses nicht unbedingt haben will, langweilt es sich und geht weg. Aber wenn das Kind es unbedingt haben will, wird es antagonistisch darüber. Dann wird es wütend werden. Wenn das nichts hilft, wird es vielleicht eine Lüge erzählen, warum es das Fünfcentstück haben will. Wenn auch das fehlschlägt, gerät das Kind in Gram. Und wenn man sich dann immer noch weigert, sinkt es zum Schluss in Apathie und sagt, es wolle das Geld nicht. Dies ist Ablehnung.

Und Sie haben gesehen, wie die Tabelle in umgekehrter Weise am Werk ist. Wenn ein Kind von einer Gefahr bedroht ist, geht es ebenfalls die Tonskala hinunter. Am Anfang begreift es die Gefahr, die ihm droht, gar nicht richtig und ist ganz fröhlich. Dann beginnt die Gefahr – zum

Beispiel ein Hund - sich dem Kind zu nähern. Das Kind sieht die Gefahr, glaubt aber immer noch nicht, dass sie sich gegen es richtet, und fährt mit seiner Beschäftigung fort. Aber sein Spielzeug „langweilt" es im Augenblick. Das Kind ist ein klein wenig besorgt und etwas unsicher. Dann kommt der Hund näher. Das Kind „grollt ihm" oder zeigt etwas Antagonismus. Der Hund kommt noch näher. Das Kind wird wütend und versucht, den Hund zu verletzen. Der Hund kommt sogar noch näher und ist noch bedrohlicher. Das Kind wird ängstlich. Wenn Furcht nichts hilft, weint das Kind. Wenn der Hund das Kind immer noch bedroht, kann das Kind in Apathie verfallen und einfach darauf warten, gebissen zu werden.

Gegenstände, Tiere oder Menschen, die das Überleben fördern, verursachen, dass die Person auf der Tonskala hinuntergeht, wenn sie unerreichbar werden.

Gegenstände, Tiere oder Menschen, die das Überleben bedrohen, verursachen, dass die Person die Tonskala hinuntergeht, wenn sie sich ihr nähern.

Diese Skala hat einen chronischen oder einen akuten Aspekt. Jemand kann für zehn Minuten auf eine niedrige Stufe der Tonskala hinabgedrückt werden und geht dann wieder hinauf. Oder er kann für zehn Jahre nach unten gedrückt werden und nicht wieder nach oben kommen.

Ein Mensch, der zu viele Verluste und Schmerz erlitten hat, neigt dazu, auf irgendeiner tieferen Stufe der Skala stecken zu bleiben und dort mit nur geringen Schwankungen zu bleiben. Sein allgemeines und übliches Verhalten wird dann auf dieser Stufe der Tonskala sein.

Genau wie ein Moment von Gram (0,5) ein Kind dazu bringen kann, sich kurzzeitig entsprechend dem Bandbereich von Gram zu verhalten, kann eine Fixierung auf 0,5 verursachen, dass eine Person sich den meisten Dingen ihres Lebens gegenüber gemäß 0,5 verhält.

Es gibt also momentanes oder fixiertes Verhalten.

Wie kann man eine Person auf dieser Tonskala finden?

Wie kann man sich selbst finden?

Wenn Sie auf einer bestimmten Stufe dieser Skala zwei oder drei charakteristische Merkmale ausfindig machen können, können Sie in der Zahlenspalte gegenüber jenen Merkmalen schauen und die Stufe finden. Es könnte 2,5 oder 1,5 sein. Wo auch immer es ist, schauen Sie sich *alle* Spalten gegenüber der Zahl an, die Sie gefunden haben, und Sie werden die restlichen Merkmale sehen.

Wenn Sie jemand anderen anhand dieser Tonskala einschätzen, können Sie eigentlich nur einen einzigen Fehler begehen, nämlich anzunehmen, dass er irgendwo von seiner Stufe abweicht und in einem Bereich höher ist als in einem anderen. Hier sollten Sie beachten: Das Merkmal, gegen das Sie Einwände haben, mag verdeckt sein - es ist aber dennoch da.

Schauen Sie sich den oberen Teil der ersten Spalte an. Sie vermittelt Ihnen ein allgemeines Bild über Verhalten und Physiologie der Person. Spalte zwei zeigt den körperlichen Zustand, in der Spalte drei finden Sie jene Emotion, die die betreffende Person am häufigsten zeigt. Gehen Sie so die verschiedenen Spalten der Reihe nach durch. Irgendwo werden Sie Daten über jemanden oder über sich selbst finden, über die Sie sich sicher sein können. Überprüfen Sie dann einfach alle anderen Kästchen auf der Stufe der Daten, über die Sie sich sicher waren. Dieser Bandbereich, sei es nun 1,5 oder 3,0, wird Ihnen die Geschichte eines menschlichen Wesens erzählen.

Es gibt natürlich momentane Auf- und Abwärtsbewegungen auf dieser Tonskala, je nachdem, ob gute oder schlechte Nachrichten auf eine Person einwirken, ob sie glückliche oder traurige Zeiten erlebt. Aber jede Einzelperson hat eine chronische Stufe und ein typisches Verhalten.

Je tiefer jemand sich auf dieser Skala befindet, desto weniger aufgeweckt und bewusst ist er.

Die chronische Stimmung oder Einstellung des Einzelnen dem Dasein gegenüber sinkt in direktem Verhältnis zu seiner Sicht des physikalischen Universums und der Organismen, die ihn umgeben.

Es gibt viele weitere mechanische Aspekte dieser Tabelle, die mit Energieerscheinungen und Verhaltensbeobachtung zu tun haben, aber es ist nicht nötig, hier darauf einzugehen.

Es ist keine vollständige Aussage, einfach zu sagen, dass jemand in seiner Betrachtung des physikalischen Universums und der Organismen um ihn herum fixiert wird. Denn es gibt bestimmte Wege jenseits des Bewusstseins, die dies geschehen lassen. Eine Abnahme des Bewusstseins über die physikalische Umgebung eines Individuums tritt jedoch in Erscheinung. Jener Verfall des Bewusstseins ist eine Teilursache für das allmähliche Absacken auf dieser Tabelle, doch für unsere Zwecke in diesem Buch ist es aufschlussreich genug.

Oben auf dieser Tabelle ist jemand sich selbst, seiner Umgebung, anderer Menschen und des Universums im Allgemeinen voll bewusst. Er akzeptiert seine Verantwortlichkeiten darin, konfrontiert die Realitäten davon und beschäftigt sich mit den Problemen innerhalb der Grenzen seiner Erziehung und Erfahrung.

Dann geschieht etwas - seine Wahrnehmung des materiellen Universums wird getrübt. Wie kommt es dazu?

In erster Linie wird das Absinken auf der Tabelle durch körperlichen Schmerz in Gang gesetzt, den das physikalische Universum verursachte. Es ist eine Sache, an Erfahrung zu gewinnen, und eine ganz andere, körperlichen Schmerz zu erleiden. Denn jede von tatsächlichem körperlichem Schmerz umgebene Erfahrung ist durch diesen Schmerz *verborgen*. Vom Organismus wird erwartet, dass er Schmerz vermeidet, um zu überleben. Wenn er oberhalb von 2,0 auf der Skala ist, vermeidet er ebenfalls die Erinnerungen an Schmerz. Unterhalb von 2,0 „genießt" er Erinnerungen an Schmerz, da diese zum Tod führen. Sobald er beginnen kann, Schmerz pauschal zu vermeiden, obwohl dieser Schmerz aufgezeichnet ist, beginnt das Bewusstsein in starkem Maße abzunehmen. Die Wahrnehmung des physikalischen Universums beginnt abzunehmen und das Kaliber der Aktivitäten einer Person beginnt sich zu verringern.

Es gibt eine innere und eine äußere Welt, könnte man sagen. Die innere Welt ist die Welt des Gestern. Die in ihr enthaltenen Informationen werden für die Beurteilung der äußeren Welt des Heute und des Morgen benutzt.

Solange jemand alle Daten verfügbar hat, kann er ausgezeichnete Berechnungen anstellen. Wenn die Sachverhalte, die er gelernt hat, verschüttet werden, neigen seine Schlussfolgerungen dazu, in genau dem gleichen Maße falsch zu werden.

Sowie jemandes Vertrauen ins physikalische Universum sinkt, sinkt seine Fähigkeit, mit dem physikalischen Universum umzugehen. Träume und Hoffnungen beginnen scheinbar unerreichbar zu werden; man hört auf, sie anzustreben. Aber in Wirklichkeit verringert sich die Fähigkeit eines Menschen selten - sie *scheint* sich nur zu verringern.

Wenn die innere Welt von zu vielen körperlichen Schmerzen zeugt, gerät der Organismus in Verwirrung. Wie jenes Kind, das schließlich sagt, es wolle das Fünfcentstück nicht, so sagt der Organismus, er wolle ja gar nichts vom physikalischen Universum, und geht auf diese Weise zugrunde - oder dämmert eine Weile dahin und geht dann dennoch zugrunde.

Das Ziel ist, erfolgreich zu sein. Wenn jemand zu viel und zu oft gescheitert ist, dann *scheint* die Möglichkeit, erfolgreich zu sein, zu weit entfernt zu sein, um es zu versuchen. Und er scheitert. Er gewöhnt sich so sehr an Verlust, dass er sich auf Verlust zu konzentrieren beginnt, anstatt darauf, vorwärtszukommen. Und er tut dies völlig irrational. Denn der Verlust von zwei Autos bedeutet nicht, dass man drei verlieren könnte. Doch wird jemand, der zwei Autos verloren hat, tatsächlich so stark auf den Verlust des dritten vorbereitet sein, dass er, wenn auch unbewusst, wirklich Schritte unternimmt, um das dritte zu verlieren. So kann es mit Menschen und mit jedem Gegenstand sein.

Jemand, der die Tonskala nach unten geht, verliert als Erstes seine Zuversicht in den Versuch, die weiter entfernten Begrenzungen seiner Umwelt zu erreichen und die fernen Grenzen seiner Träume, und wird konservativ. Mit Vorsichtigkeit ist nicht viel verkehrt, aber mit chronischem Konservatismus ist etwas verkehrt. Denn manchmal ist wildes Angreifen erforderlich, um im Leben erfolgreich zu sein.

Während sich körperlicher Schmerz in den Speicherbanken des Verstandes aufzutürmen beginnt, bringt die Person Gestern und Heute noch mehr durcheinander und schraubt ihre Zuversicht weiter zurück. Sie wird ein kleines bisschen furchtsam und gibt sich gelangweilt. Sie sagt, sie wollte sowieso nicht so weit in die Ferne reichen - es sei der Mühe nicht wert. Sie macht sich über die Dinge, die sie eigentlich haben will, lustig und zieht die Träume der anderen ins Lächerliche; sie handelt ganz allgemein wie ein Reporter des *New Yorker.* Sie hat Angst, einer hoffnungsvollen Tatsache gegenüberzustehen, geschweige denn etwas wirklich Erstrebenswertem.

Mit weiterem Anwachsen des Schmerzes setzt sie den Weg die Tonskala hinunter fort, bis sie dann tatsächlich auf dem Weg aus dem Leben hinaus ist.

In Wirklichkeit sollte eine Person, je älter sie wird und je mehr Erfahrungen sie hat, umso fähiger sein, ihre Umgebung zu meistern. Wenn sie darüber voll bewusst und rational bleiben könnte, wäre dies wahr. Aber die Mechanismen der Schmerzspeicherung sind so konstruiert, dass die Person tatsächlich weniger und weniger bewusst wird, je mehr Schmerz sie erhalten hat, und daher ihre Erfahrung eigentlich gar nicht nutzen kann. Könnte jemand Erfahrung ohne körperlichen Schmerz gewinnen, so würden seine Begeisterungsfähigkeit, sein Können und sein Elan auf sehr hohem Niveau bleiben. Aber offensichtlich war der Mensch, bevor er Mensch wurde, ein geringerer Organismus. Und ein solcher Organismus kann nur reagieren, nicht denken. Denken ist etwas Neues.

Bevor es die Dianetik gab, schien dies ein hoffnungsloser Teufelskreis zu sein. Man war begeistert, hatte aber keine Erfahrung. So griff man mit der ganzen Torheit der Jugend in begeistertem Losstürmen die Umwelt an und wurde schmählich zurückgeschlagen. Jeder Rückschlag fügte neuen Schmerz hinzu. Man gewann Erfahrung, konnte aber über diese Erfahrung nicht nachdenken, ohne den Schmerz konfrontieren zu müssen, und so nützte einem die Erfahrung nichts. Als man genügend Erfahrung besaß, hatte man nicht mehr die Träume, die Energie und die Begeisterung, um seine Inangriffnahme der Umgebung erfolgreich zu Ende zu führen.

Prozessing - wie bei den Fragen in Kapitel Zehn dieses Buches oder beim Dianetik-Ko-Auditing - sprengte den Zyklus. Die Jugend konnte die Umgebung in Angriff nehmen und den Schmerz des Rückschlags erleben. Aber der körperliche Schmerz konnte, mit Hilfe der Dianetik, im Verstand unschädlich gemacht werden, sodass die Erfahrung *zusammen mit* der Begeisterung bestehen blieb.

Zum Zeitpunkt, da ich dies schreibe, muss es Zehntausende von Menschen geben, die Dianetik erlebt haben. Hier und dort gibt es einige wenige, die unfähig waren, den vollen Nutzen aus ihr zu ziehen, da es früher beträchtliches technisches Wissen erforderte, um jemanden zu auditieren. Damit ein Individuum ohne irgendwelches technisches Wissen und ohne die Zeit eines anderen in Anspruch zu nehmen, mindestens in den Genuss der elementarsten Vorzüge von Prozessing kommen kann, wurden dieses Buch und Selbstanalyse entwickelt.

Wo auch immer sich eine Person auf der Tonskala befinden mag, sie kann die Skala wieder hinaufklettern, indem sie ihre Fähigkeit wiederherstellt, über ihre Umgebung nachzudenken und sie zu kennen (außer wenn sie sehr tief und im geisteskranken Bandbereich ist, denn diese Skala ist auch eine Skala geistiger Gesundheit). Nun, da man die Regeln kennt, ist dies ganz leicht zu bewerkstelligen, und man wundert sich, dass es nicht schon früher getan werden konnte.

Haben Sie auf der Tabelle nach sich selbst gesucht? Nun, suchen Sie nicht nach einer Klippe oder einer Axt, wenn Sie unterhalb von 2,0 waren. Selbstanalyse kann Sie diese Tabelle so sehr hinaufziehen, dass selbst Sie Ihren Aufstieg sehen können.

Gleich nach der Tabelle sind einige Tests und Diagramme. Sie sollten diese beantworten. Sie werden Ihnen helfen, sich selbst einzuordnen. Sie werden dann viel besser wissen, warum Sie sich selbst ein guter Freund sind oder nicht. Vielleicht finden Sie heraus, dass Ihnen nichts daran liegt, einen solchen Freund zu haben. Nun, wenn er so schlecht dran ist, braucht er Ihre Hilfe wirklich. Seien Sie ihm also behilflich. Der ganze letzte Teil des Buches ist mit Übungen gefüllt, die einen besseren Freund aus Ihnen machen werden, wenn Sie sie nur täglich eine halbe Stunde anwenden.

Ich weiß nicht, wie hoch Sie sich selbst auf dieser Tabelle hinaufbringen können. Sie können sich selbst ganz schön weit emporheben, und der Rest kann dann durch Dianetik-Ko-Auditing besorgt werden, wenn Sie wollen. Oder Sie schaffen vielleicht den ganzen Weg und stabilisieren sich dort.

Wenn Sie sich, genau jetzt, kein Freund sind, ich bin Ihr Freund. Ich weiß aus Erfahrung, dass Sie die Tabelle hinaufklettern können.

Der Mensch ist im Grunde gut. Schmerz und gesellschaftliche Aberrationen führen ihn weg von hoher Ethik, Leistungsfähigkeit und Glück. Werden Sie den Schmerz los, und Sie werden auf der hohen Stufe der Tabelle sein.

Wenden Sie sich nun den Fragen zu, die Ihnen helfen werden, sich selbst einzuordnen.

ABER BENUTZEN SIE DIESE TABELLE NICHT IN DEM BEMÜHEN, JEMANDEN ZU UNTERWERFEN. SAGEN SIE LEUTEN NICHT, WO SIE SICH AUF DIESER TABELLE BEFINDEN. ES KÖNNTE SIE RUINIEREN. LASSEN SIE SIE IHRE EIGENEN ÜBERPRÜFUNGEN VORNEHMEN.

KAPITEL SIEBEN

Die Hubbard Tabelle der Einschätzung des Menschen

KAPITEL SIEBEN

Die Hubbard Tabelle der Einschätzung des Menschen

Diese Tabelle ist eine spezialisierte Form der Hubbard Tabelle der Einschätzung des Menschen und des Dianetischen Prozessings.

Eine vollständige Beschreibung jeder Spalte dieser Tabelle (die letzten sechs ausgenommen, die sich nur in *Selbstanalyse* befinden) finden Sie im Buch *Die Wissenschaft des Überlebens.*

Der Fachausdruck für den in diesem Buch verwendeten Fragenprozess lautet *Dianetik Straightwire* mit Betonung auf *Bestätigungs-MEST-Prozessing.* Tatsächlich ist dies kein „Selbstauditing". Es ist Auditing, das beim Leser durch den Autor durchgeführt wird. Tatsächlich wird der Leser von L. Ron Hubbard auditiert. Straightwire-Prozessing lässt sich bei jedem Fall relativ gefahrlos durchführen und stellt den elementarsten Prozess in der Dianetik dar.

Die Position eines Individuums auf dieser Tonskala schwankt im Verlauf eines Tages und über die Jahre, ist aber in einer bestimmten Periode ziemlich stabil. Wenn man gute Nachrichten erhält, hebt das die Position auf der Tabelle an; schlechte lassen sie sinken. Das ist das übliche Austeilen und Einstecken im Leben. Jedoch hat jeder eine *chronische* Position auf der Tabelle, die unveränderlich ist, außer man wendet Prozessing an.

Die Notwendigkeitsstufe (sich selbst am eigenen Schopf aus dem Sumpf herauszuziehen, wie zum Beispiel in Notlagen) kann jemanden kurzzeitig ein ganzes Stück auf der Tabelle anheben.

Wenn Erziehung unter Druck vermittelt wurde, hat die Erziehung selbst eine Position auf der Tonskala. Eine Person könnte in Wirklichkeit relativ unaberriert sein, mag jedoch aufgrund ihrer Erziehung auf einer tieferen Position auf der Tabelle sein, als sie sollte. Das Gegenteil ist ebenfalls möglich. Jemand kann also in eine höhere oder tiefere Stufe der Tabelle hineinerzogen werden, als aufgrund der eigenen Aberrationen nötig wäre.

Die Umgebung eines Menschen hat einen starken Einfluss auf seine Position auf der Tabelle. Jede Umgebung hat ihre eigene Tonstufe. Ein Mensch, der in Wirklichkeit auf 3,0 ist, kann anfangen, sich in einer 1,1-Umgebung wie ein 1,1er zu verhalten. Allerdings handelt ein 1,1er in einer Umgebung mit hoher Tonstufe normalerweise nicht besser als etwa 1,5. Wenn jemand in einer Umgebung mit niedriger Tonstufe lebt, kann er schließlich erwarten, auf einer niedrigen Tonstufe zu sein. Dies trifft auch auf die Ehe zu - man neigt dazu, sich der Tonstufe des Ehepartners anzupassen.

Diese Tonskala gilt auch für Gruppen. Man kann die verschiedenen Standardreaktionen eines Unternehmens oder einer Nation prüfen und sie können dann dargestellt werden. Das ergibt das Überlebenspotenzial eines Geschäfts oder einer Nation.

Man kann diese Tabelle auch bei der Einstellung von Personal oder der Wahl von Partnern verwenden. Sie zeigt genau an, was man zu erwarten hat, und gibt einem die Möglichkeit, die Handlungen von Menschen vorherzusagen, bevor man irgendwelche großen Erfahrungen mit ihnen gemacht hat. Die Tabelle vermittelt Ihnen auch eine Vorstellung davon, was Ihnen in bestimmten Umgebungen oder in der Gesellschaft bestimmter Leute geschehen kann; denn sie können Sie herunterziehen oder in die Höhe schnellen lassen.

Die Hubbard Tabelle der Einschätzung des Menschen*

Eine ausfaltbare Version dieser Tabelle ist am Ende dieses Buches enthalten.

* Eine ausführlichere Version dieser Tabelle sowie eine vollständige Beschreibung der Spalten erscheinen im Buch *Die Wissenschaft des Überlebens.*

Tonskala	1 Verhalten und Physiologie	2 Medizinischer Bereich	3 Emotion
4,0	Ausgezeichnet bei Vorhaben und in der Durchführung. Kurze Reaktionszeit (im Verhältnis zum Alter).	Nahezu unfallsicher. Keine psychosomatischen Leiden. Nahezu immun gegen Bakterien.	Helle Freude. Tatendrang.
3,5	Gut bei Vorhaben, in der Ausführung und im Sport.	In hohem Maße widerstandsfähig gegenüber den üblichen Infektionen - keine Erkältungen.	Starkes Interesse. Mildes Interesse.
3,0	Zu einer recht ordentlichen Menge an Aktion befähigt, ziemlich befähigt im Sport.	Widerstandsfähig gegenüber Infektionen und Krankheiten. Wenige psychosomatische Leiden.	Zufrieden.
2,5	Relativ inaktiv, aber zu Aktion fähig.	Gelegentlich krank. Anfällig für übliche Krankheiten.	Gleichgültigkeit. Langeweile.
2,0	Fähig zu destruktiven und unbedeutenden konstruktiven Aktionen.	Gelegentlich ernsthafte Krankheiten.	Offen gezeigter Unmut.
1,5	Fähig zu destruktiver Aktion.	Ablagerungskrankheiten (Arthritis). (Bereich von 1,0 bis 2,0 austauschbar.)	Wut.
1,1	Befähigt zu unbedeutenden Ausführungen.	Endokrine und neurologische Krankheiten.	Unausgedrückter Groll. Furcht.
0,5	Befähigt zu relativ unkontrollierter Aktion.	Chronische Fehlfunktion von Organen. (Neigung zu Unfällen.)	Gram. Apathie.
0,1	Lebendig als Organismus.	Chronisch krank. (Verweigert Nahrungsaufnahme.)	Tiefste Apathie. Keine.

4 Sexuelles Verhalten Einstellung gegenüber Kindern	5 Herrschaft über die Umgebung	6 Tatsächlicher Wert für die Gesellschaft im Vergleich zum scheinbaren Wert	Ton-Skala
Großes sexuelles Interesse, aber oft in kreatives Denken sublimiert. ——— Intensives Interesse an Kindern.	Hohe Selbstbeherrschung. Energisch gegenüber der Umgebung. Mag es nicht, Leute zu kontrollieren. Hohe Vernunft, lebhaft wechselnde Emotionen.	Hoher Wert. Scheinbarer Wert wird verwirklicht. Kreativ und konstruktiv.	4,0
Großes Interesse am anderen Geschlecht. Beständigkeit. ——— Liebt Kinder.	Gute Vernunft. Gute Kontrolle. Akzeptiert Eigentum. Emotionen frei. Liberal.	Guter Wert für die Gesellschaft. Passt die Umgebung zu seinem eigenen Nutzen und zum Nutzen anderer an.	3,5
Interesse an Fortpflanzung. ——— Interesse an Kindern.	Kontrolliert die Körperfunktionen. Gute Vernunft. Freiheit der Emotionen noch eingeschränkt. Gesteht anderen Rechte zu. Demokratisch.	Jeglicher scheinbare Wert ist tatsächlicher Wert. Recht guter Wert.	3,0
Desinteresse an Fortpflanzung. ——— Vages Tolerieren von Kindern.	Kontrolle über Funktionen und ein gewisses Maß an vernunftmäßigem Denken. Begehrt nicht viel Besitz.	Fähig zu konstruktiver Aktion, die selten einen größeren Umfang hat. Geringer Wert. „Gut angepasst."	2,5
Abscheu vor Sex - Ekel. ——— Herumnörgeln an Kindern, Gereiztheit über sie.	Antagonistisch und zerstörerisch gegenüber sich selbst, anderen und der Umgebung. Begehrt Kontrolle, um zu verletzen.	Gefährlich. Jeglicher scheinbare Wert wird hinfällig gegenüber dem möglichen Schaden für andere.	2,0
Vergewaltigung. Sex als Bestrafung. ——— Brutale Behandlung von Kindern.	Vernichtet oder zerstört andere oder die Umgebung. Wenn dies nicht gelingt, kann er sich selbst vernichten. Faschistisch.	Unaufrichtig. Schwere Belastung. Möglicher Mörder. Wird selbst bei erklärtermaßen guten Absichten Zerstörung herbeiführen.	1,5
Promiskuität, Perversion, Sadismus, abwegige Praktiken. ——— Gebraucht Kinder für sadistische Zwecke.	Keine Kontrolle über Vernunft oder Emotionen, aber anscheinend organische Kontrolle. Benutzt hinterhältige Methoden, um andere zu kontrollieren, insbesondere Hypnose. Kommunistisch.	Aktive Belastung. Enturbuliert andere. Heimtückische verborgene Absichten fallen schwerer ins Gewicht als der scheinbare Wert.	1,1
Impotenz, Besorgtheit, möglicherweise noch Fortpflanzungsbemühungen. ——— Besorgtheit um Kinder.	Dürftigste Funktionskontrolle nur über sich selbst. Keine Kontrolle über Vernunft oder Emotionen.	Belastung für die Gesellschaft. Möglicher Selbstmörder. Kümmert sich um andere überhaupt nicht.	0,5
Keine Bemühung zur Fortpflanzung.	Keine Herrschaft über sich selbst, die Umgebung, andere Personen. Selbstmord.	Hochgradige Belastung. Braucht Betreuung und Mühe anderer, ohne irgendeinen Beitrag zu leisten.	0,1

	7 Ethikniveau	8 Umgang mit Wahrheit	9 Mutniveau
Ton-Skala 4,0	Gründet Ethik auf Vernunft. Sehr hohes Ethikniveau.	Hoher Begriff von Wahrheit.	Hohes Mutniveau.
3,5	Beachtet die Ethik der Gruppe, aber entwickelt sie höher, entsprechend den Forderungen der Vernunft.	Wahrheitsliebend.	Zeigt Mut bei annehmbarem Risiko.
3,0	Folgt der Ethik, in der er geschult wurde, so ehrlich wie möglich. Moralisch.	Vorsichtig im Eintreten für Wahrheiten. Gesellschaftliche Lügen.	Konservatives Entfalten von Mut, wenn das Risiko gering ist.
2,5	Behandelt Ethik unaufrichtig. Weder besonders ehrlich noch unehrlich.	Unaufrichtig. Gleichgültig gegenüber Tatsachen.	Weder Mut noch Feigheit. Missachtung von Gefahr.
2,0	Chronisch und grob unehrlich, wenn sich die Gelegenheit ergibt. Auf dieser Stufe und unterhalb davon: autoritäre Einstellung, Kriminelle.	Verdrehung der Wahrheit, um sie dem Antagonismus anzupassen.	Reaktive, unvernünftige Vorstöße gegen Gefahr.
1,5	Unmoralisch. Aktiv unehrlich. Zerstörerisch gegen jegliche Ethik.	Unverblümtes und destruktives Lügen.	Unvernünftige Tapferkeit, gewöhnlich schädlich für die Person selbst.
1,1	Sexualverbrecher. Negative Ethik. Verschlagene Unehrlichkeit. Verdreht Ehrlichkeit grundlos.	Erfindungsreiche und arglistige Verdrehungen der Wahrheit. Kunstvolles Bemänteln des Lügens.	Gelegentlich machen sich heimliche und hinterhältige Aktionen bemerkbar, ansonsten feige.
0,5	Nicht vorhanden. Denkt nicht. Gehorcht jedem.	Zählt einzelne Fakten auf, ohne eine Vorstellung von ihrer Realität.	Vollständige Feigheit.
0,1	Keine.	Keine Reaktion.	Keine Reaktion.

10 Gespräch: Sprechen ——— Gespräch: Zuhören	11 Wie jemand als Übermittler mit geschriebener oder gesprochener Kommunikation umgeht	12 Realität (Übereinstimmung)	Tonskala
Starker, geschickter, schneller und vollständiger Austausch von Überzeugungen und Ideen.	Gibt Theta-Kommunikation weiter, trägt dazu bei. Schneidet Entheta-Linien ab.	Sucht nach verschiedenen Standpunkten, um die eigene Realität zu erweitern. Verändert Realität.	4,0
Ist bereit, über tiefinnere Überzeugungen und Ideen zu sprechen. ——— Ist bereit, tiefinnere Ideen und Überzeugungen zu akzeptieren und sie in Erwägung zu ziehen.	Gibt Theta-Kommunikation weiter. Ärgert sich über Entheta-Linien und schlägt gegen sie zurück.	Fähigkeit, die Realität anderer zu verstehen und auszuwerten und den Standpunkt zu ändern. Bereitschaft zur Übereinstimmung.	3,5
Bringt zögernd eine begrenzte Anzahl persönlicher Ideen zum Ausdruck. ——— Empfängt Ideen und Überzeugungen, wenn sie vorsichtig vorgebracht werden.	Gibt Kommunikation weiter. Konservativ. Neigt zu gemäßigtem Aufbauen und Erschaffen.	Ist sich der möglichen Richtigkeit einer anderen Realität bewusst. Konservative Übereinstimmung.	3,0
Belanglose, nichtssagende Konversation. ——— Hört nur alltäglichen Dingen zu.	Entkräftet jede Kommunikation einer höheren oder niedrigeren Tonstufe - mindert Dringlichkeiten herab.	Weigerung, zwei Realitäten miteinander in Einklang zu bringen. Gleichgültigkeit gegenüber Realitätskonflikten. Zu teilnahmslos, um zuzustimmen oder zu widersprechen.	2,5
Spricht in Drohungen. Wertet andere Leute ab. ——— Hört Drohungen zu. Macht sich offen über Theta-Konversation lustig.	Befasst sich mit feindseliger oder drohender Kommunikation. Lässt nur eine kleine Menge Theta durch.	Spricht Zweifel aus - Verteidigung der eigenen Realität. Versucht, die Realität anderer zu untergraben. Stimmt nicht überein.	2,0
Spricht nur über Tod und Zerstörung. Hass. ——— Hört nur Tod und Zerstörung zu. Zerschlägt Theta-Linien.	Verdreht Kommunikation zu Entheta, ungeachtet des ursprünglichen Inhalts. ——— Stoppt Theta-Kommunikation. Gibt Entheta weiter und verdreht es.	Zerstörung entgegengesetzter Realität. „Du hast Unrecht." Stimmt mit der Realität anderer nicht überein.	1,5
Spricht scheinbares Theta, aber mit tückischer Absicht. Lügt. ——— Hört wenig zu, hauptsächlich Intrigen oder Klatsch. Lügt.	Gibt nur böswillige Kommunikation weiter. ——— Schneidet Kommunikationslinien ab. Leitet Kommunikation nicht weiter.	Zweifel an der eigenen Realität. Unsicherheit. Zweifel an entgegengesetzter Realität.	1,1
Spricht nur in apathischen Tönen. Sehr wenig. ——— Hört wenig zu, hauptsächlich apathischen Äußerungen oder Gejammer.	Schenkt Kommunikationen wenig Beachtung. Gibt sie nicht weiter.	Scham, Besorgtheit - starke Zweifel an der eigenen Realität, lässt sich leicht die Realität anderer aufzwingen.	0,5
Spricht nicht. ——— Hört nicht zu.	Leitet Kommunikationen nicht weiter. Ist sich ihrer nicht bewusst.	Völliges Sich-Zurückziehen von gegensätzlicher Realität - keine Realität.	0,1

Ton-Skala	13 Fähigkeit im Umgang mit Verantwortung	14 Beharrlichkeit auf einem bestimmten Weg	15 Wörtlichkeit der Aufnahme von Aussagen
4,0	Innewohnender Sinn für Verantwortung auf allen Dynamiken.	Hohe, schöpferische Beharrlichkeit.	Hohe Differenzierung. Gutes Verständnis aller Kommunikation, modifiziert durch die Bildung des Clears.
3,5	Fähig, Verantwortlichkeiten zu übernehmen und auszuüben.	Gute Beharrlichkeit und Geradlinigkeit auf konstruktive Ziele hin.	Gutes Erfassen von Aussagen. Guter Sinn für Humor.
3,0	Geht mit Verantwortung nachlässig um.	Recht gute Beharrlichkeit, wenn die Hindernisse nicht zu groß sind.	Gute Differenzierung der Bedeutung von Aussagen.
2,5	Sehr achtlos, nicht vertrauenswürdig.	Müßig, schlechte Konzentration.	Akzeptiert sehr wenig, weder wörtlich noch sonst wie. Neigt dazu, Humor buchstäblich zu nehmen.
2,0	Benutzt Verantwortung, um seine eigenen Zwecke zu verfolgen.	Beharrlichkeit hinsichtlich der Vernichtung von Feinden. Unterhalb dieses Punktes keine konstruktive Beharrlichkeit.	Nimmt Bemerkungen der Tonstufe 2,0 wörtlich auf.
1,5	Übernimmt Verantwortung, um zu zerstören.	Zerstörerische Beharrlichkeit, die kräftig beginnt und rasch erlahmt.	Nimmt alarmierende Bemerkungen wörtlich auf. Brutaler Sinn für Humor.
1,1	Unfähig, launenhaft, verantwortungslos.	Schwankend auf jedem Weg. Sehr schlechte Konzentration. Unbeständig.	Überhaupt keine Bemerkung wird angenommen. Weicht der Neigung, alles wörtlich zu nehmen, durch gezwungenen Humor aus.
0,5	Keine.	Sporadische Beharrlichkeit in Richtung Selbstzerstörung.	Wörtliche Aufnahme jeder Bemerkung, die zur Tonstufe passt.
0,1	Keine.	Keine.	Alles wird wörtlich aufgenommen.

16 Jemandes Methode im Umgang mit anderen	17 Stufe der Hypnotisierbarkeit	18 Fähigkeit, Vergnügen in der Gegenwart zu erleben	Ton-Skala
Gewinnt Unterstützung durch schöpferische Begeisterung und Vitalität, hinter denen Vernunft steht.	Unmöglich, ohne Drogen und Einwilligung zu hypnotisieren.	Findet das Dasein randvoll von Vergnügen.	4,0
Gewinnt Unterstützung durch schöpferische Vernunft und Vitalität.	Schwer in Trance zu versetzen, außer er besitzt noch ein Trance-Engramm.	Findet das Leben die meiste Zeit vergnüglich.	3,5
Lädt durch praktische Vernunft und gesellschaftlichen Charme zur Unterstützung ein.	Könnte hypnotisiert werden, ist aber hellwach, wenn wach.	Erlebt zeitweise Vergnügen.	3,0
Kümmert sich nicht um Unterstützung durch andere.	Kann Hypnose unterzogen werden, ist aber meistens hellwach.	Erlebt manchmal einen Augenblick des Vergnügens. Geringe Intensität.	2,5
Nörgeln und grobe Kritik, um Befolgung seiner Wünsche durchzusetzen.	Leistet einigen Widerstand, kann aber hypnotisiert werden.	Erlebt gelegentlich in außerordentlichen Augenblicken etwas Vergnügen.	2,0
Benutzt Drohungen, Bestrafung und alarmierende Lügen, um andere zu beherrschen.	Leistet heftigen Widerstand gegen Äußerungen, nimmt sie aber in sich auf.	Erlebt selten irgendwelches Vergnügen.	1,5
Macht andere zunichte, um sie auf eine Stufe zu bringen, wo sie benutzt werden können. Verschlagene und heimtückische Mittel, Hypnose, Klatsch. Strebt nach versteckter Kontrolle.	In einer andauernden leichten Trance, leistet aber Widerstand.	Fröhlichkeit meist gezwungen. Wirkliches Vergnügen jenseits seiner Reichweite.	1,1
Enturbuliert andere, um sie zu kontrollieren. Schreit nach Mitleid. Wildes Lügen, um Mitgefühl zu erheischen.	Sehr leicht hypnotisierbar. Jede Bemerkung, die gemacht wird, kann sich als „positive Suggestion" auswirken.	Keine.	0,5
Gibt vor, tot zu sein, damit andere ihn für ungefährlich halten und weggehen.	Gleicht in seinem gewöhnlichen „Wachzustand" einer hypnotisierten Person.	Keine.	0,1

TON-SKALA	19 Ihr Wert als Freund	20 Wie sehr andere Sie mögen	21 Zustand Ihrer Besitztümer
4,0	Ausgezeichnet.	Von vielen geliebt.	In ausgezeichnetem Zustand.
3,5	Sehr gut.	Sehr geliebt.	In gutem Zustand.
3,0	Gut.	Von den meisten geschätzt.	Ziemlich gut.
2,5	Recht gut.	Von einigen gemocht.	Zeigt einige Vernachlässigung.
2,0	Dürftig.	Kaum gemocht.	Sehr vernachlässigt.
1,5	Eindeutige Belastung.	Die meisten zeigen ihm offen ihre Abneigung.	Oft kaputt. In schlechtem Zustand.
1,1	Gefährliche Belastung.	Allgemein verachtet.	Schlecht. In schlechtem Zustand.
0,5	Sehr große Belastung.	Man mag ihn nicht. Wird nur von einigen bemitleidet.	Allgemein in sehr schlechtem Zustand.
0,1	Absolute Belastung.	Wird nicht beachtet.	Kein Begreifen von Besitz.

22 Wie gut Sie verstanden werden	23 Potenzieller Erfolg	24 Potenzielles Überleben	Tonskala
Sehr gut.	Ausgezeichnet.	Ausgezeichnet. Beträchtliche Langlebigkeit.	4,0
Gut.	Sehr gut.	Sehr gut.	3,5
Normalerweise.	Gut.	Gut.	3,0
Manchmal missverstanden.	Recht gut.	Recht gut.	2,5
Oft missverstanden.	Dürftig.	Dürftig.	2,0
Andauernd missverstanden.	Versagt für gewöhnlich.	Frühes Ableben.	1,5
Kein wirkliches Verstehen.	Versagt fast immer.	Kurz.	1,1
Überhaupt nicht verstanden.	Äußerstes Versagen.	Baldiges Ableben.	0,5
Wird ignoriert.	Kein Versuch. Vollständiges Versagen.	Nahezu tot.	0,1

KAPITEL ACHT

TONSKALA-TESTS

KAPITEL ACHT

Tonskala-Tests

Test Nummer Eins

Machen Sie diesen Test, bevor Sie mit dem Prozessing-Abschnitt der *Selbstanalyse* beginnen.

Seien Sie in Ihren Feststellungen fair und so ehrlich wie möglich.

Verwenden Sie als Grundlage, wie Sie im letzten Jahr gewesen sind. Frühere Zustände in Ihrem Leben zählen nicht.

Schlagen Sie die Tabelle* bei der Spalte 1, Verhalten und Physiologie, auf. Fragen Sie sich selbst, wie aktiv Sie körperlich sind, und machen Sie dann die Stelle in dieser Spalte ausfindig, die Ihnen weitestgehend zu entsprechen scheint.

Suchen Sie auf der Tonskala nach der Zahl des Kästchens, das Sie gefunden haben. Ist sie 3,0? Ist sie 2,5?

Nehmen Sie diese Zahl und gehen Sie zu dem Schaubild auf der folgenden Seite.

Finden Sie unter Spalte 1, wie dies oben auf dem Schaubild markiert ist, die Zahl (3,0, 2,5 oder welche es auch war) und tragen Sie ein *X* in dieses Kästchen ein. Dies ergibt dieselbe Position im Schaubild, die Sie auf der Tabelle gefunden haben.

Gehen Sie zu Spalte 2 der Tabelle, Medizinischer Bereich.

Finden Sie das Kästchen, dessen Text am besten Ihre Gesundheit beschreibt. Stellen Sie fest, welche Zahl der Tonskalaspalte dem Kästchen, das Sie ausgesucht haben, gegenüberliegt. (3,5, 2,0 oder welche es auch war.)

Gehen Sie zurück zum Schaubild von Test Eins. Tragen Sie in Höhe der Tonskalazahl, die Sie aus der Tabelle bekommen haben, ein *X* in Spalte 2 ein.

* Eine ausfaltbare Version dieser Tabelle ist am Ende dieses Buches enthalten.

Setzen Sie diesen Prozess mit allen Spalten fort, bis Sie in jeder Spalte des Schaubildes ein *X* stehen haben. Lassen Sie dabei die letzten sechs Spalten weg.

Nehmen Sie nun ein Lineal und bewegen Sie es auf dem Schaubild, wobei Sie es waagerecht halten, bis Sie das Niveau des Schaubildes erreicht haben, das die meisten *X*e enthält. Ziehen Sie durch diese *X*e quer über die ganze Tabelle bis hinüber an den rechten Rand eine Linie. Diese Linie wird Ihnen Ihre Position in den letzten sechs Spalten geben.

Die waagerechte Linie, die Sie gerade gezeichnet haben, zeigt Ihnen Ihre Position auf der Tonskala. Das ist Ihre Stufe auf der Tabelle.

Lassen Sie dieses Schaubild im Buch. Bewahren Sie es auf, damit Sie in einigen Wochen, wenn Sie Test Zwei machen, einen Vergleich anstellen können.

Beachten Sie bitte, dass in den Spalten 4 und 10 die Kästchen in derselben Weise geteilt sind wie die Kästchen auf der Tabelle. Nehmen Sie für diese Spalten zwei Einschätzungen Ihrer selbst vor und setzen Sie ein *X* in ein Halbkästchen, indem Sie für jede Spalte zwei Halbkästchen verwenden, auch wenn das eine *X* auf 3,0 und das andere *X* auf 1,1 fällt.

Ton-skala	1	2	3	4	5	6	7	8	9	10	11	12	13	14	15	16	17	18	19	20	21	22	23	24	Ton-skala
4,0																									4,0
3,5																									3,5
3,0																									3,0
2,5																									2,5
2,0																									2,0
1,5																									1,5
1,1																									1,1
0,5																									0,5
0,1																									0,1

TEST NUMMER ZWEI

Machen Sie diesen Test, nachdem Sie ungefähr zwei Wochen lang Prozessing mit sich selbst durchgeführt haben oder nach etwa 15 Stunden.

Benutzen Sie als Datengrundlage Ihr Gefühl in Bezug auf Dinge von dem Zeitpunkt an, an dem Sie Test Eins gemacht haben.

Tonskala	1	2	3	4	5	6	7	8	9	10	11	12	13	14	15	16	17	18	19	20	21	22	23	24	Tonskala
4,0																									4,0
3,5																									3,5
3,0																									3,0
2,5																									2,5
2,0																									2,0
1,5																									1,5
1,1																									1,1
0,5																									0,5
0,1																									0,1

Test Nummer Drei

Verwenden Sie diesen Test, nachdem Sie mit sich selbst zwei Monate lang Prozessing durchgeführt haben.

Benutzen Sie als Datengrundlage Ihr Gefühl in Bezug auf Dinge von dem Zeitpunkt an, an dem Sie den zweiten Test gemacht haben.

Benutzen Sie dieselbe Anleitung wie beim ersten Test.

TON-SKALA	1	2	3	4	5	6	7	8	9	10	11	12	13	14	15	16	17	18	19	20	21	22	23	24	TON-SKALA
4,0																									4,0
3,5																									3,5
3,0																									3,0
2,5																									2,5
2,0																									2,0
1,5																									1,5
1,1																									1,1
0,5																									0,5
0,1																									0,1

KAPITEL NEUN

Wie man die Scheibe benutzt

KAPITEL NEUN

Wie man die Scheibe benutzt

WICHTIG

Zur Verwendung durch den Leser ist eine sternförmig ausgeschnittene Scheibe beigelegt. Die Scheibe muss verwendet werden. Wenn man diese Scheibe nicht benutzt, wird der Nutzen des Prozessings um mehr als 80 Prozent verringert.

Man legt die Scheibe derart über Frage 1 einer Liste, sodass die Frage sichtbar ist. Man ruft sich das gewünschte Geschehnis zurück.

Dann schaut man auf das auf der Scheibe oben stehende Wort. Dies heißt zum Beispiel „Sehen".

Man versucht beim Zurückrufen das gewünschte Geschehnis zu „sehen".

Dann versucht man, sich ein anderes Geschehnis zurückzurufen, ohne die Scheibe dabei zu bewegen. Dann bemüht man sich, dieses Geschehnis beim Zurückrufen zu „sehen".

Hierauf versucht man, sich das früheste Geschehnis dieser Art, an das man sich erinnern kann, zurückzurufen, und bemüht sich, dieses zu „sehen".

Dann rückt man die Scheibe eine Frage tiefer und dreht sie gleichzeitig, sodass eine andere „Sinneswahrnehmung" oben erscheint. Man benutzt vor allem diese „Sinneswahrnehmung", wenn man sich das Geschehnis zurückruft.

Drehen Sie die Scheibe am Anfang jeder neuen Seite um, damit eine neue Reihe von Sinneswahrnehmungen erscheint.

Es spielt keine Rolle, mit welcher „Sinneswahrnehmung" Sie den Rückruf beginnen, und auch nicht, welche Seite der Scheibe Sie zuerst benutzen.

Sie sollten schließlich dazu fähig sein, bei jedem einzelnen Geschehnis mehr und mehr Sinneswahrnehmungen zu bekommen, bis Sie schließlich ohne Anstrengung alle wiedererlangen können.

Falls Sie die Scheibe verlieren, finden Sie die vollständige Liste der darauf befindlichen Sinneswahrnehmungen am Ende jeder Seite. Nehmen Sie einen Bleistift und haken Sie sie jeweils ab, so als würden Sie auf der Scheibe erscheinen.

Eine grüne und eine weiße Scheibe stehen zur Verfügung. Benutzen Sie diejenige, die Ihnen am besten gefällt.

WENN SIE ZUNÄCHST NUR EINEN VAGEN BEGRIFF DAVON BEKOMMEN, WIE DIE SINNESWAHRNEHMUNG GEWESEN SEIN MUSS, UND ZUNÄCHST NOCH KEINEN TATSÄCHLICHEN RÜCKRUF DER SINNESWAHRNEHMUNG SELBST ERHALTEN, DANN STELLEN SIE SICHER, DASS SIE ZUMINDEST EINE VORSTELLUNG DAVON BEKOMMEN.

DIANETIK PROZESSING

Dianetik Prozessing könnte in zwei Kategorien eingeteilt werden.

Die erste ist *Leichtes Prozessing*. Es enthält analytischen Rückruf von bewussten Momenten. Es ist dafür gedacht, die Tonstufe anzuheben und die Sinneswahrnehmung und Erinnerung zu erweitern. Oft werden dadurch chronische Somatiken (psychosomatische Leiden) aufgelöst.

Die zweite ist *Tiefes Prozessing*. Es spricht die Grundursache an, macht Momente von körperlichem Schmerz oder von Kummer ausfindig und reduziert sie. Das wird, ohne Drogen oder Hypnose, von einem *Auditor* gemacht (jemandem, der zuhört und Berechnungen anstellt). Auditoren haben die Dianetik entweder nach gründlichem Studium des grundlegenden Lehrbuchs *Die Wissenschaft des Überlebens* erlernt oder sie sind professionell in der Hubbard Dianetik Stiftung* ausgebildet worden.

Dieses Buch bietet Leichtes Prozessing, jedoch nicht „Selbstauditing". „Selbstauditing" ist nahezu unmöglich. In diesem Buch gibt eigentlich der Autor selbst, L. Ron Hubbard, dem Leser Leichtes Prozessing.

* Siehe *Adressen*, die hinten im Buch aufgeführt sind.

KAPITEL ZEHN

PROZESSING-ABSCHNITT

KAPITEL ZEHN

PROZESSING-ABSCHNITT

Hier beginnen die Fragenlisten, mit denen eine Person ihre Vergangenheit erforschen und ihre Reaktionen auf das Leben verbessern kann. In der Sprache der Dianetik könnte man diesen Abschnitt über Selbst-Prozessing *Straightwire* nennen. Es ist kein „Auto-Prozessing". In Wirklichkeit wird der Leser vom Autor auditiert.

Im Hinblick auf die volle Verwendung der Dianetik könnten diese Fragen als Vorbereitung auf Ko-Auditing angesehen werden. Der Auditor wird durch diese Listen in der Hinsicht unterstützt, dass sie einen Fall für das Durchlaufen von Engrammen und Secondarys öffnen und den Preclear auf einer Tonskala anheben. Soweit man zur Zeit weiß, werden diese Abschnitte von Fragen nicht Engramme oder Secondarys als solche herausauditieren, aber sie werden sie in einem beträchtlichen Maße abschwächen, worauf sich als Folge davon, der geistige und körperliche Zustand der Person verbessert.

Ein Auditor - wie man den Praktizierenden in der Dianetik nennt, weil er sowohl zuhört als auch Berechnungen anstellt - kann diese Fragen während einer Sitzung mit einem Preclear benutzen. Weiterhin können zwei Leute mit diesen Abschnitten arbeiten, wobei der eine dem anderen die Fragen stellt und der andere diese beantwortet. Oder beide können die Fragen lesen und versuchen, sich ein Geschehnis der verlangten Art zurückzurufen.

Diese Listen werden repetitiv verwendet. Das heißt, die Person geht sie immer wieder durch. Es gibt kein absolutes Ende der Arbeit.

Der Grund, warum der Rückruf dieser Fragen wichtig ist, besteht darin, dass sie *Locks*, die sich über den Basik-*Engrammen* (Augenblicken mit körperlichem Schmerz und Bewusstlosigkeit) und *Secondarys* (Augenblicken akuten Verlustes, wie der Tod von jemandem, den man liebt) gebildet haben, enthüllen und entladen. Das Entladen dieser Locks macht Engramme und Secondarys verhältnismäßig unwirksam. Ein vollständiges Dianetisches Klären der Engramme und Secondarys des Individuums ergibt die besten überhaupt erreichbaren Resultate. Diese Fragen liefern aber das Selbst-Prozessing, das den Fall für eine derartige Aktion vorbereitet, und sind für sich genommen von großem Nutzen.

Beim Verwenden dieser Fragen kann der Preclear viele Manifestationen bei sich selbst entdecken. Er könnte eine beträchtliche gefühlsmäßige Befreiung erleben. Er könnte bei der Erinnerung an manche Dinge, die ihm zugestoßen sind, in Wut geraten. Ihm könnte wegen mancher Verluste, die er erlitten hat, sogar zum Weinen zumute sein, und es ist tatsächlich möglich, dass er weint. Es ist jedoch nicht die Absicht dieser Fragen, die Aufmerksamkeit desjenigen, der die Prozesse bei sich anwendet, auf die schlimmen Dinge zu richten, die ihm zugestoßen sind, sondern vielmehr, seine Aufmerksamkeit auf die erfreulichen Dinge zu lenken, die in seinem Leben stattgefunden haben. Eine Konzentration auf diese glücklicheren Umstände lässt die unglücklichen Umstände dazu neigen, einen Teil ihrer Ladung zu verlieren, und damit viel von ihrer Kraft.

Diese Fragen beruhen auf den Entdeckungen, Axiomen und Thesen der Dianetik, die so viel dazu beigetragen haben, das Verstehen des Menschen in Bezug auf die Natur des Daseins und seiner Rolle darin zu erweitern.

Wir können davon ausgehen, dass der grundlegende Zweck des Lebens Überleben im materiellen Universum ist. Wenn man Überleben näher untersucht, entdeckt man, dass dieser Begriff alle Handlungen eines Individuums, einer Gruppe, eines Staates, des Lebens selbst oder des materiellen Universums umfasst.

Das materielle Universum ist aus Materie, Energie, Raum und Zeit zusammengesetzt.

Das Leben kann also so betrachtet werden, dass es mit der Eroberung von Materie, Energie, Raum und Zeit, einschließlich anderer Lebensformen,

Organismen und Personen beschäftigt ist. Wenn ein Organismus oder eine Gruppe erfolgreich darin gewesen ist, andere Organismen, Gruppen und das materielle Universum zu handhaben, ist ihr Überlebenspotenzial sehr hoch. Wenn der Organismus hierin nicht erfolgreich war, ist sein Überlebenspotenzial geringer. Seine Augenblicke des Erfolgs sind genauso wie die Augenblicke des Schmerzes stark mit Ladung erfüllt.

Durch gewisse Prozesse ist es möglich, schmerzhaften Geschehnissen die Ladung zu nehmen. Eine der Arten, dies zu tun, besteht darin, den Nachdruck und die Konzentration des Organismus auf die Zeiten zu richten, in denen er beim Überleben erfolgreich war.

Mit der Erfindung der Sprache hat sich der Mensch eine unerwartete Quelle von Aberration eingehandelt. Obwohl die Sprache längst nicht der einzige Grund dafür ist, dass ein Organismus weniger erfolgreich ist, als er sein könnte, legt unsere gegenwärtige Gesellschaftsordnung ganz ungebührlichen Nachdruck auf die Sprache. Wörter sind nur Symbole, die Handlungen darstellen. Ein Kind lernt diese Handlungen sehr früh und lernt die Symbole, die die Handlungen darstellen. Später beginnt es, die Handlung mit dem Symbol zu verwechseln, und fängt an zu glauben, dass die Wörter selbst Kraft und Macht haben - was nicht der Fall ist. Wenn Sie glauben, dass Wörter Kraft und Macht haben, so halten Sie einmal die Hand vor den Mund und sagen Sie einige Worte. Sie werden sehen, wie unbedeutend die Kraft der Äußerung ist, welche Worte Sie auch benutzen.

Dieser fälschlichen Betonung der Gewalt von Worten liegen tatsächliche physische Handlungen zugrunde, für welche die Wörter die Symbole sind. Der Hauptpunkt ist also, dass Worte nicht mächtig sind, wohl aber Handlungen. Wenn zum Beispiel einem Individuum gesagt worden ist, es solle stillhalten, so gehorcht es, einfach weil es früher in seinem Leben die Handlung erlebt hat, durch körperliche Gewalt dazu gebracht worden zu sein stillzuhalten.

Für den Organismus ist es aus vielen Gründen wichtig, seine Beweglichkeit zu steigern. Es hat einen gewissen therapeutischen Wert, alle Zeitpunkte zu entdecken, als dem Organismus gesagt worden ist, er solle stillhalten, und er gehorcht hatte. Aber viel wichtiger für die Wiederherstellung der Beweglichkeit des Organismus ist die Entdeckung von wirklichen Geschehnissen, bei denen der Organismus durch physische Kraft gezwungen wurde, bewegungslos zu bleiben.

Diese Listen haben also die Tendenz, die Bedeutung der Sprache herabzusetzen. Dies ist nur eine ihrer zahlreichen Funktionen, aber eine bedeutende. Deshalb sollte man durch das Lesen dieser Listen zu Augenblicken hingeführt werden, als Handlungen stattfanden und nicht als jemand sagte, dass sie stattgefunden hätten. Genauso wie in einem Gerichtsverfahren Beweis vom Hörensagen nicht zulässig ist, sind bei Selbst-Prozessing Wörter und Redewendungen unzulässig, die einem von anderen übermittelt worden sind.

Wenn man zum Beispiel nach einer Zeit gefragt wird, als jemand weggegangen ist, sollte man sich nicht die Zeit zurückzurufen versuchen, als jemand sagte, es sei jemand weggegangen, oder die Aussage, dass jemand wegginge, sondern sollte sich das tatsächliche körperliche Weggehen zurückrufen - unabhängig davon, was gesagt wurde.

Sie werden feststellen, dass Worte durch das physikalische Universum zu anderen Organismen hin kommuniziert werden. Geräusche zum Beispiel haben ihren Ursprung im Organismus, werden in Schallwellen umgesetzt und erreichen die andere Person als Schallwellen. Das geschriebene Wort wird in Symbolen aus Tinte dargestellt, die dann (und das ist das andere physikalische Phänomen - Licht) von einem anderen Organismus gesehen werden. Außersinnliche Wahrnehmung mag es zwar durchaus geben, doch ist sie nicht aberrierend.

Es gibt viele Wahrnehmungen - das heißt Kanäle -, durch die jemand mit dem physikalischen Universum in Kontakt treten kann. Mittels der Seh- und Hörwahrnehmungen, dem Mund und anderen Übermittlungssystemen sind Sie sich des physikalischen Universums bewusst. Darum werden Sie bei jeder Aufforderung, sich eine bestimmte Art von Geschehnis zurückzurufen, aufgefordert werden, Ihre Aufmerksamkeit - nachdem Sie es sich zurückgerufen haben - auf einen bestimmten Sinneskanal zu richten, der vorhanden war, während Sie das Geschehnis damals erlebten.

Für diesen Zweck ist die runde Scheibe bestimmt. Wie Sie bemerken werden, hat diese Scheibe zwei Seiten. Die auf der einen Seite aufgeführten Sinneswahrnehmungen oder Sinnesbotschaften unterscheiden sich von denen auf der anderen Seite. Während Sie die Fragen der Reihe nach lesen, sollten Sie diese durch einen der Schlitze in der Scheibe lesen. Drehen Sie die Scheibe jedes Mal, wenn Sie zur nächsten Frage übergehen, so im Gegenuhrzeigersinn, dass Sie den nächsten Schlitz benutzen können. Dies wird Ihnen eine neue Wahrnehmung geben.

Die Frage kann sich zum Beispiel auf eine Zeit beziehen, als jemand von Ihnen weggegangen ist. Sie werden sich eine Zeit zurückrufen, als dies geschah, und wählen dabei den Moment aus, als diese Person Sie tatsächlich körperlich verlassen hat. Ohne Zweifel werden Sie eine gewisse Wahrnehmung von der Szene bekommen, vielleicht sogar eine sehr vollständige Wahrnehmung von der Szene. Viele Leute sehen, fühlen, hören und nehmen auf andere Weise Erinnerungen wahr, wenn sie sich diese zurückrufen. Manche Leute sind zu abgesperrt. Diese Listen beseitigen Absperrungen. Wenn Sie sich eine Person zurückrufen, die von Ihnen wegging, dann sollten Sie sich dabei nicht lediglich die Vorstellung zurückrufen, dass jemand weggegangen ist, sondern den Moment, in dem er dies tatsächlich tat – und Sie sollten von seinem Weggehen so viele Wahrnehmungen wie möglich bekommen. Auf der Scheibe, die währenddessen über dieser Frage liegt, steht eine besondere, zufällige Wahrnehmung auf dem oberen Rand. Diese Wahrnehmung kann zum Beispiel „Geräusch" sein. Sie sollten dann versuchen, mit besonderem Nachdruck auf dieser bestimmten Wahrnehmung, Geräusche wiederzugewinnen, die zugegen waren, als jene Person wegging; Sie konzentrieren sich einfach auf diese Wahrnehmung. *Wenn Sie nicht dazu fähig sind, die Geräusche als solche wiederzugewinnen, sie also wieder zu hören, so gewinnen Sie zumindest wieder einen Begriff davon, worin diese Geräusche bestanden haben könnten.*

Wenn Sie sich diese Scheibe ansehen, werden Sie feststellen, dass sie sechs Sinneswahrnehmungen enthält, mit denen Sie Verbindung zum physikalischen Universum hergestellt haben. Tatsächlich gibt es aber viele mehr als diese sechs.

Wenn Sie sich zu einer Frage das Geschehnis zurückgerufen haben und dabei das Wort „Emotion" ganz oben über der Frage steht, sollten Sie den Versuch machen, sich insbesondere die Emotion zurückzurufen, die Sie zu jener Zeit fühlten, und sie, wenn möglich, wieder fühlen.

Beim Stellen der nächsten Frage wird die Scheibe um ein Fenster im Gegenuhrzeigersinn gedreht. Sie werden dann „Lautstärke" ganz oben finden. Sie sollten sich ein der Frage entsprechendes Geschehnis zurückrufen und dann, nachdem Sie das Geschehnis wahrgenommen haben, Ihre Aufmerksamkeit insbesondere auf die Lautstärke der verschiedenen Geräusche in dem Geschehnis richten.

Wenn Sie dann zur nächsten Frage gehen, sollten Sie die Scheibe wiederum im Gegenuhrzeigersinn drehen. Ganz oben werden Sie nun „Körperstellung" finden. Sie sollten die Frage lesen, sich ein entsprechendes Geschehnis zurückrufen, es so gut wie möglich wahrnehmen und dann besondere Aufmerksamkeit auf die Stellung richten, in der Ihr eigener Körper zu der Zeit war, als sich das Geschehnis ereignete.

Wenn Sie zur nächsten Frage übergehen und die Scheibe wiederum drehen, finden Sie nun „Geräusch" oben. Sie sollten sich das Geschehnis zurückrufen, das die Frage verlangt, und dann den Geräuschen in diesem Geschehnis besondere Aufmerksamkeit schenken.

Wenn Sie zur nächsten Frage gehen und die Scheibe noch einmal drehen, werden Sie feststellen, dass „Gewicht" oben steht. Bei dem Geschehnis, das zurückgerufen wird, sollte die Aufmerksamkeit auf die Schwere der Dinge gelenkt werden, einschließlich der Einwirkung der Schwerkraft auf Sie selbst und des Gewichts von allem, was Sie während des Geschehnisses tatsächlich trugen, wie zum Beispiel Ihre Kleidung, einen Ball oder irgendetwas anderes, das Sie zu der Zeit tatsächlich hielten, als das Geschehnis stattfand.

Wenn die Scheibe wiederum zur nächsten Frage auf der Liste weiter gedreht wird, werden Sie „Eigene Bewegung" oben finden. Wenn Sie die Frage beantwortet haben, sollten Sie Ihre Aufmerksamkeit auf die Bewegung lenken, die Sie selbst zum Zeitpunkt des Geschehnisses durchgeführt haben.

Jedes Mal, wenn Sie zu einer neuen Seite gehen, sollten Sie die Scheibe umdrehen. Hier finden Sie eine neue Reihe von Wahrnehmungseindrücken.

Diese werden natürlich so angewandt, dass Sie, wenn Sie die Liste ein zweites Mal durchgehen, wahrscheinlich nicht dieselbe Wahrnehmung haben, da sich diese Dinge zufällig ergeben. Nehmen wir zum Beispiel die Frage über eine Person, die auf Sie zukommt. Als Sie diese Frage das erste Mal beantworteten, hatten Sie Ihre Aufmerksamkeit, der Scheibe entsprechend, vielleicht auf „Geräusch" gerichtet. Wenn Sie diese Frage (beim erneuten Durchgehen durch die Liste) das nächste Mal erreichen, wird auf der Scheibe oben möglicherweise „Emotion" stehen. Während Sie beim ersten Mal mit den Geräuschen Verbindung aufgenommen hatten, sollten Sie jetzt also, beim zweiten Mal, mit jeder vorhandenen Emotion Verbindung aufnehmen.

Auf der anderen Seite der Scheibe sehen Sie die Wahrnehmungen „Sehen", „Riechen", „Berühren", „Farbe", „Klang" und „Bewegung um einen herum".

„Sehen" ist, was Sie tatsächlich zu der Zeit sahen. Eine Person, deren Wahrnehmungen in guter Verfassung sind, wird noch einmal sehen, was sie zu dem Zeitpunkt, als das Geschehnis tatsächlich stattfand, gesehen hat. „Sehen" verlangt also nach dem, was während des verlangten Geschehnisses gesehen wurde.

„Riechen" verlangt von dem Betreffenden das Zurückrufen aller Gerüche, die während der Szene, die er sich zurückruft, vorhanden waren.

„Berühren" erfordert von der Person das Zurückrufen von allem, was die Person zu der Zeit tatsächlich mit der Empfindung des Berührens berührt hat, Druck eingeschlossen. Man hat immer Berührungskontakt mit der materiellen Welt, auch wenn es nur die Berührung des Bodens durch die Füße oder das Fühlen von Kleidung am Körper ist.

Wenn die Wahrnehmung von „Farbe" oben ist, sollte die Person versuchen, die Farbe wieder wahrzunehmen, die in der verlangten Szene enthalten war.

Wenn „Klang" verlangt wird, sollte die Person versuchen, mit der Qualität der während der Szene vorhandenen Geräusche Verbindung aufzunehmen.

Wenn „Bewegung um einen herum" oben ist, sollte die Person, während sie sich das verlangte Geschehnis zurückruft, versuchen, die darin enthaltene Bewegung wahrzunehmen – die Bewegung von anderen Leuten, von Objekten oder von Energie.

Wenn man mit der Scheibe diese Fragen durcharbeitet, erforscht man also sein eigenes Leben, und während dieser Erforschung versucht man, die Dinge, die man wahrgenommen hat, mit der höchstmöglichen Stufe von Realität in sein Blickfeld zu holen. Als unmittelbares Ergebnis verbessert sich die Wahrnehmung der gegenwärtigen Welt. Ein weiteres Ergebnis ist die Stärkung seines Gedächtnisses. Wiederum ein weiteres Ergebnis ist die Umgruppierung und Neueinschätzung von Dingen, die einem zugestoßen sind. Noch ein Ergebnis, und zwar ein mechanischeres und grundlegenderes, ist die Abschwächung unangenehmer Erfahrungen – man bringt sie sozusagen ans Licht. Eine Zeit lang mag man glauben, es sei besser, unangenehme Dinge zu vergessen. Wenn sie aber vergessen sind, haben sie mehr Kraft und zerstörende Eigenschaften, als wenn sie untersucht werden.

Wenn man die Listen wiederholt benutzt, wird man feststellen, dass man immer frühere Geschehnisse erhält. Es ist nicht unmöglich, dass man sich geradewegs an die frühesten Anfänge seines Lebens zurückerinnert, geschweige denn an seine Kindheit.

Es kann gar nicht oft genug betont werden: Diese Fragen verlangen nach tatsächlichen körperlichen Handlungen, nicht nach Aussagen über körperliche Handlungen. Es ist völlig in Ordnung, wenn man sich Szenen zurückruft, die man im Kino gesehen oder über die man in Büchern gelesen hat. Aber man sollte sich im Fall Kino, der Leinwand, des Sitzes, des Ortes und der Zeit des Geschehnisses vollkommen bewusst sein. Bei Büchern, die man gelesen hat, sollte man sich nicht an die Szene erinnern, die der Autor dem Leser gerne vermittelt hätte, sondern an die Situation des Lesens – und der Rückruf sollte das Gedruckte und das Sitzen in einem Stuhl hervorholen, nicht als Vorstellung.

Hinter den Fragen steht, nicht ohne weiteres sichtbar, eine enorme Menge an Technologie. Wichtig ist vor allem, dass dieses Verfahren, wenn Sie beharrlich eine Liste nach der anderen durchgehen und sich die verlangten Dinge zurückrufen, Ihre Fähigkeit zum Denken und Handeln und Ihr körperliches Wohlbefinden sowie Ihr Verhältnis zu Ihrer gegenwärtigen Umwelt beträchtlich verbessert.

Sie werden feststellen, dass die allerletzte Liste die „Liste für das Sitzungsende" genannt wird. Das bedeutet, dass Sie immer dann, wenn Sie Selbst-Prozessing angewandt und eine Liste vollständig durchgearbeitet haben - oder so lange gearbeitet haben, wie Sie möchten -, sich der „Liste für das Sitzungsende" zuwenden sollten, um als Routinemaßnahme die darin enthaltenen Fragen zu beantworten.

Sie werden ebenfalls eine Liste mit der Überschrift „Wenn Ihnen das Zurückrufen einer bestimmten Sache Unbehagen verursachte" finden, die sich vor der letzten Liste in diesem Buch befindet. Wenn Sie während einer Sitzung beim Selbst-Prozessing feststellen, dass Sie sich in beträchtlichem Maße immer unbehaglicher oder unglücklicher fühlen, sollten Sie diese Liste aufschlagen. Ihre Benutzung sollte Ihre gute Laune rasch wiederherstellen.

Sollte Ihnen das Zurückrufen bei irgendeiner Frage von diesen Listen extrem schwerfallen, dann lassen Sie sie einfach aus und gehen zur nächsten weiter. Falls Sie bei der Beantwortung der Fragen irgendeiner dieser Listen allgemein Schwierigkeiten haben, wird es Ihnen leichter fallen, wenn ein Freund sie Ihnen vorliest.

Sollte das Durchlaufen von Selbst-Prozessing Sie äußerst unglücklich machen, so ist es wahrscheinlich, dass Ihr Fall so lange in die Obhut eines Dianetik Auditors gelegt werden sollte, bis Sie in der Lage sind, diese Angelegenheit selbstständig zu bewältigen.

Sie können eine Liste viele Male durchgehen, bevor Sie sich der nächsten zuwenden. Sie können aber auch in einem Zug durch alle Listen gehen, ohne irgendeine zu wiederholen. Wahrscheinlich werden Sie feststellen, dass das oftmalige Durchgehen einer Liste zu besseren Ergebnissen führt, als wenn Sie in einem einzigen Zug durch das Buch gehen.

Sie werden bemerken, dass eine unangenehme Erinnerung, die Sie mehrere Male durchgegangen sind, keine Wirkung mehr auf Sie ausübt. Das heißt, dass die Intensität dieser Erinnerung abnimmt und dass die darin enthaltene Energie, die sich auf Ihr gegenwärtiges Leben auswirkte, sich auflöst. Wenn Sie sich an mehrere Geschehnisse derselben Art erinnern können, dann tun Sie es. Und wenn diese für Sie beschwerlich sind, gehen Sie einfach die Dinge, an die Sie sich erinnert haben, noch einmal durch, eines nach dem anderen, und dann noch einmal. In der Sprache der Dianetik nennt man dies *Repetitives Straightwire.* Es nimmt unangenehmen Erinnerungen ihre Intensität. Doch zielen diese Listen auf das Zurückrufen von angenehmen Geschehnissen ab.

Angenehme Geschehnisse verlieren im Gegensatz zu unangenehmen ihre Intensität nicht, wenn man sie sich zurückruft; sie nehmen vielmehr den unangenehmen Geschehnissen, unterhalb der Ebene der Aufmerksamkeit, deren Kraft, wenn das angenehme Geschehnis zurückgerufen wird.

Alles, was Sie beim Durcharbeiten der Listen wirklich beachten müssen, ist, dass Handlungen und nicht Worte verlangt werden und dass die Scheibe benutzt werden sollte, um Ihnen die besondere Art des Rückrufs zu geben, die Sie bei der Erinnerung, nach der verlangt wurde, haben sollten. Für den Fall, dass Sie die Scheibe verlieren sollten, finden Sie am Rand jeder Seite eine Liste der Wahrnehmungen. Wenn Sie die Liste auf der Seite des Blattes benutzen, sollten Sie beim Zurückrufen von Wahrnehmungen genau wie mit der Scheibe verfahren und jeweils eine Wahrnehmung nach der anderen verwenden.

Beantworten Sie die Fragen nicht einfach mit „Ja" oder „Nein". Wählen Sie, der Aufforderung der Frage entsprechend, einen wirklichen Augenblick Ihres Lebens aus. Versuchen Sie, diesen Moment mit dem gemäß der Scheibe verlangten Wahrnehmungseindruck wieder zu empfinden.

Wenn Sie das Durchgehen der Fragen unglücklich macht, dann fahren Sie einfach mit der Liste fort, die Sie gerade bearbeiten, und gehen die Fragen immer wieder durch. Die unglückliche Stimmung sollte „abklingen", nachdem Sie sich unangenehme Geschehnisse viele Male zurückgerufen haben. Es wird sich ein Gefühl der Erleichterung einstellen.

Es gibt Leute, die bei dem Gedanken, diese Fragen durchstehen zu sollen, in Furcht geraten. Nun, Sie haben sicherlich bessere Nerven. Das Schlimmste, was diese Fragen bewirken könnten, ist, Sie umzubringen.

Seien Sie nicht überrascht, wenn Sie sich nach der Beantwortung einiger Fragen schläfrig fühlen. Schläfrigkeit ist lediglich ein Zeichen für Entspannung. Das Allermindeste, was dieses Buch für Sie tun kann, ist, Ihre Beruhigungsmittel zu ersetzen!

Wenn Sie bei der Beantwortung dieser Fragen zu gähnen anfangen, so ist das gut. Gähnen ist eine Befreiung von früheren Zeiten der Bewusstlosigkeit. Sie dürfen ruhig so sehr gähnen, dass Ihnen die Tränen kommen. Das ist ein Fortschritt.

Sollten Sie sich, während Sie diese Fragen beantworten, sehr benommen fühlen, so ist das nur „Boil-off", das Anzeichen dafür also, dass frühere Zeiten von Bewusstlosigkeit sich verflüchtigen. Fahren Sie einfach mit dem Rückruf des Geschehnisses oder anderer ähnlicher Geschehnisse fort, dann wird dieses Gefühl verschwinden und Sie werden wacher sein als zuvor. Wenn Sie diesen Boil-off unterbrechen und mit Ihrer Sitzung aufhören, werden Sie sich übellaunig und gereizt fühlen. Gelegentlich steigert sich dieses Benommensein zu nahezu vollständiger Bewusstlosigkeit, aber es verschwindet auch stets wieder. Diese Bewusstlosigkeit war es, die Sie daran gehindert hat, hoch oben auf der Tonskala zu sein.

Wenn Sie Fragen beantworten, werden ab und zu unbestimmte oder auch stechende Schmerzen kommen und gehen. Versuchen Sie nicht herauszufinden, woher diese Schmerzen kommen. Wenn Sie mit den Fragen beharrlich fortfahren, werden die Schmerzen wieder verschwinden. Beachten Sie sie einfach nicht. Es sind die Geister dessen, was man psychosomatische Leiden zu nennen pflegte, restimulierte Verletzungen aus früherer Zeit.

Ein Mensch wird durch diese Speicherung früherer Schmerzen und früherer Bewusstlosigkeit unterdrückt. Die Selbstanalyse lässt solche früheren Augenblicke vergehen oder, zumindest teilweise, an Intensität verlieren, ohne dass Sie herausfinden müssten, was in ihnen war.

Eine ausführliche Beschreibung dieser Erscheinungen und ihrer Ursachen bietet Ihnen Die Wissenschaft des Überlebens, *das populäre Werk über Dianetik.*

BENUTZEN SIE DIE LISTEN VIELE MALE. Versuchen Sie für jede Frage, das früheste Geschehnis zu finden, das Sie erhalten können.

L I S T E 1

Allgemeine Geschehnisse

Der Zweck dieser Liste ist, Ihnen Übung im Zurückrufen von Dingen zu geben. Benutzen Sie die hinten im Buch beigelegte Scheibe und lesen Sie die Anleitung für die Benutzung dieser Liste am Anfang dieses Abschnitts.

Kannst du dir eine Zeit zurückrufen, als:

1. Du glücklich warst.

2. Du gerade etwas fertig gebaut hattest.

3. Das Leben fröhlich war.

4. Jemand dir etwas gegeben hatte.

5. Du etwas Gutes gegessen hast.

6. Du einen Freund hattest.

7. Du dich voller Energie fühltest.

- ☐ *Sehen*
- ☐ *Riechen*
- ☐ *Berühren*
- ☐ *Farbe*
- ☐ *Klang*
- ☐ *Bewegung um einen herum*
- ☐ *Emotion*
- ☐ *Lautstärke*
- ☐ *Körper-stellung*
- ☐ *Geräusch*
- ☐ *Gewicht*
- ☐ *Eigene Bewegung*

Kannst du dir eine Zeit zurückrufen, als:

8. Jemand auf dich gewartet hat.

9. Du schnell gefahren bist.

10. Du etwas gesehen hast, das dir gefallen hat.

11. Du etwas Gutes erworben hast.

- ☐ *Sehen*
- ☐ *Riechen*
- ☐ *Berühren*
- ☐ *Farbe*
- ☐ *Klang*
- ☐ *Bewegung um einen herum*
- ☐ *Emotion*
- ☐ *Lautstärke*
- ☐ *Körperstellung*
- ☐ *Geräusch*
- ☐ *Gewicht*
- ☐ *Eigene Bewegung*

12. Du etwas Schlechtes weggeworfen hast.

13. Du jemanden geküsst hast, den du mochtest.

14. Du über einen Witz gelacht hast.

15. Du Geld erhalten hast.

16. Du dich jung gefühlt hast.

17. Dir das Leben gefiel.

18. Du ein Spiel gespielt hast.

19. Du etwas Gefährliches besiegt hast.

20. Du ein Tier erworben hast.

21. Jemand dachte, du seiest wichtig.

Kannst du dir eine Zeit zurückrufen, als:

22. Du etwas Bösem nachgejagt bist.

23. Du begeistert warst.

24. Dir etwas gehörte.

25. Du dich des Lebens freutest.

26. Du schnell gingst.

27. Du eine richtige Mußestunde genossen hast.

28. Du dich stark gefühlt hast.

29. Jemand wegging, den du nicht mochtest.

30. Jemand dir geholfen hat.

31. Du etwas Gutes gesammelt hast.

32. Du etwas gemessen hast.

33. Du eine angenehme Reise gemacht hast.

34. Du ein Licht eingeschaltet hast.

35. Du gute Musik gehört hast.

- ☐ *Sehen*
- ☐ *Riechen*
- ☐ *Berühren*
- ☐ *Farbe*
- ☐ *Klang*
- ☐ *Bewegung um einen herum*
- ☐ *Emotion*
- ☐ *Lautstärke*
- ☐ *Körperstellung*
- ☐ *Geräusch*
- ☐ *Gewicht*
- ☐ *Eigene Bewegung*

Kannst du dir eine Zeit zurückrufen, als:

36. Du etwas kontrolliert hast.

37. Du etwas zerstört hast.

38. Du etwas gemeistert hast.

39. Du Glück hattest.

- ☐ *Sehen*
- ☐ *Riechen*
- ☐ *Berühren*
- ☐ *Farbe*
- ☐ *Klang*
- ☐ *Bewegung um einen herum*
- ☐ *Emotion*
- ☐ *Lautstärke*
- ☐ *Körperstellung*
- ☐ *Geräusch*
- ☐ *Gewicht*
- ☐ *Eigene Bewegung*

40. Du dich friedlich gefühlt hast.

41. Sich dir eine hübsche Aussicht bot.

42. Du etwas Gutes eingeschenkt hast.

43. Du etwas Seltenes erworben hast.

44. Du einen Widersacher zum Schreien gebracht hast.

45. Du angenehm gesessen hast.

46. Du etwas gut gehandhabt hast (tatsächliche körperliche Handhabung).

47. Du etwas bewegt hast.

48. Du etwas Schnelles beobachtet hast.

Kannst du dir eine Zeit zurückrufen, als:

49. Du mit Freunden zusammen warst.

50. Du einen guten Raum eingenommen hast.

51. Jemand dich liebte.

52. Du jemandes Gesellschaft genossen hast.

53. Du etwas erfunden hast.

54. Du Energie nutzbar gemacht hast.

55. Du ein Insekt getötet hast.

56. Du etwas in deine Tasche gesteckt hast.

57. Du Fortschritte gemacht hast.

58. Du zu Fuß gegangen bist.

59. Du etwas gespart hast.

60. Du eine Maschine angehalten hast.

61. Du eine Maschine gestartet hast.

62. Du gut geschlafen hast.

- ☐ *Sehen*
- ☐ *Riechen*
- ☐ *Berühren*
- ☐ *Farbe*
- ☐ *Klang*
- ☐ *Bewegung um einen herum*
- ☐ *Emotion*
- ☐ *Lautstärke*
- ☐ *Körper-stellung*
- ☐ *Geräusch*
- ☐ *Gewicht*
- ☐ *Eigene Bewegung*

Kannst du dir eine Zeit zurückrufen, als:

63. Du einen Dieb aufgehalten hast.

64. Du unter etwas gestanden hast.

65. Du ein Feuer entfacht hast.

66. Du nach oben gegangen bist.

67. Dir warm war.

- ☐ *Sehen*
- ☐ *Riechen*
- ☐ *Berühren*
- ☐ *Farbe*
- ☐ *Klang*
- ☐ *Bewegung um einen herum*
- ☐ *Emotion*
- ☐ *Lautstärke*
- ☐ *Körperstellung*
- ☐ *Geräusch*
- ☐ *Gewicht*
- ☐ *Eigene Bewegung*

68. Du reiten gegangen bist.

69. Du geschickt warst.

70. Du geschwommen bist.

71. Du dich behauptet hast.

72. Du gut gelebt hast.

73. Du respektiert wurdest.

74. Du ein Rennen gewonnen hast.

75. Du gut gegessen hast.

L I S T E 2

Zeitorientierung

Diese Liste ist dazu gedacht, Ihren allgemeinen Zeitsinn in Bezug auf Abschnitte in Ihrem Leben zu fördern. Jeder Mensch besitzt eine vollständige Aufzeichnung all dessen, was er während seines Lebens erlebt hat. Es kann sein, dass er sich gewisse Zeitabschnitte nicht unmittelbar zurückrufen kann. Man sagt dann, diese Zeitabschnitte seien abgesperrt. Im Allgemeinen werden durch das Arbeiten mit diesen Listen solche abgesperrten Abschnitte allmählich dadurch verschwinden, dass man sich sein Leben zurückruft - damit werden sich das geistige und das körperliche Wohlbefinden und die Wahrnehmung der gegenwärtigen Umgebung verbessern.

In der Dianetik geht man davon aus, dass jeder Mensch eine „Zeitspur" hat. Alles, was eine Person während ihres Lebens wahrgenommen hat, ist von Anfang bis Ende auf dieser Zeitspur aufgezeichnet. Absperrungen zu haben ist gefährlich, da die Daten in dem abgesperrten Bereich zwanghaft werden und nicht-optimales Verhalten verursachen. Der Zweck dieser Liste ist, die Zeitspur im Allgemeinen in Ordnung zu bringen. Seien Sie nicht entmutigt, wenn es Ihnen nicht gelingt, den tatsächlichen Augenblick der Erinnerung zurückzurufen. Bekommen Sie zunächst die Erinnerung. Wenn Sie dann noch die verbliebenen Fragen beantworten können, umso besser.

Kannst du dir ein Geschehnis zurückrufen, das sich zugetragen hat:

1. Vor einer langen Zeit. (Jahr? Monat? Tag? Uhrzeit?)

2. Gestern. (Stunde? Datum?)

3. Letzten Monat. (Stand der Sonne?)

- ☐ *Sehen*
- ☐ *Riechen*
- ☐ *Berühren*
- ☐ *Farbe*
- ☐ *Klang*
- ☐ *Bewegung um einen herum*
- ☐ *Emotion*
- ☐ *Lautstärke*
- ☐ *Körperstellung*
- ☐ *Geräusch*
- ☐ *Gewicht*
- ☐ *Eigene Bewegung*

4. Als du sehr klein warst. (Kleidung der Leute? Stand der Sonne?)

5. Als du halb so groß warst wie jetzt. (Die Größe von anderen zu jener Zeit?)

6. Als du ein Drittel deines jetzigen Gewichts hattest. (Stand der Sonne?)

7. Als deine Mutter jünger aussah. (Ihre Kleidung? Stand der Sonne?)

8. Als du dich beweglich gefühlt hast. (Jahr? Uhrzeit?)

9. Letztes Weihnachtsfest. (Tageszeit?)

10. An deinem fünften Weihnachtsfest. (Kleidung anderer?)

Kannst du dir ein Geschehnis zurückrufen, das sich zugetragen hat:

11. An deinem achten Geburtstag. (Einrichtung?)

12. An einem Geburtstag. (Das Aussehen anderer? Jahr? Stand der Sonne?)

13. Heute vor einem Jahr. (Das Haus, in dem du gewohnt hast? Tag? Jahreszeit?)

14. Heute Mittag.

15. Bei einem Festessen. (Kleidung der dort anwesenden Personen?)

16. Bei einer Hochzeit. (Jahr? Jahreszeit?)

17. Bei einer Geburt. (Jahreszeit?)

18. Bei einer Verabredung mit jemandem. (Frisur?)

19. Mit einer Uhr. (Stand der Sonne?)

20. Mit einer Armbanduhr. (Bewegung des Sekundenzeigers?)

21. Mit einem Tier. (Als es kleiner war?)

- ☐ *Sehen*
- ☐ *Riechen*
- ☐ *Berühren*
- ☐ *Farbe*
- ☐ *Klang*
- ☐ *Bewegung um einen herum*
- ☐ *Emotion*
- ☐ *Lautstärke*
- ☐ *Körperstellung*
- ☐ *Geräusch*
- ☐ *Gewicht*
- ☐ *Eigene Bewegung*

Kannst du dir Geschehnisse zurückrufen, die vergleichen:

1. Heutige Kleidung und Kleidung, als du klein warst.

2. Heutige Frisur und Frisur, als du in deinen Teenagerjahren warst.

3. Etwas, das neu war und jetzt alt ist.

4. Etwas, das klein war und jetzt groß ist.

5. Etwas, das jetzt alt ist, und als es jung war.

6. Wie die Sonne am Morgen scheint und wie sie am Nachmittag scheint.

7. Winter mit Sommer.

8. Frühling mit Winter.

9. Herbst mit Frühling.

10. Sonnenaufgang mit Sonnenuntergang.

11. Einen Schatten am Morgen mit einem Schatten am Abend.

- ☐ *Sehen*
- ☐ *Riechen*
- ☐ *Berühren*
- ☐ *Farbe*
- ☐ *Klang*
- ☐ *Bewegung um einen herum*
- ☐ *Emotion*
- ☐ *Lautstärke*
- ☐ *Körperstellung*
- ☐ *Geräusch*
- ☐ *Gewicht*
- ☐ *Eigene Bewegung*

Kannst du dir Geschehnisse zurückrufen, die vergleichen:

12. **Kleidung, die jetzt alt ist, und als sie neu war.**

13. **Ein Haus, das jetzt steht, und als es dort kein Haus gab.**

14. **Einen offenen Raum, der jetzt aufgeteilt ist.**

15. **Eine lange Zeit mit einer kurzen Zeit.**

16. **Eine Zigarette, als sie angezündet wurde und als sie ausgedrückt wurde.**

17. **Den Beginn eines Rennens und sein Ende.**

18. **Schlafengehen und Aufstehen.**

19. **Schule am Morgen und das Herauskommen am Nachmittag.**

20. **Deine jetzige Größe und als du klein warst.**

21. **Einen bewölkten Tag mit einem sonnigen Tag.**

22. **Stürmisches Wetter mit regnerischem Wetter.**

- ☐ *Sehen*
- ☐ *Riechen*
- ☐ *Berühren*
- ☐ *Farbe*
- ☐ *Klang*
- ☐ *Bewegung um einen herum*
- ☐ *Emotion*
- ☐ *Lautstärke*
- ☐ *Körperstellung*
- ☐ *Geräusch*
- ☐ *Gewicht*
- ☐ *Eigene Bewegung*

Kannst du dir Geschehnisse zurückrufen, die vergleichen:

23. Etwas, das heiß war, und als es kalt geworden war.

24. Etwas Junges mit etwas Altem.

25. Einen schnellen Herzschlag mit einem langsamen.

- ☐ *Sehen*
- ☐ *Riechen*
- ☐ *Berühren*
- ☐ *Farbe*
- ☐ *Klang*
- ☐ *Bewegung um einen herum*
- ☐ *Emotion*
- ☐ *Lautstärke*
- ☐ *Körperstellung*
- ☐ *Geräusch*
- ☐ *Gewicht*
- ☐ *Eigene Bewegung*

26. Als du überhitzt warst und als dir kalt war.

27. Als du viel Platz hattest und als du wenig Platz hattest.

28. Als das Licht hell war und als es gedämpft war.

29. Ein Feuer, das hell loderte, und als es erlosch.

30. Einen halb fertig gebauten Gegenstand und seinen Zustand am Anfang.

31. Die gleiche Person, als sie groß war und als sie klein war.

32. Als du dich klein fühltest und als du dich erwachsen fühltest.

Kannst du dir Geschehnisse zurückrufen, die vergleichen:

33. Gestern Morgen mit heute Morgen.

34. Einen vollständigen Kalender und als seine Blätter abgerissen waren.

35. Eine Uhr, die stehen geblieben war, und eine, die geht.

36. Die Bewegung der Sonne mit der Bewegung des Mondes.

37. Als du dich müde fühltest und als du dich tatkräftig fühltest.

38. Autos damals und Autos heute.

39. Als du mit dieser Liste begonnen hast und diese Frage.

- ☐ *Sehen*
- ☐ *Riechen*
- ☐ *Berühren*
- ☐ *Farbe*
- ☐ *Klang*
- ☐ *Bewegung um einen herum*
- ☐ *Emotion*
- ☐ *Lautstärke*
- ☐ *Körperstellung*
- ☐ *Geräusch*
- ☐ *Gewicht*
- ☐ *Eigene Bewegung*

L I S T E 3

ORIENTIERUNG DER SINNE

Diese Liste ist speziell zusammengestellt, um Ihre Aufmerksamkeit auf die Existenz vieler Kanäle zu lenken, durch die Sie sich selbst und das physikalische Universum um sich herum wahrnehmen. Während sich jede der aufgeführten Fragen auf einen bestimmten Sinneskanal bezieht, wie „Sehen" oder „Geräusch", kann die Scheibe weiterhin benutzt werden. Denn das, wonach verlangt wird, sind die bestimmten Augenblicke, in denen Sie verschiedene Sinne gebrauchen, und jeder bestimmte Augenblick enthält viele andere Sinneswahrnehmungen als diejenige, die verlangt wird. Benutzen Sie deshalb die Scheibe wie bei allen anderen Fragen auch und versuchen Sie, nachdem Sie ein bestimmtes, in der Frage verlangtes entsprechendes Geschehnis zurückgerufen haben, es mit besonderer Aufmerksamkeit auf jenen Sinn zurückzurufen, der zu dieser Zeit zufällig oben auf der Scheibe steht.

ZEITSINN

Jeder Mensch hat einen *Zeit*sinn. Dieser Sinn neigt dazu, aberriert zu werden. Das Vorhandensein von Uhren an jedem Handgelenk scheint uns zu sagen, dass wir mechanische Hilfe brauchen, um zu wissen, wie spät es ist. Der erste Mensch, der einen aberrierten oder gestörten Zeitsinn hatte, machte die erste Uhr wünschenswert - aber nur für ihn. Uhren und Kalender sind künstliche Symbole, die die Zeit darstellen, die ein tatsächliches Gut ist und die von jedem Menschen direkt gespürt werden kann. Dieser Abschnitt und nahezu alle anderen Abschnitte in diesen Listen rehabilitieren den Sinn für Zeit. Die meisten Leute bringen in ihrem Verstand Zeit und Raum durcheinander. Die Worte, die Zeit beschreiben, beschreiben auch Raum, was zeigt, dass der Mensch seinem Zeitsinn keine besondere Aufmerksamkeit schenkt. Der Organismus misst die Zeit auf viele Arten, meist aber in Form von Bewegung, Wachstum oder Verfall. Das auffallendste Zeichen des Vergehens von Zeit ist Veränderung. Doch gibt es einen direkten Sinn für Zeit, den jeder hat, wenn der Zeitsinn auch durch eine Gesellschaft abgesperrt sein kann, die die Tatsache, dass er existiert - durch die Benutzung von Uhren und Kalendern - abzuwerten scheint. Sie sollten über Zeit keinerlei Verwirrung haben.

Kannst du dir eine Zeit zurückrufen, als:

- ☐ *Sehen*
- ☐ *Riechen*
- ☐ *Berühren*
- ☐ *Farbe*
- ☐ *Klang*
- ☐ *Bewegung um einen herum*
- ☐ *Emotion*
- ☐ *Lautstärke*
- ☐ *Körperstellung*
- ☐ *Geräusch*
- ☐ *Gewicht*
- ☐ *Eigene Bewegung*

1. Es sehr spät war.

2. Du früh dran warst.

3. Du warten musstest.

4. Du eine Zeit lang stehen musstest und dabei etwas Schweres getragen hast.

5. Du sehr schnell gegangen bist.

Kannst du dir eine Zeit zurückrufen, als:

6. **Du einen großen Raum durchmessen hast.**

7. **Du viel Zeit gebraucht hast (als du tatsächlich lange gebraucht hast, nicht als jemand anders das behauptet hat).**

8. **Ein Gegenstand zu laufen aufhörte (keine Uhr).**

9. **Ein Raum lang war.**

10. **Ein Raum kurz war.**

11. **Ein Gegenstand sich bewegte.**

12. **Ein Tier sich bewegte.**

13. **Ein Uhrzeiger sich bewegte.**

14. **Ein Gegenstand rund war.**

15. **Ein Gegenstand einem Gegenstand nahe war.**

16. **Ein Blitz zuckte.**

17. **Du eine Uhr kaputt gemacht hast. (Hielt die Zeit an?)**

18. **Eine vergnügliche Zeit.**

19. **Du zu spät dran warst.**

20. **Jemand zu lange lebte.**

- ☐ *Sehen*
- ☐ *Riechen*
- ☐ *Berühren*
- ☐ *Farbe*
- ☐ *Klang*
- ☐ *Bewegung um einen herum*
- ☐ *Emotion*
- ☐ *Lautstärke*
- ☐ *Körper-stellung*
- ☐ *Geräusch*
- ☐ *Gewicht*
- ☐ *Eigene Bewegung*

(Zusätzliche Fragen über Zeit befinden sich in der ersten Hälfte von Liste 2.)

SEHEN

Es gibt mehrere Teile des Sinneskanals, der *Sehen* genannt wird. Von Sonne, Mond, Sternen oder künstlichen Quellen kommen Lichtwellen, werden von Gegenständen reflektiert, und die Lichtwellen dringen in die Augen ein und werden zwecks gegenwärtigem Handeln oder als Erinnerung, auf die man sich künftig beziehen kann, aufgezeichnet. Auch Lichtquellen werden aufgezeichnet. Dies ist die Sinneswahrnehmung, die Sehen genannt wird. Sie hat Unterabteilungen.

Die erste von ihnen könnte man als *Bewegung* betrachten, bei der Sehen von einer Zeitspanne abhängt, um ein sich ständig veränderndes Bild aufzuzeichnen. Jemand kann zwar in der Gegenwart Bewegung sehen, verschiedene Aberrationen des Sehens können ihn jedoch dazu bringen, dass er sich nur stillstehende Bilder zurückruft. Trotzdem sind alle diese Bewegungen immer noch aufgezeichnet und können als in Bewegung befindliche Bilder zurückgerufen werden. Da Bewegung auch von den anderen Wahrnehmungen aufgezeichnet wird, hängen auf diese Weise alle anderen Sinne von Zeit ab, damit sie die Nachricht der Bewegung hereinbringen können.

Teil des Sehens, mehr ins Einzelne gehend, ist die *Farbwahrnehmung*. Es gibt Leute, die in der Gegenwart farbenblind sind – das heißt, dass sie Farben sehen können, aber unfähig sind, Unterschiede in den Abstufungen wahrzunehmen. Es gibt Leute, die in der Gegenwart Farbe sehen können, aber beim Versuch, sich das zurückzurufen, was sie gesehen haben, es sich nur in schwarz-weiß zurückrufen. Dies wäre Rückruf-Farbenblindheit. Die Farbe ist gänzlich gelöscht. Wenn sich jemand Dinge, die er in Farbe gesehen hat, als schwarz-weiße oder als stillstehende Bilder zurückruft, so ist dies eine Aberration, der leicht abgeholfen werden kann.

Ein anderer Teil des Sehens ist die *Tiefenwahrnehmung*. Tiefenwahrnehmung wird auf zwei Arten beobachtet. Eine ist, den Größenunterschied von Objekten zu sehen und so eine Vorstellung von der Tatsache zu haben, dass das eine weiter hinten ist als ein anderes oder das Objekt selbst sich in einer Entfernung befindet. Die andere ist ein „stereoskopischer" Effekt, der durch die Tatsache verursacht wird, dass man zwei Augen hat. Jedes Auge sieht ein kleines bisschen um den Gegenstand herum, und so ist echte Tiefenwahrnehmung möglich. Dennoch kann jemand zwei Augen haben und in der gegenwärtigen

Beobachtung keine Tiefenwahrnehmung besitzen. Zusätzlich kann einer in der Gegenwart perfekt und mit Tiefenwahrnehmung sehen und doch die Bilder beim Zurückrufen flach und ohne Tiefenwahrnehmung sehen. Diesem Mangel an Tiefenwahrnehmung kann auch abgeholfen werden.

Ein Mensch, der in der Gegenwart keine Bewegung wahrnehmen kann und der darüber hinaus auch weder Farbe noch Tiefe wahrnehmen kann, wäre als Autofahrer eine sehr große Gefahr – beinahe genauso schlimm ist der Mensch dran, der sich nicht zurückrufen kann, was er gesehen hat; oder wenn er es zurückrufen kann, es nicht mit Tiefenwahrnehmung, vollen Farben und voller Bewegung tun kann. Dieser Teil dieser Liste ist dazu gedacht, Ihnen einen besseren Einblick in das Sehen zu geben. Allgemein werden durch diese Listen alle diese Wahrnehmungseindrücke immer wieder geübt. Wenn Sie beim Zurückrufen nicht unmittelbar sehen können, was Sie in einer anderen Zeit gesehen haben, versuchen Sie einfach einen Begriff davon zu bekommen, wie die Dinge jeweils zu bestimmten Zeiten ausgesehen haben.

Kannst du dir einen Anblick zurückrufen, der:

1. Sehr hell war.

2. Dunkel war.

3. Grün war.

4. Weit ausgedehnt war.

5. Bewegung hatte.

6. Flach war.

7. Tief war.

- ☐ *Sehen*
- ☐ *Riechen*
- ☐ *Berühren*
- ☐ *Farbe*
- ☐ *Klang*
- ☐ *Bewegung um einen herum*
- ☐ *Emotion*
- ☐ *Lautstärke*
- ☐ *Körperstellung*
- ☐ *Geräusch*
- ☐ *Gewicht*
- ☐ *Eigene Bewegung*

Kannst du dir einen Anblick zurückrufen, der:

8. Farbenfroh war.

9. Rasch war.

10. Langsam war.

11. Angenehm war.

- ☐ *Sehen*
- ☐ *Riechen*
- ☐ *Berühren*
- ☐ *Farbe*
- ☐ *Klang*
- ☐ *Bewegung um einen herum*
- ☐ *Emotion*
- ☐ *Lautstärke*
- ☐ *Körperstellung*
- ☐ *Geräusch*
- ☐ *Gewicht*
- ☐ *Eigene Bewegung*

12. Wünschenswert war.

13. Hübsch war.

14. Selten war.

15. Bemerkenswert war.

16. Verworren war.

17. Geheimnisvoll war.

18. Faul war.

19. Warm war.

20. Fröhlich war.

21. Nahezu unsichtbar war.

Kannst du dir einen Anblick zurückrufen, der:

22. Verschwommen war.

23. Scharf abgegrenzt war.

24. Liebenswert war.

25. Leidenschaftlich war.

26. Freudig war.

27. Sehr real war. (Etwas, das du dir mit dem Sehen wirklich gut zurückrufen kannst.)

- ☐ *Sehen*
- ☐ *Riechen*
- ☐ *Berühren*
- ☐ *Farbe*
- ☐ *Klang*
- ☐ *Bewegung um einen herum*
- ☐ *Emotion*
- ☐ *Lautstärke*
- ☐ *Körperstellung*
- ☐ *Geräusch*
- ☐ *Gewicht*
- ☐ *Eigene Bewegung*

Relative Grössen

Das Erkennen seiner Größe im Verhältnis zu der Szene, in der man sich wiederfindet, und den Gegenständen und Organismen dieser Szene ist in sich selbst eine Sinnesmitteilung. Das stellt besonders an Kinder Anforderungen, und ohne Zweifel war es auch für Sie als Kind eine Belastung, von Objekten umgeben zu sein, die so groß waren. Wenn jemand tatsächlich einen guten Rückruf von einem Kindheits-Geschehnis bekommt, ist er ziemlich oft überrascht, zu sehen, wie groß ihm die Dinge vorkamen und wie groß diese Riesen, die Erwachsenen, waren, die ihn umgaben. Das Gefühl, in der Nähe von großen Objekten klein zu sein, erzeugt manchmal das Gefühl von Unzulänglichkeit. Man sagt sogar, dass sich Leute, die kleiner als der Durchschnitt sind, in ihrer Umwelt weniger sicher fühlen. Dies rührt offenbar von der Tatsache her, dass das Gefühl der Kleinheit und Unzulänglichkeit während der Kindheit in dauernder Restimulierung ist, weil sie die Durchschnittsgröße nicht erreicht haben. Es liegt nicht daran, dass die Person, obwohl kleiner, tatsächlich unzulänglich ist. Leute, die überdurchschnittlich groß sind, werden dieser Tatsache meistens gewahr, weil Leute, die kleiner sind als sie, Wege finden, um sie ihrer Größe wegen zunichtezumachen. Es ist deshalb wichtig, die Wahrnehmung der *relativen Größe* wiederherzustellen. Und jemand, der überdurchschnittlich groß ist, würde gut daran tun, beim Durcharbeiten der folgenden Fragen das Wort „Lautstärke" auf der Scheibe zu streichen und durch „Relative Größe" zu ersetzen.

Kannst du dir eine Zeit zurückrufen, als:

1. Du größer warst als ein Tier.

2. Du kleiner warst als ein Gegenstand.

3. Du größer warst als eine Person.

Kannst du dir eine Zeit zurückrufen, als:

4. Du kleiner warst als eine Person.

5. Dinge für dich klein aussahen.

6. Dinge für dich groß aussahen.

7. Du in einem riesigen Raum warst.

8. Du in die Sterne geschaut hast.

9. Ein Gegenstand dich zum Zwerg machte.

10. Du einen Riesen gesehen hast.

11. Jemand dich bedient hat.

12. Du jemanden erschreckt hast.

13. Du jemanden gejagt hast.

14. Du einen größeren Jungen verprügelt hast.

15. Die Möbel für dich zu klein waren.

16. Ein Bett für dich zu klein war.

17. Ein Bett für dich zu groß war.

- ☐ *Sehen*
- ☐ *Riechen*
- ☐ *Berühren*
- ☐ *Farbe*
- ☐ *Klang*
- ☐ *Bewegung um einen herum*
- ☐ *Emotion*
- ☐ *Lautstärke*
- ☐ *Körperstellung*
- ☐ *Geräusch*
- ☐ *Gewicht*
- ☐ *Eigene Bewegung*

Kannst du dir eine Zeit zurückrufen, als:

18. Ein Hut nicht passte.

19. Du höflich sein musstest.

20. Du jemanden eingeschüchtert hast.

21. Deine Kleidung zu groß war.

22. Deine Kleidung zu klein war.

23. Das Fahrzeug zu groß war.

24. Das Fahrzeug zu klein war.

25. Ein Raum zu groß war.

26. Ein Tisch zu groß war.

27. Dein Arm zu groß war.

28. Eine Köchin klein war.

29. Du etwas erreichen konntest, das sich über dir befand.

30. Ein Ball zu klein war.

31. Eine Tochter kleiner war.

32. Ein Schreibtisch zu klein war.

- ☐ *Sehen*
- ☐ *Riechen*
- ☐ *Berühren*
- ☐ *Farbe*
- ☐ *Klang*
- ☐ *Bewegung um einen herum*
- ☐ *Emotion*
- ☐ *Lautstärke*
- ☐ *Körperstellung*
- ☐ *Geräusch*
- ☐ *Gewicht*
- ☐ *Eigene Bewegung*

Kannst du dir ________ zurückrufen:

33. Eine große Gabel.

34. Einen kleinen Kessel.

35. Einen kleinen Hügel.

36. Einen kleinen Fisch.

37. Eine kleine Blume.

38. Einen kleinen Doktor.

39. Einen winzigen Hund.

40. Einen kleinen Mann.

41. Ein kleines Kind.

42. Eine kleine Katze.

43. Ein kleines Haus.

44. Eine kleine Maschine.

45. Kurze Beine.

46. Ein kleines Gesicht.

47. Einen kleinen Platz.

- ☐ *Sehen*
- ☐ *Riechen*
- ☐ *Berühren*
- ☐ *Farbe*
- ☐ *Klang*
- ☐ *Bewegung um einen herum*
- ☐ *Emotion*
- ☐ *Lautstärke*
- ☐ *Körperstellung*
- ☐ *Geräusch*
- ☐ *Gewicht*
- ☐ *Eigene Bewegung*

GERÄUSCH

Geräusch besteht aus der Wahrnehmung von Wellen, die von sich bewegenden Objekten ausgehen. Ein Objekt bewegt sich schnell oder langsam und versetzt die Luft in seiner Nähe in pulsierende Schwingungen. Wenn diese Schwingungen auf das Trommelfell auftreffen, setzen sie den Tonaufzeichnungsmechanismus des Individuums in Bewegung, und das Geräusch wird registriert. Im luftleeren Raum gibt es keine Geräusche und eigentlich sind sie nur eine Kraftwelle. Geräusche in zu großer Lautstärke oder misstönende Geräusche können körperlich schmerzhaft sein, genauso, wie Licht in zu großer Quantität die Augen schädigen kann. Jedoch ist die durch Geräusche, wie durch Licht, verursachte Menge an Nervosität nicht gerechtfertigt und in der Hauptsache eine Aberration, da Geräusche an sich normalerweise keinen Schaden verursachen und es im Leben jedes Menschen nur wenige Geschehnisse gibt, bei denen ein Geräusch genügend physikalische Kraft hatte, um ihm körperlich zu schaden. Besorgnis und Furcht vor dem physikalischen Universum und anderen Personen können einen Menschen jedoch dazu bringen, in Bezug auf Geräusche nervös zu werden, da das Gehör einer der verlässlichsten Warnmechanismen ist. Aber es ist töricht, in einer zivilisierten Umwelt bei jedem Geräusch aufzuschrecken, sich vor den Stimmen anderer oder sogar Verkehrsgeräuschen zu fürchten, da Menschen nur selten ein Dasein verbissenen Kämpfens führen, dass eine solche Aufmerksamkeit rechtfertigen würde. Da Geräusch mit vergangenem Schmerz vermischt wird, verwechselt das Individuum den Augenblick und die Zeit, wenn es das Geräusch hört. Und so kann es das Geräusch mit vergangenem Schmerz in Verbindung bringen, wie es dies bei anderen Wahrnehmungen auch tun kann. Diese Listen erlauben einem Menschen, seine Fähigkeit wiederzugewinnen, den Unterschied zwischen einer Zeit und einer anderen oder einer Situation und einer anderen zu erkennen.

Geräusche haben verschiedene Bestandteile. Der erste ist die *Tonhöhe.* Dies ist die Anzahl der Schwingungen eines Gegenstandes, von dem ein Geräusch ausgeht, pro Zeiteinheit. Der zweite ist die *Qualität* oder *Klangfarbe,* die einfach der Unterschied zwischen einer zackigen bzw. rauen Geräuschwelle und einer glatten Geräuschwelle ist, wie sie bei einer Musiknote auftritt. Der dritte ist die *Lautstärke,* die lediglich die Stärke der Geräuschwelle bedeutet, deren Lautstärke oder Ruhe.

Rhythmus ist tatsächlich ein Teil des Zeitsinns, aber er ist auch die Fähigkeit, die Zwischenräume zwischen regelmäßig pulsierenden Geräuschwellen zu bestimmen, wie beispielsweise beim Schlagen einer Trommel.

Viele Leute haben ein sogenanntes *erweitertes Gehör* - was bedeutet, dass sie in Bezug auf Geräusche zu wachsam sind. Gewöhnlich wird dies von einer allgemeinen Angst vor der Umwelt oder den Menschen in ihr begleitet. Es gibt auch die *Taubheit*, mit der jemand einfach Geräusche abschaltet. Manche Arten von Taubheit sind natürlich von rein mechanischen Schwierigkeiten mit dem Aufnahmemechanismus verursacht. Aber die meisten Arten von Taubheit, vor allem die partiellen, sind „psychosomatisch" oder durch mentale Aberration verursacht. Zu Anfang mag der Einzelne fähig sein oder nicht, sich das, was er gehört hat - und was in der Vergangenheit aufgezeichnet wurde -, zurückzurufen, wenn er sich daran erinnert. Mit anderen Worten, er erhält kein Geräusch, wenn er sich daran erinnert, eines gehört zu haben. Die Geräuschaufzeichnung ist dann abgesperrt. Den Rückruf eines Geräusches, sodass man es wieder hört, nennt man in der Dianetik „Sonik", und dies ist ein wünschenswerter Umstand, der dem Menschen wiedergegeben werden kann.

Interessant ist zu bemerken, dass es auch bei Geräuschen eine *Tiefenwahrnehmung* gibt. Weil der Mensch zwei Ohren hat, bekommt er von den Geräuschquellen her einen „stereophonen" Effekt, sodass er erkennen kann, wie weit diese von ihm entfernt sind, und wo sie sich in Beziehung zu ihm befinden.

Kannst du dir eine Zeit zurückrufen, als du _______ gehört hast:

1. Einen sanften Wind.

2. Eine ruhige Stimme.

3. Ein angenehmes Geräusch.

4. Eine angenehme Stimme.

- ☐ *Sehen*
- ☐ *Riechen*
- ☐ *Berühren*
- ☐ *Farbe*
- ☐ *Klang*
- ☐ *Bewegung um einen herum*
- ☐ *Emotion*
- ☐ *Lautstärke*
- ☐ *Körperstellung*
- ☐ *Geräusch*
- ☐ *Gewicht*
- ☐ *Eigene Bewegung*

Kannst du dir eine Zeit zurückrufen, als du ______ gehört hast:

5. Eine Brise.

6. Einen winselnden Hund.

7. Eine Glocke.

8. Eine fröhliche Stimme.

- ☐ *Sehen*
- ☐ *Riechen*
- ☐ *Berühren*
- ☐ *Farbe*
- ☐ *Klang*
- ☐ *Bewegung um einen herum*
- ☐ *Emotion*
- ☐ *Lautstärke*
- ☐ *Körperstellung*
- ☐ *Geräusch*
- ☐ *Gewicht*
- ☐ *Eigene Bewegung*

9. Ein Musikinstrument.

10. Das Schließen einer Tür.

11. Laufendes Wasser.

12. Eine Flüssigkeit, die aus einer Flasche kommt.

13. Brutzeln eines guten Essens.

14. Einen Ball, der rollt.

15. Das Summen eines Rades.

16. Das Anspringen eines Autos.

17. Das Lachen eines Kindes.

Kannst du dir eine Zeit zurückrufen, als du _______ gehört hast:

18. Einen aufprallenden Ball.

19. Eine laufende Nähmaschine.

20. Eine Katze, die miaut.

21. Einen Kugelschreiber, der schreibt.

22. Ein Kind, das rennt.

23. Das Umblättern einer Buchseite.

24. Eine Zeitung, die aufgeschlagen wird.

25. Einen Kuss.

26. Ein anregendes Geräusch.

27. Ein sanftes Geräusch.

28. Ein rhythmisches Geräusch.

29. Ein heiteres Geräusch.

30. Ein reibendes Geräusch.

- ☐ *Sehen*
- ☐ *Riechen*
- ☐ *Berühren*
- ☐ *Farbe*
- ☐ *Klang*
- ☐ *Bewegung um einen herum*
- ☐ *Emotion*
- ☐ *Lautstärke*
- ☐ *Körper-stellung*
- ☐ *Geräusch*
- ☐ *Gewicht*
- ☐ *Eigene Bewegung*

Kannst du dir eine Zeit zurückrufen, als du ______ gehört hast:

31. Ein begeistertes Geräusch.

32. Einen Seufzer.

33. Eine eifrige Stimme.

34. Eine lärmende Festlichkeit.

- ☐ *Sehen*
- ☐ *Riechen*
- ☐ *Berühren*
- ☐ *Farbe*
- ☐ *Klang*
- ☐ *Bewegung um einen herum*
- ☐ *Emotion*
- ☐ *Lautstärke*
- ☐ *Körperstellung*
- ☐ *Geräusch*
- ☐ *Gewicht*
- ☐ *Eigene Bewegung*

35. Eine Musikkapelle.

36. Ein seidiges Geräusch.

37. Ruhiges Wasser.

38. Ein Geräusch in einem großen Raum.

39. Ein erwünschtes Geräusch.

40. Ein zärtliches Geräusch.

41. Ein häusliches Geräusch.

42. Ein geschäftiges Geräusch.

43. Ein angenehmes Geräusch.

Kannst du dir eine Zeit zurückrufen, als du ______ gehört hast:

44. Ein weit entferntes Geräusch.

45. Ein nahes Geräusch.

46. Einen Mischmasch von mehreren Geräuschen.

47. Ein sicheres Geräusch.

48. Ein Geräusch, das dir sehr real ist.

- ☐ *Sehen*
- ☐ *Riechen*
- ☐ *Berühren*
- ☐ *Farbe*
- ☐ *Klang*
- ☐ *Bewegung um einen herum*
- ☐ *Emotion*
- ☐ *Lautstärke*
- ☐ *Körperstellung*
- ☐ *Geräusch*
- ☐ *Gewicht*
- ☐ *Eigene Bewegung*

GERUCHSSINN

Der *Geruchs*sinn wird offenbar durch kleine Teilchen in Tätigkeit gesetzt, die aus dem Gegenstand entweichen, sich durch den Raum bewegen und auf die Nerven treffen; der Gegenstand wird somit wahrgenommen. Wenn man es sich einmal überlegt, mag das manchmal recht unangenehm erscheinen. Doch gibt es auch viele sehr angenehme Gerüche.

Der Geruchssinn hat vier Unterteilungen, die in der Hauptsache Kategorien der Geruchsarten sind.

Geschmack wird gewöhnlich als Teil des Geruchssinns angesehen.

Kannst du dir eine Zeit zurückrufen, als du das Folgende gerochen hast:

1. Etwas Süßes.

2. Etwas Scharfes.

3. Etwas Öliges.

4. Etwas Stechendes.

5. Etwas Begehrenswertes.

6. Etwas Verbranntes.

7. Etwas Anregendes.

8. Etwas Heiteres.

9. Eine gute Person.

- ☐ *Sehen*
- ☐ *Riechen*
- ☐ *Berühren*
- ☐ *Farbe*
- ☐ *Klang*
- ☐ *Bewegung um einen herum*
- ☐ *Emotion*
- ☐ *Lautstärke*
- ☐ *Körperstellung*
- ☐ *Geräusch*
- ☐ *Gewicht*
- ☐ *Eigene Bewegung*

Kannst du dir eine Zeit zurückrufen, als du das Folgende gerochen hast:

10. Eine glückliche Person.

11. Eine warme Person.

12. Ein freundliches Tier.

13. Ein angenehmes Blatt.

14. Gemähtes Gras.

15. Etwas Leidenschaftliches.

16. Etwas, das du gewollt hast.

17. Etwas, das du weggeworfen hast.

18. Einen Vogel.

19. Etwas Aufregendes.

20. Etwas Begehrenswertes.

21. Ein Kind.

22. Gesichtspuder.

23. Parfüm.

- ☐ *Sehen*
- ☐ *Riechen*
- ☐ *Berühren*
- ☐ *Farbe*
- ☐ *Klang*
- ☐ *Bewegung um einen herum*
- ☐ *Emotion*
- ☐ *Lautstärke*
- ☐ *Körperstellung*
- ☐ *Geräusch*
- ☐ *Gewicht*
- ☐ *Eigene Bewegung*

Kannst du dir eine Zeit zurückrufen, als du das Folgende gerochen hast:

24. Lippenstift.

25. Leder.

26. Pfeifenrauch.

27. Schweiß.

- ☐ *Sehen*
- ☐ *Riechen*
- ☐ *Berühren*
- ☐ *Farbe*
- ☐ *Klang*
- ☐ *Bewegung um einen herum*
- ☐ *Emotion*
- ☐ *Lautstärke*
- ☐ *Körperstellung*
- ☐ *Geräusch*
- ☐ *Gewicht*
- ☐ *Eigene Bewegung*

28. Wolle.

29. Frische Betttücher.

30. Frische Luft.

31. Ein Blumenbukett.

32. Geld.

33. Papier.

34. Möbel.

35. Einen schönen Morgen.

36. Eine Party.

37. Einen angenehmen Duft, der dir sehr real ist.

Kannst du dir eine Zeit zurückrufen, als du das Folgende geschmeckt hast:

1. **Suppe.**
2. **Eier.**
3. **Brot.**
4. **Kekse.**
5. **Kaffee.**
6. **Tee.**
7. **Milch.**
8. **Getreideflocken.**
9. **Klöße.**
10. **Fisch.**
11. **Rindfleisch.**
12. **Hähnchen.**
13. **Ein Steak.**
14. **Ente.**

- ☐ *Sehen*
- ☐ *Riechen*
- ☐ *Berühren*
- ☐ *Farbe*
- ☐ *Klang*
- ☐ *Bewegung um einen herum*
- ☐ *Emotion*
- ☐ *Lautstärke*
- ☐ *Körperstellung*
- ☐ *Geräusch*
- ☐ *Gewicht*
- ☐ *Eigene Bewegung*

Kannst du dir eine Zeit zurückrufen, als du das Folgende geschmeckt hast:

15. Füllung.

16. Käse.

17. Ein Filet.

18. Kartoffeln.

- ☐ *Sehen*
- ☐ *Riechen*
- ☐ *Berühren*
- ☐ *Farbe*
- ☐ *Klang*
- ☐ *Bewegung um einen herum*
- ☐ *Emotion*
- ☐ *Lautstärke*
- ☐ *Körperstellung*
- ☐ *Geräusch*
- ☐ *Gewicht*
- ☐ *Eigene Bewegung*

19. Wassermelone.

20. Einen Cocktail.

21. Alkohol.

22. Ein heißes Sandwich.

23. Gelee.

24. Eiskrem.

25. Pudding.

26. Bonbons.

27. Essiggemüse.

28. Punsch.

Kannst du dir eine Zeit zurückrufen, als du das Folgende geschmeckt hast:

29. Ein Gemüse.

30. Einen Apfel.

31. Eine Orange.

32. Eine Frucht.

33. Kuchen.

34. Etwas, das du für wirklich gut gekocht gehalten hast.

35. Etwas, das du gern roh isst.

36. Ein Plätzchen.

37. Einen Keks.

38. Fleisch.

39. Etwas Kaltes.

40. Etwas Warmes.

41. Dein Leibgericht.

- ☐ *Sehen*
- ☐ *Riechen*
- ☐ *Berühren*
- ☐ *Farbe*
- ☐ *Klang*
- ☐ *Bewegung um einen herum*
- ☐ *Emotion*
- ☐ *Lautstärke*
- ☐ *Körper-stellung*
- ☐ *Geräusch*
- ☐ *Gewicht*
- ☐ *Eigene Bewegung*

Kannst du dir eine Zeit zurückrufen, als du das Folgende geschmeckt hast:

42. Etwas in einer snobistischen Umgebung.

43. Etwas auf einer Party.

44. Etwas im Freien.

45. Etwas an einem Feiertag.

- ☐ *Sehen*
- ☐ *Riechen*
- ☐ *Berühren*
- ☐ *Farbe*
- ☐ *Klang*
- ☐ *Bewegung um einen herum*
- ☐ *Emotion*
- ☐ *Lautstärke*
- ☐ *Körperstellung*
- ☐ *Geräusch*
- ☐ *Gewicht*
- ☐ *Eigene Bewegung*

46. Etwas, als du sehr hungrig warst.

47. Etwas, das selten war.

48. Etwas, das bewirkte, dass du dich gut fühltest.

49. Etwas, wofür du dankbar warst.

50. Etwas, worauf du lange Zeit gewartet hattest.

51. Etwas, das du nicht bekommen konntest.

52. Etwas, das du gestohlen hast.

Berühren

Der *Berührungs*sinn ist derjenige Kommunikationskanal, der das zentrale Kontrollsystem des Körpers informiert, wann immer ein Teil des Körpers in Kontakt mit dem materiellen Universum, anderen Organismen oder dem Organismus selbst ist. Wahrscheinlich ist der Berührungssinn der älteste Sinn, was das Zentralnervensystem anbelangt. Er hat vier Unterteilungen. Die erste von diesen ist der *Druck,* die zweite ist *Reibung,* die dritte ist *Wärme* bzw. *Kälte* und die letzte *Öligkeit.*

Genauso wie ein Mensch schwerhörig sein oder schlecht sehen kann, so kann sein Berührungssinn abgestumpft sein oder sogar fast fehlen. Dieser Zustand ist als *Unempfindlichkeit* bekannt. So wie jede andere Wahrnehmung kann auch der Berührungssinn angenehm, unangenehm oder schmerzhaft sein. Wenn einem Menschen beachtlich wehgetan worden ist, wie bei Unfällen, einer Krankheit oder einer Verletzung, neigt er dazu, die Kommunikation mit dem physikalischen Universum und anderen Organismen abzuschneiden, genauso wie er Kommunikation abschneidet, indem er schlecht zu sehen beginnt, schwerhörig wird und so weiter. Der Berührungssinn kann nicht nur bei manchen Menschen abgestumpft, sondern bei anderen auch überempfindlich sein - bei denen dieser Sinneskanal so aberriert ist -, bis er weitaus mehr mit Gefahren in Berührung zu kommen sucht, als Gefahr existiert. Eine der Erscheinungsformen des aberrierten Berührungssinns ist eine Überempfindlichkeit bei sexuellem Kontakt, die diesen schmerzhaft oder beängstigend macht, oder ein Abstumpfen dieses Kontaktes, sodass die Empfindung fast völlig fehlen kann. Ein Berührungssinn ist sehr wichtig. Er ist zum Teil für Vergnügen verantwortlich, wie beim Sex, und in hohem Maße für die Empfindung, die wir als körperlichen Schmerz kennen. Der Tastsinn erstreckt sich vom Zentralnervensystem bis zur Hautoberfläche und ist als solcher auf diese Weise mit dem physikalischen Universum innig verbunden und auf elementarste Weise damit in Kontakt. Die Sinne, Sehen, Hören und das System des Riechens, nehmen normalerweise Kontakt mit Dingen auf, die entfernt sind, wogegen der Berührungssinn nur für den wirklichen Kontakt in allernächster Nähe empfänglich ist. Der Berührungssinn ist zum Teil für das Vergnügen am Essen verantwortlich und überschneidet sich in diesem Maße mit dem Geschmackssinn. Als Demonstration dafür, welch schlechte Dienste der Tastsinn vielen Menschen leistet, versuchen Sie, jemandem Ihre Hand freundlich auf die Schulter zu legen.

Allzu viele Menschen werden vor dem Kontakt ausweichen oder zurückzucken. Ein aberrierter Tastsinn ist zum Teil auch für eine Abneigung gegen Essen ebenso wie für Impotenz und Antipathie gegen den Geschlechtsakt verantwortlich. Die Rehabilitierung des Berührungssinns ist ein beträchtliches Stück voran auf dem Weg zur Wiederherstellung des Zutrauens eines Menschen zu seiner eigenen Umwelt und steigert beträchtlich sein Überleben, weil es ihm ermöglicht, Vergnügen zu erlangen, während vorher möglicherweise nur Widerwille war.

Kannst du dir ein Geschehnis zurückrufen, bei dem du ________ gefühlt (berührt) hast:

1. Den Druck auf deinen Füßen, während du gestanden hast.

2. Eine Gabel.

- ☐ *Sehen*
- ☐ *Riechen*
- ☐ *Berühren*
- ☐ *Farbe*
- ☐ *Klang*
- ☐ *Bewegung um einen herum*
- ☐ *Emotion*
- ☐ *Lautstärke*
- ☐ *Körperstellung*
- ☐ *Geräusch*
- ☐ *Gewicht*
- ☐ *Eigene Bewegung*

3. Eine fettige Oberfläche.

4. Den Druck eines Kinosessels.

5. Ein Steuerrad.

6. Eine Katze.

7. Eine andere Person.

8. Kühle Kleidung.

9. Dein Haar.

10. Ein Kind.

Kannst du dir ein Geschehnis zurückrufen, bei dem du _______ gefühlt (berührt) hast:

11. Etwas, das du bewundert hast.

12. Etwas Neues.

13. Einen Arm.

14. Einen Ball.

15. Einen Sessel.

16. Einen Kragen.

17. Einen Schürhaken.

18. Ein Musikinstrument.

19. Etwas Bequemes.

20. Etwas, das dir Zuversicht gab.

21. Etwas Helles.

22. Einen Schreibtisch.

23. Ein Mädchen.

24. Einen Jungen.

25. Einen Fisch.

26. Eine Puppe.

- ☐ *Sehen*
- ☐ *Riechen*
- ☐ *Berühren*
- ☐ *Farbe*
- ☐ *Klang*
- ☐ *Bewegung um einen herum*
- ☐ *Emotion*
- ☐ *Lautstärke*
- ☐ *Körperstellung*
- ☐ *Geräusch*
- ☐ *Gewicht*
- ☐ *Eigene Bewegung*

Kannst du dir ein Geschehnis zurückrufen, bei dem du _______ gefühlt (berührt) hast:

27. Seide.

28. Samt.

29. Dein Ohr.

30. Deinen Körper.

31. Etwas, worüber du in Begeisterung geraten bist.

32. Etwas, das dich entzückte.

33. Etwas, das du sehnlichst begehrt hast.

34. Jemanden, der treu war.

35. Ein glückliches Kind.

36. Eine großzügige Hand.

37. Eine gute Maschine.

38. Einen angenehmen Brief.

39. Eine Zeitung, die gute Nachrichten enthielt.

40. Ein Telefon, als du gute Nachrichten erhalten hast.

41. Einen Hut.

- ☐ *Sehen*
- ☐ *Riechen*
- ☐ *Berühren*
- ☐ *Farbe*
- ☐ *Klang*
- ☐ *Bewegung um einen herum*
- ☐ *Emotion*
- ☐ *Lautstärke*
- ☐ *Körperstellung*
- ☐ *Geräusch*
- ☐ *Gewicht*
- ☐ *Eigene Bewegung*

Kannst du dir ein Geschehnis zurückrufen, bei dem du ________ gefühlt (berührt) hast:

42. Ein liebes Gesicht.

43. Ein Treppengeländer.

44. Einen freundlichen Gegenstand.

45. Einen sich bewegenden Gegenstand.

46. Einen Gegenstand, den du gemocht hast.

47. Einen Feind, der verletzt wurde.

48. Eine höfliche Person.

49. Etwas Hübsches.

50. Etwas, das dich mit Freude erfüllte.

51. Eine Speise, die du mochtest.

52. Etwas, woran du glaubtest.

53. Etwas, das du gern gestreichelt hast.

54. Einen starken Menschen.

55. Einen kleinen Menschen.

- ☐ *Sehen*
- ☐ *Riechen*
- ☐ *Berühren*
- ☐ *Farbe*
- ☐ *Klang*
- ☐ *Bewegung um einen herum*
- ☐ *Emotion*
- ☐ *Lautstärke*
- ☐ *Körperstellung*
- ☐ *Geräusch*
- ☐ *Gewicht*
- ☐ *Eigene Bewegung*

Kannst du dir ein Geschehnis zurückrufen, bei dem du _______ gefühlt (berührt) hast:

56. Wasser, das du genossen hast.

57. Eine Dusche.

58. Einen alten Menschen.

59. Etwas Warmes.

- ☐ *Sehen*
- ☐ *Riechen*
- ☐ *Berühren*
- ☐ *Farbe*
- ☐ *Klang*
- ☐ *Bewegung um einen herum*
- ☐ *Emotion*
- ☐ *Lautstärke*
- ☐ *Körperstellung*
- ☐ *Geräusch*
- ☐ *Gewicht*
- ☐ *Eigene Bewegung*

60. Etwas Kaltes.

61. Einen Wind.

62. Einen schläfrigen Menschen.

63. Ein kühles Bett in einer warmen Nacht.

64. Etwas, das dich begeistert hat.

65. Etwas, das du heute Morgen berührt hast.

66. Etwas, das du jetzt gerade berührst.

Eigene Emotion

Es gibt viele *Emotionen.* Die hauptsächlichen sind *Glücklichsein, Langeweile, Antagonismus, Wut, versteckte Feindseligkeit, Furcht, Gram* und *Apathie.* Andere Emotionen sind gewöhnlich nur dem Umfang nach größer oder geringer als die hier aufgeführten. Nacktes Entsetzen zum Beispiel ist große Furcht, Traurigkeit ist Gram in geringem Ausmaß. Niedergeschlagenheit ist eine schwächere Form von Apathie. Liebe ist intensives Glücklichsein in einer bestimmten Richtung. Diese Emotionen bilden eine Gradientenskala, die in der Dianetik den Emotionsteil der Tonskala bildet. Glücklichsein ist die höchste Emotion und Apathie die niedrigste. Ein Mensch kann entlang dieser Skala auf jedem beliebigen Niveau seine chronische Emotion haben. Ein Individuum neigt dazu, diese Skala hinauf- oder hinunterzugehen und dabei die verschiedenen Emotionen in der im zweiten Satz oben angeführten Reihenfolge zu durchlaufen.

Emotion kontrolliert und reguliert das endokrine System. Die Wahrnehmungen und das Zentralnervensystem verlangen gewisse emotionell bedingte Sekretionen, die eine Bereitschaft des Körpers katalysieren, den verschiedenen Situationen der Umwelt zu begegnen. Die Emotion ist eines der am leichtesten zu aberrierenden Dinge. Es gibt Menschen, die das Gefühl haben, dass sie ständig traurig sein müssen, auch wenn ihre Verhältnisse sie glücklich stimmen sollten. Es gibt Menschen, die das Gefühl haben, ungeachtet ihrer Umwelt glücklich sein zu müssen, und die doch sehr elend dran sind. Die meisten Menschen sind nicht emotional, sie sind *missemotional* - weil sie auf die Situationen in ihrer Umwelt nicht mit der Emotion reagieren, die rational gesehen am angebrachtesten wäre. Die Gesellschaftsordnung hat Rationalität mit Emotionalität durcheinandergebracht. Tatsächlich wäre eine ganz rationale Person am fähigsten, auf die Reize ihrer Umwelt zu reagieren. Rational sein heißt also nicht, kalt und berechnend zu sein. Man kann sicher damit rechnen, dass ein Mensch, der rational glücklich ist, die besten Berechnungen machen kann. Ohne freie Emotion kann ein Mensch die angenehmen Dinge in seiner Umwelt nicht so schätzen, wie er es sollte. Fehlende Wertschätzung von Kunst oder Musik kommt dadurch zustande, dass ein Mensch nicht frei emotional sein kann. Jemand, der das Gefühl hat, kaltblütig sein zu müssen, um rational zu sein, wird in der Dianetik ein „Kontrollfall" genannt, und man wird bei näherer Untersuchung feststellen, dass er sehr weit davon entfernt ist, so rational zu sein, wie er sein könnte. Leute, die aufgrund ihrer Aberrationen keine Emotion empfinden können, sind im Allgemeinen kranke Leute. Gesunde Menschen können Emotionen empfinden.

Störungen des endokrinen Systems, wie zum Beispiel der Schilddrüse, der Bauchspeicheldrüse und anderer Drüsen, kommen wegen Aberrationen in Bezug auf Emotionen zustande. Es ist in der Dianetik schlüssig getestet und bewiesen worden, dass Geisteskraft die Struktur bestimmt. Für einen Mann oder eine Frau, die sexuell aberriert sind, sind Hormoninjektionen von geringem oder gar keinem Wert, um die geistigen Aberrationen zu ändern, wodurch die Injektionen wirkungslos werden. Die Beseitigung emotioneller Aberrationen rehabilitiert das endokrine System, sodass die Injektionen gewöhnlich nicht einmal notwendig sind. Wenn die emotionelle Reaktion eines Menschen erstarrt, kann er verschiedene körperliche Beschwerden erwarten, wie Geschwüre, Unterfunktion der Schilddrüse, Diabetes und andere Leiden, die mehr oder weniger direkt auf das endokrine System zurückzuführen sind.

Gehemmte oder exzessive Missemotionalität ist eines der destruktivsten Dinge, die im menschlichen Organismus vorkommen können. Eine Person, die derartig aberriert ist, ist unfähig, Glück zu erleben und sich somit des Lebens zu erfreuen. Ihr physischer Körper wird nicht gedeihen.

Kannst du dir ein Geschehnis zurückrufen, als:

1. Jemand wütend war.

2. Jemand etwas wollte.

3. Du etwas begehrt hast.

4. Du glücklich warst.

Kannst du dir ein Geschehnis zurückrufen, als:

5. Du erfreut warst.

6. Du gewonnen hast, indem du antagonistisch warst.

7. Du Zärtlichkeit gefühlt hast.

8. Du etwas bewundert hast.

9. Etwas liebenswürdig war.

10. Du belustigt warst.

11. Du einen Gegenstand gebilligt hast.

12. Du von etwas angenehm überrascht warst.

13. Du etwas erfolgreich angegriffen hast.

14. Du jemanden angegriffen hast.

15. Du an etwas „hingst".

16. Du erröten musstest.

17. Du dich kühn gefühlt hast.

- ☐ *Sehen*
- ☐ *Riechen*
- ☐ *Berühren*
- ☐ *Farbe*
- ☐ *Klang*
- ☐ *Bewegung um einen herum*
- ☐ *Emotion*
- ☐ *Lautstärke*
- ☐ *Körperstellung*
- ☐ *Geräusch*
- ☐ *Gewicht*
- ☐ *Eigene Bewegung*

Kannst du dir ein Geschehnis zurückrufen, als:

18. Du nicht aus der Ruhe zu bringen warst.

19. Du tatkräftig warst.

20. Du herausgefunden hast, dass du nicht ungeschickt warst.

21. Du zufriedengestellt warst.

- ☐ *Sehen*
- ☐ *Riechen*
- ☐ *Berühren*
- ☐ *Farbe*
- ☐ *Klang*
- ☐ *Bewegung um einen herum*
- ☐ *Emotion*
- ☐ *Lautstärke*
- ☐ *Körperstellung*
- ☐ *Geräusch*
- ☐ *Gewicht*
- ☐ *Eigene Bewegung*

22. Du dich um jemanden gekümmert hast.

23. Du zuversichtlich warst.

24. Du jemanden beeinflusst hast.

25. Dir das Nichtstun Spaß machte.

26. Jemand geduldig war.

27. Du dich des Lebens gefreut hast.

28. Du dich gefreut hast.

29. Du gelacht hast.

30. Du verliebt warst.

31. Du gute Nachrichten erhalten hast.

Kannst du dir ein Geschehnis zurückrufen, als:

32. Du dich an Musik erfreut hast.

33. Du dachtest, dass es hübsch war.

34. Du vollauf zufriedengestellt warst.

35. Du leidenschaftlich warst.

36. Du etwas verhindert hast.

37. Du etwas produziert hast.

38. Du froh warst, einen Streit zu vermeiden.

39. Du froh warst, jemanden zu verletzen.

40. Du gejubelt hast.

41. Du dich sehr sicher gefühlt hast.

42. Du vor Lachen geschrien hast.

43. Du dich der Stille erfreut hast.

44. Du dazu kamst, ins Bett zu gehen.

45. Du fandest, dass es ein schöner Tag sei.

- ☐ *Sehen*
- ☐ *Riechen*
- ☐ *Berühren*
- ☐ *Farbe*
- ☐ *Klang*
- ☐ *Bewegung um einen herum*
- ☐ *Emotion*
- ☐ *Lautstärke*
- ☐ *Körperstellung*
- ☐ *Geräusch*
- ☐ *Gewicht*
- ☐ *Eigene Bewegung*

Kannst du dir ein Geschehnis zurückrufen, als:

46. Du den Kampf gewonnen hast.

47. Du eine Person bezwungen hast.

48. Du etwas bezwungen hast.

49. Du erhalten hast, was du wolltest.

- ☐ *Sehen*
- ☐ *Riechen*
- ☐ *Berühren*
- ☐ *Farbe*
- ☐ *Klang*
- ☐ *Bewegung um einen herum*
- ☐ *Emotion*
- ☐ *Lautstärke*
- ☐ *Körperstellung*
- ☐ *Geräusch*
- ☐ *Gewicht*
- ☐ *Eigene Bewegung*

50. Du jemanden überrascht hast.

51. Du einen Beitrag geleistet hast.

52. Du etwas handhaben durftest.

53. Du froh warst, etwas nicht bedauern zu müssen.

54. Du fandest, dass die Besorgnis grundlos war.

55. Du entdeckt hast, dass deine Verdächtigungen unbegründet waren.

56. Du es schließlich losgeworden bist.

57. Du jemanden davon abgehalten hast, entsetzt zu sein.

Kannst du dir ein Geschehnis zurückrufen, als:

58. Du glücklich warst.

59. Jemand dich verstand.

60. Jemand dir respektvoll zuhörte.

61. Du dich voller Energie gefühlt hast.

62. Du kraftvoll warst.

63. Du wusstest, dass es gut gemacht war.

64. Du nicht mehr warten musstest.

65. Du gerne zugesehen hast.

66. Du jemanden dazu gebracht hast, nicht mehr zu weinen.

67. Du nach Lust und Laune umhergestreift bist.

68. Du dich frei gefühlt hast.

69. Du jemandem geholfen hast.

70. Du dich jung gefühlt hast.

71. Du gewonnen hast.

- ☐ *Sehen*
- ☐ *Riechen*
- ☐ *Berühren*
- ☐ *Farbe*
- ☐ *Klang*
- ☐ *Bewegung um einen herum*
- ☐ *Emotion*
- ☐ *Lautstärke*
- ☐ *Körperstellung*
- ☐ *Geräusch*
- ☐ *Gewicht*
- ☐ *Eigene Bewegung*

Kannst du dir ein Geschehnis zurückrufen, als:

72. Du froh warst, in Gesellschaft zu sein.

73. Du froh warst, wegzugehen.

74. Du Emotion gemocht hast.

75. Es dir Spaß gemacht hat, dich zu bewegen.

- ☐ *Sehen*
- ☐ *Riechen*
- ☐ *Berühren*
- ☐ *Farbe*
- ☐ *Klang*
- ☐ *Bewegung um einen herum*
- ☐ *Emotion*
- ☐ *Lautstärke*
- ☐ *Körperstellung*
- ☐ *Geräusch*
- ☐ *Gewicht*
- ☐ *Eigene Bewegung*

76. Die Bewegung dir Freude machte.

77. Du etwas zu sehen bekamst, worauf du gewartet hattest.

78. Du ein Geschenk erhalten hast, das du mochtest.

79. Du etwas herausgefunden hast.

80. Du etwas weggestoßen hast.

81. Du etwas zu dir herangezogen hast.

82. Du etwas hergestellt hast.

83. Du stolz auf etwas warst.

84. Du etwas hoch emporgehoben hast.

Kannst du dir ein Geschehnis zurückrufen, als:

85. Du dich durchgesetzt hast.

86. Du eine Energie nutzbar gemacht hast.

87. Du die Zeit angenehm machtest.

88. Du froh warst, mit einem Freund zusammen zu sein.

89. Du etwas zum Gehorsam gebracht hast.

90. Du glücklich warst, Anstoß zu erregen.

91. Du erkannt hast, dass du Glück hattest.

92. Du Antagonismus überwunden hast.

93. Du am Hüpfen Spaß hattest.

94. Dir die Arbeit ausgegangen ist.

95. Du nicht länger dasitzen musstest.

96. Du festgestellt hast, dass es der letzte Schultag war.

97. Du glücklich warst, dass es wirklich war.

- ☐ *Sehen*
- ☐ *Riechen*
- ☐ *Berühren*
- ☐ *Farbe*
- ☐ *Klang*
- ☐ *Bewegung um einen herum*
- ☐ *Emotion*
- ☐ *Lautstärke*
- ☐ *Körperstellung*
- ☐ *Geräusch*
- ☐ *Gewicht*
- ☐ *Eigene Bewegung*

Kannst du dir ein Geschehnis zurückrufen, als:

98. Du dich tugendhaft gefühlt hast.

99. Du wusstest, dass du Mut bewiesen hattest.

100. Dein Verlangen gestillt war.

101. Du mit deiner Täuschung Erfolg hattest.

- ☐ *Sehen*
- ☐ *Riechen*
- ☐ *Berühren*
- ☐ *Farbe*
- ☐ *Klang*
- ☐ *Bewegung um einen herum*
- ☐ *Emotion*
- ☐ *Lautstärke*
- ☐ *Körperstellung*
- ☐ *Geräusch*
- ☐ *Gewicht*
- ☐ *Eigene Bewegung*

102. Du Niedergeschlagenheit überwunden hast.

103. Du froh warst, dass es vorbei war.

104. Du gespannt gewartet hast.

105. Du sie auseinandergetrieben hast.

106. Du den Unterschied nennen konntest.

107. Deine Eltern stolz auf dich waren.

108. Jemand dir treu war.

109. Du entkommen bist.

110. Du festgestellt hast, dass du dich ohne Grund versteckt hast.

Kannst du dir ein Geschehnis zurückrufen, als:

111. Du jemandem Furcht eingejagt hast.

112. Du Konservatismus überwunden hast.

113. Du einen Freund entdeckt hast.

114. Du freundlich warst.

115. Du etwas getan hast, was verboten war, und damit davonkamst.

116. Du jemandem die Tür gewiesen hast.

117. Du etwas geheilt hast.

118. Du ein Haustier erworben hast.

119. Es eine Erleichterung war.

120. Du festgestellt hast, dass du nicht verletzt warst.

121. Du einen angenehmen Anruf erhalten hast.

122. Dein Einkommen erhöht wurde.

123. Du festgestellt hast, dass du Einfluss hattest.

- ☐ *Sehen*
- ☐ *Riechen*
- ☐ *Berühren*
- ☐ *Farbe*
- ☐ *Klang*
- ☐ *Bewegung um einen herum*
- ☐ *Emotion*
- ☐ *Lautstärke*
- ☐ *Körperstellung*
- ☐ *Geräusch*
- ☐ *Gewicht*
- ☐ *Eigene Bewegung*

Kannst du dir ein Geschehnis zurückrufen, als:

124. **Du ehrgeizig warst.**

125. **Du erfolgreich warst.**

126. **Du festgestellt hast, dass du es nicht mehr wolltest.**

127. **Du die Armut überwunden hast.**

- ☐ *Sehen*
- ☐ *Riechen*
- ☐ *Berühren*
- ☐ *Farbe*
- ☐ *Klang*
- ☐ *Bewegung um einen herum*
- ☐ *Emotion*
- ☐ *Lautstärke*
- ☐ *Körperstellung*
- ☐ *Geräusch*
- ☐ *Gewicht*
- ☐ *Eigene Bewegung*

128. **Viele auf dich stolz waren.**

129. **Du geliebt wurdest.**

130. **Man sich für dich freute.**

131. **Man dich für bemerkenswert hielt.**

132. **Du ein Geheimnis bewahrt hast.**

133. **Jemand an dich glaubte.**

134. **Du verstanden hast.**

135. **Du dein Geschick zeigtest.**

136. **Sie dich mochten.**

137. **Jemand glücklich war.**

Kannst du dir ein Geschehnis zurückrufen, als:

138. Jemand dich schätzte.

139. Du das Gefühl hattest, dass du gute Arbeit geleistet hattest.

140. Ein Kind dich liebte.

141. Ein Freund dich brauchte.

142. Sie über deinen Witz lachten.

143. Jedermann überrascht war.

144. Du begehrenswert warst.

145. Du eingeladen wurdest.

146. Jemand dich erkennen ließ, dass du stark warst.

147. Du wichtig warst.

148. Du dich selbst notwendig fandest.

149. Es der Mühe wert war.

150. Du wusstest, dass du Vergnügen bereitet hattest.

- ☐ *Sehen*
- ☐ *Riechen*
- ☐ *Berühren*
- ☐ *Farbe*
- ☐ *Klang*
- ☐ *Bewegung um einen herum*
- ☐ *Emotion*
- ☐ *Lautstärke*
- ☐ *Körperstellung*
- ☐ *Geräusch*
- ☐ *Gewicht*
- ☐ *Eigene Bewegung*

Kannst du dir ein Geschehnis zurückrufen, als:

151. Du gesund warst.

152. Jemand von dir entzückt war.

153. Du den Kampf gewonnen hast.

154. Man dir glaubte.

- ☐ *Sehen*
- ☐ *Riechen*
- ☐ *Berühren*
- ☐ *Farbe*
- ☐ *Klang*
- ☐ *Bewegung um einen herum*
- ☐ *Emotion*
- ☐ *Lautstärke*
- ☐ *Körperstellung*
- ☐ *Geräusch*
- ☐ *Gewicht*
- ☐ *Eigene Bewegung*

155. Du jemanden gerettet hast.

156. Du entdeckt hast, dass du nicht schwach warst.

157. Man aufhörte, gegen dich zu kämpfen.

158. Jemand Angst vor dir bekam.

159. Du jemanden erfolgreich machtest.

160. Du Besorgnis zerstreut hast.

161. Man zu dir aufschaute.

162. Jemand froh war, dass du da warst.

163. Du Sorgen bezwungen hast.

164. Du froh warst, dass sie zuschauten.

Kannst du dir ein Geschehnis zurückrufen, als:

165. Du gehen und kommen konntest, wie es dir gefiel.

166. Man dir einen Stuhl brachte.

167. Du belohnt wurdest.

168. Du für dich selbst entschieden hast.

169. Du entdecktest, dass du Recht hattest.

170. Du dich der Jugend freutest.

171. Du vor Glück gejauchzt hast.

172. Du erhalten hast, was du wolltest.

173. Man entdeckt hat, dass du wertvoll bist.

174. Du großes Glück geschenkt hast.

175. Du froh warst, dass du es getan hattest.

176. Du fandest, dass du trotz allem nicht eingebildet warst.

177. Du ihnen erfolgreich ausgewichen bist.

- ☐ *Sehen*
- ☐ *Riechen*
- ☐ *Berühren*
- ☐ *Farbe*
- ☐ *Klang*
- ☐ *Bewegung um einen herum*
- ☐ *Emotion*
- ☐ *Lautstärke*
- ☐ *Körperstellung*
- ☐ *Geräusch*
- ☐ *Gewicht*
- ☐ *Eigene Bewegung*

Kannst du dir ein Geschehnis zurückrufen, als:

178. Du wichtig wurdest.

179. Du nicht länger unglücklich warst.

180. Du dazu kamst zu gehen.

181. Du Energie bezwungen hast.

182. Du es in Ordnung gebracht hast.

- ☐ *Sehen*
- ☐ *Riechen*
- ☐ *Berühren*
- ☐ *Farbe*
- ☐ *Klang*
- ☐ *Bewegung um einen herum*
- ☐ *Emotion*
- ☐ *Lautstärke*
- ☐ *Körperstellung*
- ☐ *Geräusch*
- ☐ *Gewicht*
- ☐ *Eigene Bewegung*

183. Die anderen feststellten, dass du zu Unrecht verdächtigt worden warst.

184. Du rasch verstanden hast.

185. Du entdeckt hast, dass du dich nicht zu schämen brauchtest.

186. Du in deinem Kampf erfolgreich warst.

187. Du froh warst, mit jemandem Hände zu schütteln.

188. Dir der Kuss Spaß machte.

189. Es gut war zu rennen.

190. Du fähig warst, es zurückzuhalten.

Kannst du dir ein Geschehnis zurückrufen, als:

191. Du es wieder in Stand setztest.

192. Du nicht ins Bett gehen musstest.

193. Du den Ruin abgewendet hast.

194. Du eine Zuflucht fandest.

195. Es gut war, es nicht bedauern zu müssen.

196. Du deinem Ziel treu warst.

197. Du massenhaft Zeit hattest.

198. Du herausgekommen bist.

199. Jemand sich darüber gefreut hat, dass du geschrieben hast.

200. Deine Leute dich geschätzt haben.

201. Du groß wurdest.

202. Du so viel Lärm machen konntest, wie du wolltest.

203. Es nicht notwendig war, irgendetwas zu tun.

- □ *Sehen*
- □ *Riechen*
- □ *Berühren*
- □ *Farbe*
- □ *Klang*
- □ *Bewegung um einen herum*
- □ *Emotion*
- □ *Lautstärke*
- □ *Körperstellung*
- □ *Geräusch*
- □ *Gewicht*
- □ *Eigene Bewegung*

Kannst du dir ein Geschehnis zurückrufen, als:

204. Du jemandem eine Gefälligkeit erwiesen hast.

205. Es eine wunderbare Gelegenheit war.

206. Du dich gefreut hast, verliebt zu sein.

207. Du nicht verlieren konntest.

- ☐ *Sehen*
- ☐ *Riechen*
- ☐ *Berühren*
- ☐ *Farbe*
- ☐ *Klang*
- ☐ *Bewegung um einen herum*
- ☐ *Emotion*
- ☐ *Lautstärke*
- ☐ *Körperstellung*
- ☐ *Geräusch*
- ☐ *Gewicht*
- ☐ *Eigene Bewegung*

208. Du die anderen in Begeisterung versetzt hast.

209. Du es verkauft hast.

210. Die anderen sich über deine Musik freuten.

211. Du zuletzt gelacht hast.

212. Du herausgefunden hast, dass du nicht faul warst.

213. Man entdeckte, dass du nicht unwissend warst.

214. Man deinen Einfluss wollte.

215. Du dich nicht beeilen musstest.

216. Du etwas Schönes beleuchtet hast.

Kannst du dir ein Geschehnis zurückrufen, als:

217. Du das Unmögliche fertig gebracht hast.

218. Du dir keine Sorgen über das Einkommen machen musstest.

219. Du jemanden hereinkommen sahst, den du mochtest.

220. Du jemanden weggehen sahst, den du nicht mochtest.

221. Du dich fit gefühlt hast.

222. Deine Befürchtungen grundlos waren.

223. Es in Ordnung war, aufgeregt zu sein.

224. Du dich allem gewachsen fühltest.

225. Es ein strahlender Morgen war.

226. Das Leben voller Würze war.

227. Man dich genug haben ließ.

228. Das Getränk gerade recht kam.

229. Du froh warst zu essen.

- ☐ *Sehen*
- ☐ *Riechen*
- ☐ *Berühren*
- ☐ *Farbe*
- ☐ *Klang*
- ☐ *Bewegung um einen herum*
- ☐ *Emotion*
- ☐ *Lautstärke*
- ☐ *Körperstellung*
- ☐ *Geräusch*
- ☐ *Gewicht*
- ☐ *Eigene Bewegung*

Kannst du dir ein Geschehnis zurückrufen, als:

230. Es so gut war, jemanden in die Arme zu schließen.

231. Du gehalten hast, was du versprochen hast.

232. Man sich auf dich verließ.

233. Niemand dir irgendetwas abschlagen konnte.

234. Du festgestellt hast, dass du nicht getäuscht worden bist.

235. Du es verdient hattest.

236. Du unter die Bettdecke gekrochen bist.

237. Man dich weitermachen ließ.

238. Du so widerspenstig sein konntest, wie du wolltest.

239. Der Arzt Unrecht hatte.

240. Jemand für dich kochte.

241. Du ein nettes Haus hattest.

242. Du fandest, dass es ein hübsches Land war.

- ☐ *Sehen*
- ☐ *Riechen*
- ☐ *Berühren*
- ☐ *Farbe*
- ☐ *Klang*
- ☐ *Bewegung um einen herum*
- ☐ *Emotion*
- ☐ *Lautstärke*
- ☐ *Körperstellung*
- ☐ *Geräusch*
- ☐ *Gewicht*
- ☐ *Eigene Bewegung*

Kannst du dir ein Geschehnis zurückrufen, als:

243. Du entdeckt hast, dass du nicht dort bleiben musstest.

244. Du einen besseren Titel bekamst.

245. Du etwas Wertvolles gefunden hast.

246. Du jeden Umgang haben konntest, den du wolltest.

247. Du entdeckt hast, dass es nicht zu kompliziert war.

248. Man Vertrauen in dich hatte.

249. Du ihnen geholfen hast, etwas zu überwinden.

250. Du das Klassenzimmer verlassen konntest.

251. Du nicht mehr dorthin gehen musstest.

252. Jemand kam, als du gerufen hast.

253. Dich ein neues Auto freute.

254. Du aus dem Käfig herauskamst.

255. Man zugab, dass du clever warst.

- ☐ *Sehen*
- ☐ *Riechen*
- ☐ *Berühren*
- ☐ *Farbe*
- ☐ *Klang*
- ☐ *Bewegung um einen herum*
- ☐ *Emotion*
- ☐ *Lautstärke*
- ☐ *Körperstellung*
- ☐ *Geräusch*
- ☐ *Gewicht*
- ☐ *Eigene Bewegung*

Kannst du dir ein Geschehnis zurückrufen, als:

256. Du fandest, dass du geschickte Hände hattest.

257. Du entdeckt hast, dass du schneller rennen konntest.

258. Du entdeckt hast, dass es dir egal sein konnte.

- ☐ *Sehen*
- ☐ *Riechen*
- ☐ *Berühren*
- ☐ *Farbe*
- ☐ *Klang*
- ☐ *Bewegung um einen herum*
- ☐ *Emotion*
- ☐ *Lautstärke*
- ☐ *Körperstellung*
- ☐ *Geräusch*
- ☐ *Gewicht*
- ☐ *Eigene Bewegung*

259. Du fandest, dass es am Ende nicht vergeblich war.

260. Hoffnung sich auszahlte.

261. Du ein Recht hattest, an dich selbst zu denken.

262. Du fandest, dass du nicht enttäuscht sein musstest.

263. Du entdeckt hast, wie beharrlich du warst.

264. Du wusstest, dass du Verantwortung tragen konntest.

265. Die ganze Welt dir gehörte.

266. Du entzückt warst.

267. Du dich heute Morgen gut gefühlt hast.

ORGANEMPFINDUNG

Organempfindung ist jener Sinn, der dem Zentralnervensystem den Zustand der verschiedenen Organe des Körpers mitteilt. Seien Sie nicht beunruhigt, wenn Sie sich eine Zeit lang benommen fühlen oder ungeheuer gähnen müssen. Diese Erscheinungen sind gut, und sie werden vorübergehen, wenn Sie sich bei derselben Frage, bei der Sie sich komisch gefühlt haben, noch eine bestimmte zusätzliche Anzahl von Erinnerungen zurückrufen.

Kannst du dir eine Zeit zurückrufen, als:

1. **Du empfunden hast, dass du in guter körperlicher Verfassung warst.**

2. **Du dich körperlich wohl gefühlt hast.**

3. **Du gerade etwas gegessen hattest, das du gerne mochtest.**

4. **Es deinem Kopf gut ging.**

5. **Es deinem Rücken gut ging.**

6. **Du dich sehr erleichtert gefühlt hast.**

7. **Du aufgeregt warst.**

8. **Du dich sehr lebendig gefühlt hast.**

9. **Du auf deinen Körper stolz warst.**

- ☐ *Sehen*
- ☐ *Riechen*
- ☐ *Berühren*
- ☐ *Farbe*
- ☐ *Klang*
- ☐ *Bewegung um einen herum*
- ☐ *Emotion*
- ☐ *Lautstärke*
- ☐ *Körperstellung*
- ☐ *Geräusch*
- ☐ *Gewicht*
- ☐ *Eigene Bewegung*

Kannst du dir eine Zeit zurückrufen, als:

10. Dein Körper leistungsfähig war.

11. Dein Herz ruhig geschlagen hat.

12. Du keinerlei Wehwehchen oder Schmerz hattest.

13. Du dich wieder frisch gefühlt hast.

- ☐ *Sehen*
- ☐ *Riechen*
- ☐ *Berühren*
- ☐ *Farbe*
- ☐ *Klang*
- ☐ *Bewegung um einen herum*
- ☐ *Emotion*
- ☐ *Lautstärke*
- ☐ *Körperstellung*
- ☐ *Geräusch*
- ☐ *Gewicht*
- ☐ *Eigene Bewegung*

14. Alle Spaß hatten.

15. Es euch beiden Spaß machte.

16. Dein Rücken sich stark anfühlte.

17. Du sehr aufrecht gestanden bist.

18. Du deine Haltung mochtest.

19. Du eine neue Haltung eingenommen hast.

20. Du einen Schluck kaltes Wasser gebraucht hast und ihn bekamst.

21. Dein Kopf sich klar angefühlt hat.

22. Es gut war, frische Luft zu atmen.

Kannst du dir eine Zeit zurückrufen, als:

23. Du es hinaufgebracht hast.

24. Du es herausgebracht hast.

25. Du dich wieder stark gefühlt hast.

26. Du ein gutes Essen hattest.

27. Du Spaß daran hattest.

28. Du es mit Leichtigkeit getan hast.

29. Du etwas herausströmen ließest.

30. Du angespannt vor Erregung warst.

31. Du entspannt warst.

32. Es deiner Brust gut ging.

33. Es deinem Hals gut ging.

34. Es deinen Augen gut ging.

35. Dir dein Atmen nicht bewusst war.

- ☐ *Sehen*
- ☐ *Riechen*
- ☐ *Berühren*
- ☐ *Farbe*
- ☐ *Klang*
- ☐ *Bewegung um einen herum*
- ☐ *Emotion*
- ☐ *Lautstärke*
- ☐ *Körper-stellung*
- ☐ *Geräusch*
- ☐ *Gewicht*
- ☐ *Eigene Bewegung*

Kannst du dir eine Zeit zurückrufen, als:

- ☐ *Sehen*
- ☐ *Riechen*
- ☐ *Berühren*
- ☐ *Farbe*
- ☐ *Klang*
- ☐ *Bewegung um einen herum*
- ☐ *Emotion*
- ☐ *Lautstärke*
- ☐ *Körperstellung*
- ☐ *Geräusch*
- ☐ *Gewicht*
- ☐ *Eigene Bewegung*

36. Du kein Ohrensausen hattest.

37. Deine Hände etwas gekonnt machten.

38. Deine Beine dir gute Dienste leisteten.

39. Es deinen Füßen gut ging.

40. Du wusstest, dass du gut aussahst.

Eigene Bewegung

Unter den verschiedenen Wahrnehmungen gibt es die der *eigenen Bewegung*. Dies ist das Bewusstsein über Veränderung von Position im Raum. Viele andere Wahrnehmungen unterstützen dieses Bewusstsein über die eigene Bewegung. Diese Wahrnehmung wird durch Sehen, Fühlen von Wind, Veränderungen des Körpergewichts und durch die Beobachtung der äußeren Umgebung unterstützt. Sie ist jedoch ein Wahrnehmungseindruck für sich selbst, und in den folgenden Fragen wird Ihre Aufmerksamkeit einfach auf das innere Bewusstsein Ihrer selbst gerichtet, wenn Sie in Bewegung sind.

Kannst du dir eine Zeit zurückrufen, als:

1. Du gerannt bist.

2. Du zu Fuß gegangen bist.

3. Dir ein Spaziergang Spaß machte.

4. Du etwas bezwungen hast.

5. Du etwas weggeworfen hast, das du nicht wolltest.

6. Du ein Tauziehen gewonnen hast.

7. Du Seil gesprungen bist.

8. Du geritten bist.

9. Du im Sport etwas erfolgreich gemacht hast.

- ☐ *Sehen*
- ☐ *Riechen*
- ☐ *Berühren*
- ☐ *Farbe*
- ☐ *Klang*
- ☐ *Bewegung um einen herum*
- ☐ *Emotion*
- ☐ *Lautstärke*
- ☐ *Körperstellung*
- ☐ *Geräusch*
- ☐ *Gewicht*
- ☐ *Eigene Bewegung*

Kannst du dir eine Zeit zurückrufen, als:

10. Du dich hingelegt hast.

11. Du aufgestanden bist.

12. Du dich im Kreise gedreht hast.

13. Du gesprungen bist.

- ☐ *Sehen*
- ☐ *Riechen*
- ☐ *Berühren*
- ☐ *Farbe*
- ☐ *Klang*
- ☐ *Bewegung um einen herum*
- ☐ *Emotion*
- ☐ *Lautstärke*
- ☐ *Körperstellung*
- ☐ *Geräusch*
- ☐ *Gewicht*
- ☐ *Eigene Bewegung*

14. Du auf etwas gestanden hast, das sich bewegte.

15. Du aufgesprungen bist.

16. Du ein Rennen gewonnen hast.

17. Du körperlich etwas getan hast, wofür du bewundert wurdest.

18. Dir Bewegung Spaß machte.

19. Dir Stillstehen Spaß machte.

20. Du auf etwas gezeigt hast.

21. Du dich körperlich überlegen gezeigt hast.

22. Deine rechte Hand etwas Geschicktes tat.

Kannst du dir eine Zeit zurückrufen, als:

23. Deine linke Hand etwas Geschicktes tat.

24. Du ein Tier gezähmt hast.

25. Du eine andere Person ausgestochen hast.

26. Du etwas Körperliches getan hast, was dir Freude machte.

27. Du hinaufgestiegen bist.

28. Du etwas dicht an dich gehalten hast.

29. Du etwas weggeworfen hast, das du nicht wolltest.

30. Du dich träge gefühlt hast.

31. Du die Seite eines Buches umgeblättert hast, das zu lesen dir Spaß machte.

32. Du dich angezogen hast.

33. Du aufgestanden bist, als du es wolltest.

34. Es dir Spaß machte, mit jemandem zu ringen.

- ☐ *Sehen*
- ☐ *Riechen*
- ☐ *Berühren*
- ☐ *Farbe*
- ☐ *Klang*
- ☐ *Bewegung um einen herum*
- ☐ *Emotion*
- ☐ *Lautstärke*
- ☐ *Körperstellung*
- ☐ *Geräusch*
- ☐ *Gewicht*
- ☐ *Eigene Bewegung*

Kannst du dir eine Zeit zurückrufen, als:

35. Du ein kompliziertes Objekt erfolgreich gehandhabt hast.

36. Du gut gefahren bist.

37. Du irgendein Gewicht getragen hast.

38. Du Dinge zusammengetragen hast.

- ☐ *Sehen*
- ☐ *Riechen*
- ☐ *Berühren*
- ☐ *Farbe*
- ☐ *Klang*
- ☐ *Bewegung um einen herum*
- ☐ *Emotion*
- ☐ *Lautstärke*
- ☐ *Körper-stellung*
- ☐ *Geräusch*
- ☐ *Gewicht*
- ☐ *Eigene Bewegung*

39. Du gepackt hast.

40. Du etwas nicht loslassen wolltest.

41. Dich der Morgen freute.

42. Du gut getanzt hast.

43. Du Leute amüsiert hast, weil du es so wolltest.

44. Du dich geweigert hast, das zu tun, was man von dir wollte, und getan hast, was du wolltest.

45. Du froh warst, du zu sein.

46. Man dir Komplimente wegen deiner Körperhaltung machte.

Kannst du dir eine Zeit zurückrufen, als:

47. Du mit jemandem Hände geschüttelt hast, den zu sehen dich freute.

48. Du etwas ergriffen hast, was du dir gewünscht hast.

49. Du dir die Haare gekämmt hast.

50. Du dieses Buch in die Hand genommen hast.

51. Du dich vor kurzem hingesetzt hast.

- ☐ *Sehen*
- ☐ *Riechen*
- ☐ *Berühren*
- ☐ *Farbe*
- ☐ *Klang*
- ☐ *Bewegung um einen herum*
- ☐ *Emotion*
- ☐ *Lautstärke*
- ☐ *Körperstellung*
- ☐ *Geräusch*
- ☐ *Gewicht*
- ☐ *Eigene Bewegung*

BEWEGUNG UM EINEN HERUM

Die Beobachtung von *Bewegung um einen herum* wird durch viele Sinneskanäle erreicht. Die Fähigkeit, in der Gegenwart Bewegung wahrzunehmen, und die Fähigkeit, sich Dinge zurückzurufen, die sich bewegt haben, und deren Bewegung wahrzunehmen, sind zwei verschiedene Dinge. Wenn jemand unfähig ist, verschiedene Bewegungen, die in seiner Umgebung vorkommen, gut wahrzunehmen, ist dies gefährlich. Seine Unfähigkeit wird jedoch durch die falsche Auffassung verursacht, dass die Bewegungen, die er wahrnimmt, gefährlich sind, wenn sie es meistens nicht sind. Auf jede gefährliche Bewegung in der Umgebung eines Menschen kommen zahllose sichere und freundliche Bewegungen. Dass Bewegung gefährlich war, ist kein Grund anzunehmen, jede Bewegung sei gefährlich. Möglicherweise ist es, oberhalb des Niveaus der Bewusstlosigkeit, eine der aberrierendsten Handlungen, jemandem plötzlich einen Schlag zu versetzen, wenn er es nicht erwartet. Kinder zu schlagen, besonders, wenn sie nicht darauf gefasst sind, geschlagen zu werden, kann dazu führen, ihnen Misstrauen gegen jede Bewegung einzuflößen. Und selbst wenn sie dann in einem Alter sind, wo sie einen überraschenden Schlag nicht mehr zu erwarten brauchen, bleiben sie Bewegung gegenüber misstrauisch. Bemühen Sie sich, die tatsächlichen Bewegungen, die um Sie herum waren, zu sehen, wenn Sie sich Bewegung zurückrufen, die Sie um sich herum gesehen haben.

Kannst du dir eine Zeit zurückrufen, als:

- ☐ *Sehen*
- ☐ *Riechen*
- ☐ *Berühren*
- ☐ *Farbe*
- ☐ *Klang*
- ☐ *Bewegung um einen herum*
- ☐ *Emotion*
- ☐ *Lautstärke*
- ☐ *Körperstellung*
- ☐ *Geräusch*
- ☐ *Gewicht*
- ☐ *Eigene Bewegung*

1. Etwas Angenehmes sich sehr schnell bewegte.

2. Du jemanden, den du nicht mochtest, vor dir hast weglaufen sehen.

3. Es dich freute, den Regen fallen zu sehen.

4. Es dich freute, Kinder spielen zu sehen.

Kannst du dir eine Zeit zurückrufen, als:

5. Bäume im Sommerwind rauschten.

6. Ein stiller Bach floss.

7. Du Ball gespielt hast.

8. Du einen Drachen hast steigen sehen.

9. Du beschwingt abwärtsgefahren bist.

10. Du einen Vogel graziös hast fliegen sehen.

11. Du wahrgenommen hast, dass der Mond sich bewegt hatte.

12. Du ein Tier von dir weggescheucht hast.

13. Du eine graziöse Tänzerin gesehen hast.

14. Du einen vorzüglichen Musiker gesehen hast.

15. Du einen ausgezeichneten Schauspieler gesehen hast.

16. Du ein anmutiges Mädchen beobachtet hast.

17. Du ein glückliches Kind beobachtet hast.

- ☐ *Sehen*
- ☐ *Riechen*
- ☐ *Berühren*
- ☐ *Farbe*
- ☐ *Klang*
- ☐ *Bewegung um einen herum*
- ☐ *Emotion*
- ☐ *Lautstärke*
- ☐ *Körperstellung*
- ☐ *Geräusch*
- ☐ *Gewicht*
- ☐ *Eigene Bewegung*

Kannst du dir eine Zeit zurückrufen, als:

18. Du ein Objekt in Bewegung versetzt hast.

19. Du ein Objekt angehalten hast.

20. Du etwas zerbrochen hast, das du nicht mochtest.

21. Du einen anmutigen Mann beobachtet hast.

- ☐ *Sehen*
- ☐ *Riechen*
- ☐ *Berühren*
- ☐ *Farbe*
- ☐ *Klang*
- ☐ *Bewegung um einen herum*
- ☐ *Emotion*
- ☐ *Lautstärke*
- ☐ *Körperstellung*
- ☐ *Geräusch*
- ☐ *Gewicht*
- ☐ *Eigene Bewegung*

22. Es dir Freude machte, ein wildes Tier zu beobachten.

23. Du glücklich warst, etwas fallen zu sehen.

24. Du etwas beobachtet hast, das rundherum ging.

25. Es dir Freude machte, etwas hüpfen zu lassen.

26. Du glücklich warst, etwas in die Luft hinaufschießen zu sehen.

27. Du ein schnelles Pferd beobachtet hast.

28. Du etwas Flinkes gehört hast.

29. Du eine „Sternschnuppe" gesehen hast.

Kannst du dir eine Zeit zurückrufen, als:

30. Du Gras sich im Wind hast bewegen sehen.

31. Du den Sekundenzeiger einer Uhr beobachtet hast.

32. Du gesehen hast, wie jemand, den du nicht mochtest, von dir wegging.

33. Du gesehen hast, wie jemand, den du mochtest, auf dich zukam.

34. Jemand auf dich zulief und dich begrüßte.

35. Du gesehen hast, wie ein Tier einem anderen Tier nachjagte.

36. Du einen Gegenstand bewegt hast.

37. Du einen Gegenstand gehoben hast.

38. Du einen Gegenstand hingeworfen hast.

39. Du ein freundliches Feuer beobachtet hast.

40. Du ein Licht aufkommen sahst.

41. Du etwas in etwas hineingehen sahst.

- ☐ *Sehen*
- ☐ *Riechen*
- ☐ *Berühren*
- ☐ *Farbe*
- ☐ *Klang*
- ☐ *Bewegung um einen herum*
- ☐ *Emotion*
- ☐ *Lautstärke*
- ☐ *Körperstellung*
- ☐ *Geräusch*
- ☐ *Gewicht*
- ☐ *Eigene Bewegung*

Kannst du dir eine Zeit zurückrufen, als:

- ☐ *Sehen*
- ☐ *Riechen*
- ☐ *Berühren*
- ☐ *Farbe*
- ☐ *Klang*
- ☐ *Bewegung um einen herum*
- ☐ *Emotion*
- ☐ *Lautstärke*
- ☐ *Körperstellung*
- ☐ *Geräusch*
- ☐ *Gewicht*
- ☐ *Eigene Bewegung*

42. Du etwas ausgeleert hast.

43. Du etwas herausgezogen hast.

44. Du eine freundliche Bewegung gehört hast.

45. Du etwas vernichtet hast, das du nicht wolltest.

46. Du die Seite dieses Buches umgeblättert hast.

KÖRPERSTELLUNG

Man ist sich der Stellung seines Körpers durch besondere Wahrnehmungen bewusst. Zu diesen Wahrnehmungen gehört die Stellung der Gelenke. Richten Sie bei den Geschehnissen, die Sie sich mit den folgenden Fragen zurückrufen, besondere Aufmerksamkeit auf die *Stellung Ihres Körpers* zu der Zeit, als sich das Geschehnis ereignete.

Kannst du dir eine Zeit zurückrufen, als:

1. **Es dir Spaß machte, einfach dazusitzen.**

2. **Du dir deinen Weg aus einem Ort heraus erkämpft hast, an dem du nicht sein wolltest.**

3. **Du dagestanden und eine Aussicht genossen hast.**

4. **Du deine Zehe in den Mund gesteckt hast.**

5. **Du versucht hast, auf dem Kopf zu stehen.**

6. **Du herauszufinden versucht hast, ob du ein Schlangenmensch sein könntest.**

7. **Du etwas Angenehmes getrunken hast.**

8. **Du eine ausgezeichnete Mahlzeit gegessen hast.**

9. **Du ein gutes Auto gefahren hast.**

10. **Du etwas getan hast, das du gerne mochtest.**

- ☐ *Sehen*
- ☐ *Riechen*
- ☐ *Berühren*
- ☐ *Farbe*
- ☐ *Klang*
- ☐ *Bewegung um einen herum*
- ☐ *Emotion*
- ☐ *Lautstärke*
- ☐ *Körperstellung*
- ☐ *Geräusch*
- ☐ *Gewicht*
- ☐ *Eigene Bewegung*

Kannst du dir eine Zeit zurückrufen, als:

11. Es dich freute, etwas zu handhaben.

12. Du in einem Sport Kompetenz gezeigt hast.

13. Du bewundert wurdest.

14. Du glücklich warst.

- □ *Sehen*
- □ *Riechen*
- □ *Berühren*
- □ *Farbe*
- □ *Klang*
- □ *Bewegung um einen herum*
- □ *Emotion*
- □ *Lautstärke*
- □ *Körperstellung*
- □ *Geräusch*
- □ *Gewicht*
- □ *Eigene Bewegung*

15. Du dich über eine Möglichkeit, dich hinzusetzen, gefreut hast.

16. Du begeistert aufgestanden bist, um irgendwo hinzugehen.

17. Du etwas losgeworden bist.

18. Du ein Kind beim Training beobachtet hast.

19. Du bleiben wolltest und es getan hast.

20. Du gehen wolltest und es getan hast.

LISTE 4

Sie und das Physikalische Universum

Man kann die Aufgabe der Energie des Lebens, oder zumindest eine davon, als die Erschaffung, Bewahrung, Erhaltung, Erlangung, Zerstörung, Veränderung, Besetzung, Gruppierung und Zerstreuung von Materie, Energie, Raum und Zeit betrachten, welches die Bestandteile des materiellen Universums sind.

Solange jemand seinen eigenen Glauben an seine Fähigkeit aufrechterhält, das physikalische Universum und Organismen um ihn herum zu handhaben - und, wenn nötig, zu kontrollieren oder in Harmonie mit ihnen zusammenzuarbeiten und sich über und innerhalb des physikalischen Universums seiner Umwelt kompetent zu machen -, bleibt dieser Mensch gesund, stabil, ausgeglichen und heiter. Erst nachdem er seine Unfähigkeiten entdeckt, Organismen, Materie, Energie, Raum und Zeit zu handhaben, und wenn diese Dinge für ihn schneidend schmerzhaft gewesen sind, beginnt er, sich körperlich zu verschlechtern und geistig weniger kompetent zu werden und im Leben zu versagen. Diese Fragen zielen auf die Wiederherstellung der Fähigkeit ab, Organismen und das physikalische Universum zu handhaben.

Vor der Dianetik gab es den Irrtum, dass eine Person so lange gesund ist, wie sie an ihre Umwelt angepasst war. Nichts könnte weniger brauchbar sein als diese „Anpassungsthese". Hätte sich jemand die Mühe gemacht, sie mit der Wirklichkeit zu vergleichen, so hätte er entdeckt, dass der Erfolg eines Menschen von seiner Fähigkeit abhängt, die Umwelt zu meistern und zu verändern. Der Mensch hat Erfolg, weil er seine Umwelt *sich* anpasst, nicht er sich seiner Umwelt.

Die „Anpassungsthese" ist tatsächlich in bösartiger Weise gefährlich, weil sie den Einzelnen glauben machen will, er müsse ein Sklave seiner Umgebung sein. Es handelt sich um eine gefährliche Philosophie, weil die Menschen, die auf diese Weise indoktriniert wurden, in jenem letzten aller Friedhöfe, im Wohlfahrtsstaat, versklavt werden können.

Jedenfalls ist diese These für denjenigen sehr nützlich, der menschliche Wesen für seine eigenen Zwecke unterjochen oder vernichten will. Die Bemühung, die Menschen ihrer Umwelt anzupassen, indem man sie „sozial schult", sie bestraft, wenn sie böse sind, und sonst wie versucht, sie zu unterwerfen und zu brechen, diese Bemühungen haben die Gefängnisse und Irrenhäuser der Gesellschaft bis zum Bersten gefüllt. Hätte man sich die Mühe gemacht, auf das wirkliche Universum zu sehen, so hätte man Folgendes als wahr erkannt: *Kein lebender Organismus kann durch Gewalt in einen angepassten Zustand gepresst werden und dabei noch fähig und gutherzig bleiben.* Jeder Pferdetrainer zum Beispiel weiß, dass man ein Pferd, will man dessen Fähigkeiten erhalten, nicht zur Unterwürfigkeit drängen oder abrichten darf. Aber wie man in der Armee zu sagen pflegte, Maulesel sind viel teurer als Männer; vielleicht war auch das Interesse am Menschen vor der Dianetik nicht, ihn in einem glücklichen Zustand zu erhalten. Man sollte jedoch gegen diese früheren Denkrichtungen nicht allzu streng sein, da ihnen das Wissen über die Naturgesetze des Denkens fehlte. In Abwesenheit dieser Naturgesetze können Verbrecher nur bestraft, nicht aber geheilt werden, und der Geisteskranke kann nur zur Fügsamkeit der allertraurigsten Art getrieben werden. Je näher am Tod, desto besser, das ist letztlich die Denkart dieser Schulen. Dafür legen Elektroschock-„Therapie" und Gehirnchirurgie Zeugnisse ab – diese Bestrebungen der Medizinmänner des Geistes, sich der Euthanasie so weit wie möglich zu nähern, ohne die Grenze des Todes, wie das Gesetz sie zieht, zu überschreiten. Diese Schulen der Vergangenheit sind nun unter die Fittiche der Dianetik genommen worden, die alle Gebiete des Denkens umfasst, und sie werden umgeschult. Es hat sich herausgestellt, dass sie ihre Bestrafungsdrang-„Therapien" schnell aufgeben, wenn sie erst einmal vollständig verstanden haben, dass diese unnötig sind, nachdem die Naturgesetze vom Denken und Verhalten nun bekannt sind.

Man kann sich jedoch eines Schauders nicht ganz erwehren, angesichts des Schicksals vieler Hunderttausender menschlicher Versuchskaninchen, deren Leben und Persönlichkeit durch die in den dunklen Zeitaltern der Unvernunft verwendeten Euthanasie-Methoden ruiniert wurden.

Ihre Gesundheit hängt beinahe gänzlich von Ihrem Vertrauen in Ihre Fähigkeit ab, das physikalische Universum um Sie herum zu handhaben und Ihre Umwelt so zu verändern und Ihnen anzupassen, dass Sie in ihr überleben können. Es ist einfach nicht wahr, dass Sie Ihre Umwelt nicht geschickt handhaben können – eine Illusion, die Ihnen in der Vergangenheit von aberrierten Leuten als Implant eingegeben wurde, und zwar in Momenten, in denen Sie bewusstlos waren und sich nicht verteidigen konnten. Oder die Ihnen eingegeben wurde, als Sie noch klein waren, dirigiert und fehlgeleitet, in Schmerz, Kummer und Verstimmung versetzt und ohne die Möglichkeit, Ihr Recht durchzusetzen, sich selbst in Ihrer Umgebung zu handhaben.

Am Tanganjikasee haben die Eingeborenen eine sehr interessante Art des Fischfangs. Dort am Äquator strahlt die Sonne senkrecht nach unten durch das klare Wasser hinab. Die Eingeborenen nehmen nun Holzblöcke und binden sie der Reihe nach an ein langes Seil. Sie spannen dieses Seil zwischen zwei Kanus und beginnen damit auf gleicher Höhe dem seichten Wasser zuzupaddeln. Bis sie die Untiefen erreicht haben, werden Schwärme von Fischen zwischen den Klippen und auf den Strand zusammengedrängt. Die Holzblöcke an dem Seil werfen Schatten, die bis hinunter auf den Grund des Sees reichen. Und die Fische, die diese Schatten, scheinbar massive Balken, auf sich zukommen sehen, schwimmen voller Angst vor ihnen davon und werden so gefangen.

Auch ein Mensch kann durch aberrierte Leute um ihn herum getrieben, beunruhigt und bearbeitet werden, bis er ebenfalls Schatten für Wirklichkeit hält. Würde er nach diesen Schatten greifen, so würde er erkennen, wie dünn und durchdringlich sie sind. Seine übliche Handlungsweise ist jedoch, vor ihnen zurückzuweichen, und so findet er sich zu guter Letzt in den Schatten schlechter Gesundheit, zerschlagener Träume und äußerster Verleugnung seiner selbst und des physikalischen Universums wieder.

Ein mechanischer Hintergrund beachtlichen Umfangs der Aktion und die Eigenschaften der Gedankenenergie machen es möglich, dass diese Listen den verbesserten Seinszustand hervorbringen, wenn sie richtig angewandt werden. Aber abgesehen von diesen mechanischen Aspekten bestätigt die Realität seiner Fähigkeit dazu schon die einfache Erkenntnis, dass es im Leben eines Menschen Zeiten gegeben hat, in denen er das physikalische Universum kontrolliert hat, wenn dies vonnöten war, und sich mit den ihn umgebenden Organismen in Harmonie befand.

Gefangen in der Illusion von Worten, als Kind durch körperliche Mittel zum Gehorsam getrieben, ist der Mensch seinem dunkelsten Schatten und seiner größten Illusion untertan - *der Sprache.* Tatsächlich haben die eindringlich gesprochenen Worte: „Komm her!", keine konkrete körperliche Fähigkeit, einen Menschen zu dem Sprecher hinzuziehen. Und doch wird er näher kommen, mag er sich auch fürchten, es zu tun. Er ist zu diesem Näherkommen gezwungen, weil er in einem frühen Abschnitt seines Lebens so viele Male durch körperliche Gewalt zum „Herkommen" veranlasst wurde, als die Worte „Komm her" gesprochen wurden, dass er nun, einem dressierten Hund nur zu ähnlich, einem Signal gehorcht. Die körperliche Gewalt, die ihn früher den Befehl befolgen ließ, hat er aus dem Auge verloren. An ihre Stelle ist nun der Schatten des „Komm her" getreten. So verliert er in diesem Maße im Bereich des „Komm her" seine Selbstbestimmung.

Im weiteren Verlauf seines Lebens begeht er den großen Fehler anzunehmen, dass alle, aber auch alle Worte Kraft und Bedeutung haben. Worte sind es, mit denen die Menschen um ihn herum ihre Schattenkäfige errichten. Sie halten ihn davon ab, dies zu tun, sie zwingen ihn dazu, jenes zu tun. Und beinahe Stunde für Stunde und Tag für Tag wird er von Strömen von Worten dirigiert, die in der normalen Gesellschaft nicht zu seiner Hilfe gedacht sind, sondern nur dazu, ihn einzuschränken, weil die anderen sich fürchten. Diese Sintflut von Sprache ist nur deshalb wirksam, weil sie stellvertretend für die Zeiten steht, als ein Mensch entgegen seinen Wünschen körperlich dazu gezwungen wurde, Dinge anzunehmen, die er nicht wollte, sich um Dinge zu kümmern, für die er tatsächlich keine Verwendung und kein Interesse hatte, zu gehen, wohin er nicht gehen wollte, und zu tun, was er nicht tun wollte.

Die Sprache ist durchaus brauchbar, wenn sie als *Symbol* für die Handlung und das Ding verstanden wird. Aber das Wort „Aschenbecher" ist kein Ersatz für einen Aschenbecher. Wenn Sie das nicht glauben, versuchen Sie einmal, Ihre Asche auf den Luftwellen abzustreifen, die gerade eben noch das Wort „Aschenbecher" getragen haben. Andererseits dient der Gegenstand, der für die Aufnahme von Asche bestimmt ist, seinem Zweck genauso gut, wenn man ihn „Untertasse" oder „Elefant" nennt.

Durch den Trick der Sprache also, und es ist ein ganz und gar substanzloser Zaubertrick, versuchen Menschen das Leben anderer Menschen zu ihrem eigenen Vorteil zu bestimmen. Diese Menschen wiederum, in den Käfig der Schatten eingesperrt, beobachten die Schatten und glauben zu ihrem eigenen Nachteil daran.

Alle Sprachen sind aus der Beobachtung von Materie, Energie, Raum und Zeit und anderer Organismen in der Umwelt abgeleitet. Es gibt kein einziges Wort, das nicht davon abgeleitet ist und nicht in seiner Bedeutung das physikalische Universum und andere Organismen mit einschließt.

Wenn Sie daher die folgenden Fragen beantworten – indem Sie sich Geschehnisse zurückrufen, die durch sie hervorgerufen werden – sollen Sie sich also unbedingt vergewissern, dass Sie keine Sprach-Geschehnisse heraufbeschwören, sondern von Handlung erfüllte Geschehnisse.

Sie wollen *nicht* die Zeit, in der man Ihnen *auftrug*, etwas zu tun - Sie wollen die Zeit, als Sie die *Handlung* ausführten. Sie brauchen die Sprache mit der Handlung in keiner Weise zu verbinden. Aber Sie werden bei der Beantwortung der Fragen aller Listen feststellen, dass der Wert der Sprache sich beträchtlich zu vermindern beginnt und dass die Sprache trotzdem, so seltsam es klingt, für Sie um sehr vieles nützlicher wird.

Kannst du dir eine Zeit zurückrufen, als:

1. Du einen Gegenstand bewegt hast.

2. Ein Gegenstand dich bewegt hat.

3. Du einen Organismus in die Luft hochgeworfen hast.

4. Du die Treppe hinuntergegangen bist.

5. Du etwas erworben hast, was du wolltest.

6. Du etwas Gutes geschaffen hast.

7. Du dich in einem bestimmten Raum groß gefühlt hast.

8. Du stolz darauf warst, etwas Schweres zu bewegen.

9. Du Energie gut gehandhabt hast.

10. Du ein Feuer gemacht hast.

11. Du etwas verloren hast, das du nicht wolltest.

12. Du jemandem etwas aufgezwungen hast.

13. Du Überleben gefördert hast.

- ☐ *Sehen*
- ☐ *Riechen*
- ☐ *Berühren*
- ☐ *Farbe*
- ☐ *Klang*
- ☐ *Bewegung um einen herum*
- ☐ *Emotion*
- ☐ *Lautstärke*
- ☐ *Körperstellung*
- ☐ *Geräusch*
- ☐ *Gewicht*
- ☐ *Eigene Bewegung*

Kannst du dir eine Zeit zurückrufen, als:

14. Du Zeit angenehm verbracht hast.

15. Du Raum eingeschlossen hast.

16. Du Herr deiner eigenen Zeit warst.

17. Du einen Raum geöffnet hast.

18. Du eine Maschine gut gehandhabt hast.

19. Du eine Maschine angehalten hast.

20. Du einen Gegenstand hochgehalten hast.

21. Du dich selbst erniedrigt hast.

22. Du etwas zerstört hast, das du nicht wolltest.

23. Du etwas zum Guten verändert hast.

24. Ein Organismus, den du nicht mochtest, sich von dir wegbewegte.

25. Du etwas erhalten hast, das du wolltest.

26. Du eine Person unterstützt hast.

- ☐ *Sehen*
- ☐ *Riechen*
- ☐ *Berühren*
- ☐ *Farbe*
- ☐ *Klang*
- ☐ *Bewegung um einen herum*
- ☐ *Emotion*
- ☐ *Lautstärke*
- ☐ *Körperstellung*
- ☐ *Geräusch*
- ☐ *Gewicht*
- ☐ *Eigene Bewegung*

Kannst du dir eine Zeit zurückrufen, als:

27. Du jemanden, den du mochtest, nahe an dich herangebracht hast.

28. Du einen Raum verlassen hast, den du nicht mochtest.

29. Du Energie bezwungen hast.

30. Du einen schlechten Organismus zerstört hast.

31. Du mit Flüssigkeit gut umgegangen bist.

32. Du eine Anzahl angenehmer Gegenstände zusammengebracht hast.

33. Du eine Anzahl von Gegenständen im Raum platziert hast.

34. Du unerwünschte Gegenstände weggeworfen hast.

35. Du viele Gegenstände verstreut hast.

36. Du einen unerwünschten Gegenstand in Stücke gerissen hast.

37. Du einen Raum gefüllt hast.

38. Du die Zeit eines anderen geregelt hast.

- ☐ *Sehen*
- ☐ *Riechen*
- ☐ *Berühren*
- ☐ *Farbe*
- ☐ *Klang*
- ☐ *Bewegung um einen herum*
- ☐ *Emotion*
- ☐ *Lautstärke*
- ☐ *Körperstellung*
- ☐ *Geräusch*
- ☐ *Gewicht*
- ☐ *Eigene Bewegung*

Kannst du dir eine Zeit zurückrufen, als:

39. Du einen Gegenstand, den du wolltest, dicht an dich gehalten hast.

40. Du einen Gegenstand verbessert hast.

41. Du einen Raum geleert hast, den du wolltest.

42. Du eine Entfernung zurückgelegt hast.

43. Du Zeit hast verstreichen lassen.

44. Du getan hast, was du selbst tun wolltest.

45. Du über einen Organismus gesiegt hast.

46. Du dich von fremder Beherrschung befreit hast.

47. Du erkannt hast, dass du dein eigenes Leben lebst.

48. Du wusstest, dass du es nicht tun musstest.

49. Du aus einem gefährlichen Raum entkommen bist.

50. Für dich eine angenehme Zeit anfing.

- ☐ *Sehen*
- ☐ *Riechen*
- ☐ *Berühren*
- ☐ *Farbe*
- ☐ *Klang*
- ☐ *Bewegung um einen herum*
- ☐ *Emotion*
- ☐ *Lautstärke*
- ☐ *Körperstellung*
- ☐ *Geräusch*
- ☐ *Gewicht*
- ☐ *Eigene Bewegung*

LISTE 5

Erinnerungshilfen

Erinnern" ist natürlich direkt von Handeln im physikalischen Universum abgeleitet. Wie würde ein Taubstummer einem Kind beibringen, sich zu erinnern? Er müsste dem Kind andauernd Gegenstände oder Handlungen aufzwingen, wenn es sich um die Dinge nicht kümmern würde oder Handlungen unterließe. Obwohl Eltern nun nicht taubstumm sind, verstehen Kinder doch noch keine Sprachen, wenn sie ganz klein sind, und folglich lernen sie, sich zu „erinnern", indem ihre Aufmerksamkeit zuerst auf Handlungen und Gegenstände, Räume und Zeiten gelenkt wird. Es verletzt die Selbstbestimmung des Individuums und daher seine Fähigkeit, selbstständig zu handeln, wenn man ihm Dinge ohne sein Einverständnis aufzwingt. Man könnte sagen, dass dies zum Teil manch „schlechtes Gedächtnis" erklärt, dessen sich Leute rühmen oder das sie beklagen.

Da man die Sprache auf der Ebene des physikalischen Universums und der Handlung in ihm lernt, könnte man sagen, dass man mit seinen Gedanken tut, was man mit der Materie, der Energie, dem Raum und der Zeit in seiner Umwelt zu tun gezwungen war. Wenn diese jemandem daher aufgezwungen wurden und er sie nicht wollte, wird er nach einer Weile beginnen, die Gedanken an diese Gegenstände zurückzuweisen.

Wenn diese Gegenstände, Räume, Zeiten und Handlungen ihm aber konsequent genug aufgezwungen werden, wird er schließlich in Bezug auf sie apathisch werden. Er wird sie nicht sehr mögen, aber er denkt, er müsse sie akzeptieren. Später, in der Schule, scheint sein ganzer Lebensunterhalt davon abzuhängen, ob er sich an das „Wissen", das ihm aufgezwungen wurde, erinnern kann oder nicht.

Die Erinnerung auf der Ebene des physikalischen Universums ist also, Materie, Energie, Raum und Zeit im Gedächtnis zu behalten. Um das Gedächtnis zu verbessern, ist es lediglich notwendig, die Entscheidungsfreiheit des Individuums darüber wiederherzustellen, das materielle Universum zu akzeptieren.

Bei der Beantwortung dieser Fragen sollte man seine Aufmerksamkeit vor allem auf Geschehnisse glücklicherer Natur richten. Unweigerlich werden auch viele unglückliche Geschehnisse aufkommen. Aber wo Auswahl möglich ist, sollte auf glückliche Geschehnisse oder analytische Geschehnisse Nachdruck gelegt werden. Sie sollen sich bei dieser Liste nicht an Augenblicke erinnern, in denen Sie sich erinnerten. Die Liste bezieht sich auf das Erlangen von Dingen, die Sie erlangen wollten.

Kannst du dich an eine Zeit erinnern, als:

1. **Du etwas erworben hast, das du wolltest.**

2. **Du etwas weggeworfen hast, das du nicht wolltest.**

3. **Du etwas aufgegeben hast, von dem du wusstest, dass du es haben solltest.**

4. **Du mit der Zeit, die für dich anders festgelegt war, etwas anderes angefangen hast.**

5. **Du in einen Raum gegangen bist, in den du nicht hineingehen durftest.**

6. **Du den Platz verlassen hast, an dem du hättest sein sollen.**

7. **Du glücklich warst, etwas erworben zu haben, das du dir nicht leisten konntest.**

8. **Es dich glücklich machte, Anweisungen zu missachten, die man dir gegeben hatte.**

9. **Du zu einem Ort geschickt wurdest und beschlossen hast, anderswohin zu gehen.**

10. **Du dir deine Kleidung selbst ausgewählt hast.**

11. **Du etwas getragen hast, egal, was die Leute denken würden.**

- ☐ *Sehen*
- ☐ *Riechen*
- ☐ *Berühren*
- ☐ *Farbe*
- ☐ *Klang*
- ☐ *Bewegung um einen herum*
- ☐ *Emotion*
- ☐ *Lautstärke*
- ☐ *Körperstellung*
- ☐ *Geräusch*
- ☐ *Gewicht*
- ☐ *Eigene Bewegung*

Kannst du dich an eine Zeit erinnern, als:

12. Du etwas losgeworden bist, das dich langweilte.

13. Du froh warst, zwischen zwei Gegenständen wählen zu können.

14. Du kein bisschen mehr getrunken hast, als du wolltest.

- ☐ *Sehen*
- ☐ *Riechen*
- ☐ *Berühren*
- ☐ *Farbe*
- ☐ *Klang*
- ☐ *Bewegung um einen herum*
- ☐ *Emotion*
- ☐ *Lautstärke*
- ☐ *Körperstellung*
- ☐ *Geräusch*
- ☐ *Gewicht*
- ☐ *Eigene Bewegung*

15. Du dich mit Erfolg geweigert hast, zu essen.

16. Du mit dir gemacht hast, was dir gefiel.

17. Du mit einer kleineren Person getan hast, was dir gefiel.

18. Du damit Recht hattest, etwas nicht akzeptiert zu haben.

19. Du ein Geschenk weggegeben hast, das du erhalten hattest.

20. Du einen Gegenstand zerstört hast, den dir jemand aufgezwungen hatte.

21. Du etwas hattest, das du wolltest, und es gut instand gehalten hast.

22. Du böswillig deine Schuhe abgenutzt hast.

Kannst du dich an eine Zeit erinnern, als:

23. Du das Buch nicht gelesen hast, das man dir gegeben hatte.

24. Du dich geweigert hast, Eigentum zu sein.

25. Du die Anweisungen von jemandem geändert hast.

26. Du geschlafen hast, wo es dir gefiel.

27. Du dich geweigert hast zu baden.

28. Du ein Kleidungsstück ruiniert hast und darüber fröhlich warst.

29. Du bekommen hast, was du wolltest.

30. Du etwas zurückbekommen hast, das du verloren hattest.

31. Du die Person bekommen hast, die du wolltest.

32. Du einen Partner abgelehnt hast.

33. Du die Decken vom Bett geworfen hast.

34. Du deinen Willen durchgesetzt hast.

35. Du festgestellt hast, dass du Recht gehabt hattest, es zurückzuweisen.

- ☐ *Sehen*
- ☐ *Riechen*
- ☐ *Berühren*
- ☐ *Farbe*
- ☐ *Klang*
- ☐ *Bewegung um einen herum*
- ☐ *Emotion*
- ☐ *Lautstärke*
- ☐ *Körper-stellung*
- ☐ *Geräusch*
- ☐ *Gewicht*
- ☐ *Eigene Bewegung*

L I S T E 6

Abschnitt über Vergesser

Es herrscht allgemeine Übereinstimmung darüber, dass *sich erinnern* das Gegenteil von *vergessen* ist. Die Menschen bringen diese beiden Begriffe sehr leicht durcheinander, sodass sie vergessen, woran sie sich ihrer Ansicht nach erinnern sollten, und sich daran erinnern, was sie lieber vergessen möchten. Die grundsätzliche und dem zugrunde liegende Verwirrung in Bezug auf *Vergessen* und *Erinnern* hat offensichtlich damit zu tun, was dem Individuum im physischen Bereich zugefügt worden ist und was ihm in Form von Materie, Energie, Raum und Zeit aufgezwungen oder weggenommen wurde.

Die Definition des Wortes „vergessen" beruht darauf, etwas in Ruhe zu lassen. Wie würde ein Taubstummer einem Kind beibringen, etwas zu vergessen? Er müsste dieses Etwas natürlich verstecken oder dem Kind andauernd wegnehmen, bis das Kind diesbezüglich apathisch würde und nichts weiter damit zu tun haben wollte. Wenn er dies so lange tun würde, bis das Kind den Gegenstand aufgegeben hat, könnte man sagen, dass das Kind den Gegenstand vergessen hat, da das Kind oder jeder andere Mensch, mit seinen Gedanken das tun wird, was er mit Materie, Energie, Raum, Zeit und Organismen um sich herum getan hat - sind doch Gedanken eine Annäherung an das physikalische Universum in symbolischer Form. Wenn ein Kind dazu gezwungen worden ist, Objekte, Energie, Räume und Zeiten in Ruhe zu lassen oder aufzugeben, wird das Wort „vergessen", wenn es dieses Wort später hört, bedeuten, eine bestimmte Idee aufzugeben. Und wenn es dann noch bezüglich des erzwungenen Verlustes oder des Wegnehmens von Objekten in seiner Kindheit in Apathie ist, wird es damit fortfahren, die Objekte sehr gründlich zu vergessen.

Man könnte sagen, dass ein Individuum so viele Gedanken absperren wird, wie es Gegenstände in seinem Leben in Ruhe lassen oder verlieren musste. Schmerz selbst ist ein Verlust, der immer mit dem Verlust von Körperzellen einhergeht. Auf diese Weise kann der Verlust von Objekten oder Organismen von einem Menschen fälschlich als schmerzhaft gedeutet werden. Es können dann Erinnerungen „schmerzhaft" genannt werden, die in Wirklichkeit keinen körperlichen Schmerz enthalten. Aber das Individuum muss körperlichen Schmerz erfahren haben, um zu der Auffassung gelangen zu können, dass Verlust Schmerz bedeutet.

Bei der Erziehung von Kindern werden die Augenblicke, wenn das Kind etwas in Ruhe lassen soll, oft von Strafe begleitet. Auf diese Weise wird etwas in Ruhe lassen müssen mit schmerzhaft gleichgesetzt. Um sich nun an etwas zu erinnern, was er eigentlich hätte vergessen sollen, kann er dies irrtümlich als schmerzhaft einschätzen, und doch ist es dies nicht.

Es existiert eine ganze Philosophie, die besagt, das Beste, was man mit unangenehmen Gedanken tun könne, sei, sie zu vergessen. Dies beruht mit Sicherheit auf einer Apathie, die in der frühen Erziehung verursacht worden ist. Wenn ein Kind um einen Gegenstand bittet, ist es anfangs normalerweise fröhlich. Und wenn es sich ihn nicht beschafft, wird es wütend. Wenn es ihn dann immer noch nicht bekommt, mag es weinen. Zuletzt wird es in Bezug auf diesen Gegenstand apathisch und sagt, dass es ihn gar nicht wolle. Dies ist eine der Ableitungen der Dianetischen Tonskala und kann von jedermann beobachtet werden.

Die folgenden Fragen zielen nun darauf ab, die Zeiten zu bewältigen, als man Dinge in Ruhe lassen musste, Dinge hergeben musste und Verluste erzwungen wurden. Wenn Sie diese Fragen beantworten, wäre es also sehr gut zu versuchen, auf jede Frage mehrere Geschehnisse und vor allem ein sehr frühes Geschehnis zu finden.

Kannst du dir ein Geschehnis zurückrufen, als:

1. **Du etwas zur Seite gelegt hast, weil du geglaubt hast, es sei gefährlich, es das jedoch nicht war.**

2. **Du etwas erworben hast, das du eigentlich nicht haben solltest, und es behalten hast.**

3. **Du dich fröhlich mit allem befasst hast, das du hättest in Ruhe lassen sollen.**

4. **Du zu etwas zurückgegangen bist, von dem du weggezogen worden warst.**

5. **Du die Warnung, etwas in Ruhe zu lassen, grundlos gefunden hast.**

6. **Du fröhlich einen teuren Gegenstand zerstört hast.**

7. **Du etwas weggeworfen hast, das du wolltest.**

8. **Du mit jemandem gespielt hast, mit dem du keinen Umgang haben solltest.**

9. **Du Recht gehabt hattest, nicht zu gehorchen.**

10. **Du ein verbotenes Buch gelesen hast.**

11. **Du dich gefreut hast, Dinge zu haben.**

- ☐ *Sehen*
- ☐ *Riechen*
- ☐ *Berühren*
- ☐ *Farbe*
- ☐ *Klang*
- ☐ *Bewegung um einen herum*
- ☐ *Emotion*
- ☐ *Lautstärke*
- ☐ *Körperstellung*
- ☐ *Geräusch*
- ☐ *Gewicht*
- ☐ *Eigene Bewegung*

Kannst du dir ein Geschehnis zurückrufen, als:

12. Du einen gefährlichen Gegenstand erworben und dich darüber gefreut hast.

13. Du etwas zu essen gestohlen hast und froh darüber warst.

14. Du genau das gegessen hast, was du mochtest.

- ☐ *Sehen*
- ☐ *Riechen*
- ☐ *Berühren*
- ☐ *Farbe*
- ☐ *Klang*
- ☐ *Bewegung um einen herum*
- ☐ *Emotion*
- ☐ *Lautstärke*
- ☐ *Körperstellung*
- ☐ *Geräusch*
- ☐ *Gewicht*
- ☐ *Eigene Bewegung*

15. Du elektrische Leitungen erfolgreich repariert hast.

16. Du mit Feuer gespielt hast.

17. Du mit Erfolg gefährlich gefahren bist.

18. Du etwas allen Warnungen zum Trotz berührt hast.

19. Du mit etwas ungeschoren davonkamst.

20. Sie dich verlassen hat.

21. Du und einige Freunde Gegenstände sammelten.

22. Du ein verbotenes Ding glücklich berührt hast.

Kannst du dir ein Geschehnis zurückrufen, als:

23. Du es trotzdem bekommen hast.

24. Du dorthin gegangen bist, wo du nicht hingehen solltest, und es dich freute.

25. Du etwas besessen hast, das einmal verboten war.

26. Er dich verlassen hat.

27. Du etwas weggeworfen hast, das du vorher annehmen musstest.

28. Du etwas gefunden hast, das man vor dir versteckt hatte.

29. Du eine Gewohnheit angenommen hast, die du nicht haben solltest, und es dich freute.

30. Du Recht hattest, und die anderen Unrecht.

31. Du dich in einem verbotenen Raum amüsiert hast.

32. Du es eigentlich nicht hättest tun sollen und es doch getan hast.

33. Leute froh waren, dass sie falsch über dich gedacht hatten.

- ☐ *Sehen*
- ☐ *Riechen*
- ☐ *Berühren*
- ☐ *Farbe*
- ☐ *Klang*
- ☐ *Bewegung um einen herum*
- ☐ *Emotion*
- ☐ *Lautstärke*
- ☐ *Körper-stellung*
- ☐ *Geräusch*
- ☐ *Gewicht*
- ☐ *Eigene Bewegung*

Kannst du dir ein Geschehnis zurückrufen, als:

34. Du dir etwas geholt hast, das jemand weggeworfen hatte.

35. Du jemanden tyrannisiert hast, bis er dir gab, was du haben wolltest.

36. Du mit diesem Prozessing weitergemacht hast, ungeachtet dessen, was gesagt wurde.

- ☐ *Sehen*
- ☐ *Riechen*
- ☐ *Berühren*
- ☐ *Farbe*
- ☐ *Klang*
- ☐ *Bewegung um einen herum*
- ☐ *Emotion*
- ☐ *Lautstärke*
- ☐ *Körperstellung*
- ☐ *Geräusch*
- ☐ *Gewicht*
- ☐ *Eigene Bewegung*

37. Du darauf beharrt hast, etwas zu tun, bis man zugab, dass du ein Recht dazu hattest.

38. Du plötzlich erkannt hast, dass du mit einem Gegenstand alles tun konntest, was du wolltest.

39. Du etwas Gefährliches getan hast und ungeschoren davonkamst.

40. Deine Gruppe schließlich etwas bekam, das man ihr verweigert hatte.

41. Du festgestellt hast, dass du nicht länger dort sitzen musstest.

42. Dir klar wurde, dass du nie wieder in die Schule gehen musstest.

43. Dir klar wurde, dass Pause war.

Kannst du dir ein Geschehnis zurückrufen, als:

44. Du die Schule geschwänzt hast.

45. Du etwas so gemacht hast, dass es wie etwas anderes aussah.

46. Du herausgefunden hast, wo ein Erwachsener einen Fehler gemacht hatte.

47. Du entdeckt hast, dass es nicht so war, wie man sagte.

48. Du dich als Herr all deiner Besitztümer erkannt hast.

49. Du entdeckt hast, dass du abends nicht unbedingt schlafen gehen musstest.

50. Du es nicht angerührt hast, obwohl du das Gefühl hattest, es essen zu müssen.

51. Du etwas gegessen hast, das für dich nicht gut war, und es genossen hast.

52. Du deiner Wut freien Lauf gelassen hast und froh darüber warst.

53. Du plötzlich entschieden hast, dass du so schlecht nicht sein könntest.

- ☐ *Sehen*
- ☐ *Riechen*
- ☐ *Berühren*
- ☐ *Farbe*
- ☐ *Klang*
- ☐ *Bewegung um einen herum*
- ☐ *Emotion*
- ☐ *Lautstärke*
- ☐ *Körperstellung*
- ☐ *Geräusch*
- ☐ *Gewicht*
- ☐ *Eigene Bewegung*

Kannst du dir ein Geschehnis zurückrufen, als:

54. Du eine verbotene Tür geöffnet hast.

55. Du es veranlasst hast, ganz schnell zu gehen, während es hätte langsam gehen sollen.

56. Du dir die Zeit dazu gestohlen hast.

57. Du Liebe gefunden hast, die du nicht vermutet hättest.

58. Du jemanden verlassen hast und froh darüber warst.

59. Du dich geweigert hast, dieses Mal alleine wegzugehen.

60. Du dich fortgeschlichen und ein Feuer gemacht hast.

61. Du nicht geglaubt hast, dass es so gut sein könnte.

62. Du herausgefunden hast, dass es nicht schlecht war zu spielen.

63. Du nicht sehen konntest, was an Vergnügen schlecht war.

64. Du aufgehört hast, etwas zu tun, das du tun solltest, um stattdessen etwas zu tun, das dir Spaß machte.

- ☐ *Sehen*
- ☐ *Riechen*
- ☐ *Berühren*
- ☐ *Farbe*
- ☐ *Klang*
- ☐ *Bewegung um einen herum*
- ☐ *Emotion*
- ☐ *Lautstärke*
- ☐ *Körperstellung*
- ☐ *Geräusch*
- ☐ *Gewicht*
- ☐ *Eigene Bewegung*

Kannst du dir ein Geschehnis zurückrufen, als:

65. Du einen Raum erworben hast, den du früher nicht hättest haben wollen.

66. Du dich richtig gehen lassen hast.

67. Sie dich nicht davon zurückhalten konnten.

68. Du dich mit Erfolg geweigert hast, zu Tisch zu kommen.

69. Du dich sowieso verbrannt hast und es dich nicht kümmerte.

70. Du einen Gegenstand losgeworden bist und Freiheit erlangt hast.

- ☐ *Sehen*
- ☐ *Riechen*
- ☐ *Berühren*
- ☐ *Farbe*
- ☐ *Klang*
- ☐ *Bewegung um einen herum*
- ☐ *Emotion*
- ☐ *Lautstärke*
- ☐ *Körperstellung*
- ☐ *Geräusch*
- ☐ *Gewicht*
- ☐ *Eigene Bewegung*

LISTE 7

ÜBERLEBENSFAKTOREN

Da die grundlegende Triebkraft des Lebens ÜBERLEBEN! ist und da gutes Überleben einen Überfluss enthalten muss, sind vom Standpunkt eines Individuums aus die Überlebenscharakteristika von Menschen, von Organismen, Materie, Energie, Raum und Zeit sehr wichtig. Das Gewinnen von Vergnügen spornt zum Überleben an. Die Androhung von Schmerz drängt vom Tod weg. Hohe Ideale und Ethik steigern die Überlebensmöglichkeiten des Einzelnen und der Gruppe. Äußerstes Überleben ist Unsterblichkeit.

Die das Leben ausmachenden Faktoren können auch widersprüchlich werden. So kann ein und dasselbe Ding das Überleben unterstützen und es behindern. Zum Beispiel ist ein Messer, hält man es in der Hand, überlebensfördernd, aber es ist überlebensfeindlich, wenn jemand anders es einem auf die Brust richtet. Wenn ein Mensch älter wird, gerät er in Bezug auf den Überlebenswert von gewissen Personen und verschiedenen Objekten, von Energie, Raum und Zeit in Verwirrung. Das Individuum wünscht sich, für sich selbst, für seine Familie, seine Kinder, seine Gruppe, für das Leben allgemein und für das physikalische Universum Überleben zu erreichen. Bringt jemand die Dinge nun durcheinander und betrachtet etwas, das einmal dem Überleben nützte, nunmehr als überlebensfeindlich und sieht auf der anderen Seite in Nichtüberlebens-Entitäten allmählich Überlebensqualitäten, so wird sich seine Fähigkeit verschlechtern, seine Umwelt dahingehend zu bewerten, ob sie dem Überleben nützt oder es behindert.

Ein Individuum, eine Familie oder eine Gruppe überlebt selbstverständlich dann am besten, wenn überlebensfördernde Entitäten in der Nähe und verfügbar und keine überlebensfeindlichen Entitäten vorhanden sind. Man kann den Lebenskampf als die Beschaffung von überlebensfördernden Faktoren und als das Ausmerzen, Zerstören und Verbannen von überlebensfeindlichen Faktoren bezeichnen.

Die Emotion wird direkt von überlebensfördernden und überlebensfeindlichen Faktoren im Leben reguliert. Wenn sich jemand eine starke Überlebens-Entität, wie einen anderen Menschen, ein Tier oder einen Gegenstand, verschafft und in seiner Nähe hat, ist er *glücklich.* Wenn sich diese Überlebens-Entität von ihm entfernt, verschlechtert sich seine emotionale Reaktion in direktem Verhältnis zu seinem Glauben an seine Fähigkeit, sie wiederzubekommen. Droht sie sich zu entfernen, wird der Mensch *antagonistisch* und kämpft darum, sie in seiner Nähe zu behalten. Scheint ihr Fortgehen sicher zu sein, wird der Mensch *wütend* und, aus Furcht, dass sie für eine andere Lebensform überlebensfördernd wird und er die Gewissheit hat, dass er sie verloren hat, wird er sie sogar zerstören. Wenn er erkennt, was der Zustand seiner selbst sein mag – seiner Familie, seiner Kinder oder seiner Gruppe –, wenn sich die überlebensfördernde Entität von ihm getrennt hat, erlebt er *Furcht* davor, dass deren Verlust für immer sein wird. Wenn der Mensch das fast unwiederbringliche Fehlen dieser überlebensfördernden Entität zu erkennen glaubt, erlebt er *Gram.* Wenn er sie als für immer verloren betrachtet, erlebt er *Apathie* und mag dabei so weit gehen, dass er schließlich behauptet, er hätte sie nicht gewollt. Tatsächlich kämpft der Mensch den ganzen Weg die emotionale Tonskala hinunter, von Antagonismus bis hin zu Gram, immer noch darum, sie wiederzubekommen. Erst in Apathie gibt er sie auf und leugnet, dass er sie haben wollte.

Falls eine Person, ein Tier, ein Gegenstand, Energie, Raum oder Zeit das Überleben eines Menschen, seiner Familie, seiner Kinder oder seiner Gruppe bedrohen, kann das beste Überleben dann erreicht werden, wenn eine solche Entität vertrieben oder vernichtet wurde oder so weit wie möglich von dem Menschen, seiner Familie, seinen Kindern oder seiner Gruppe entfernt ist. Im Falle eines tollwütigen Hundes besteht die größte Gefahr, wenn dieser am nächsten ist, und die größte Sicherheit ist gegeben, wenn er sehr weit weg oder überhaupt nicht vorhanden ist. Bei überlebensfeindlichen Objekten haben wir also die Tonskala in umgekehrter Reihenfolge vor uns. Wenn das überlebensfeindliche Objekt anwesend ist und nicht beseitigt werden kann, erlebt der Mensch *Apathie.* Wenn der Mensch sich selbst bedroht glaubt oder seine Familie, seine Kinder oder seine Gruppe von einem überlebensfeindlichen Objekt in solchem Maße bedroht sieht, dass er es nicht ohne weiteres abwehren kann, erlebt er *Gram* (da Gram etwas Hoffnung auf Sieg enthält, dadurch, dass man das Mitleid seiner Verbündeten gewinnt). Wenn sich eine überlebensfeindliche Entität zu nähern droht, wird *Furcht* empfunden, vorausgesetzt man hat das Gefühl, dass direkter Angriff nicht möglich ist. Wenn das überlebensfeindliche Objekt nahe ist, der Mensch, seine Familie, seine Kinder oder seine Gruppe aber das Gefühl haben, dass es bezwungen werden kann, resultiert daraus *Wut,* auch wenn das Objekt einem schon dicht auf den Leib gerückt ist. Wenn eine überlebensfeindliche Entität sich möglicherweise nähern könnte, zeigt man *Antagonismus.* Oberhalb dieses Niveaus können überlebensfeindliche Objekte entweder weiter und weiter entfernt sein oder aber leicht gehandhabt werden, was so weit gehen kann, dass der Mensch über sie sogar in fröhlicher Stimmung sein kann, wobei sie entweder gerade nicht da sind oder aber mit Leichtigkeit gehandhabt werden können.

Menschen verfallen in einen fixierten emotionellen Zustand hinsichtlich ihrer Umgebung, wenn überlebensfeindliche Objekte allzu statisch in ihrer Umgebung bleiben oder überlebensfördernde Objekte zu schwer zu bekommen sind, nicht beschafft oder herangebracht werden können oder wenn es scheint, dass sie zum Verschwinden neigen. Mit diesen emotionalen Zuständen wird jene Verwirrung vermischt, die durch die Trübung der Fähigkeit verursacht wird, zwischen überlebensfördernden und überlebensfeindlichen Entitäten zu unterscheiden.

Ein Elternteil ist überlebensfeindlich, weil er straft, weil er viel zu groß ist und ein Kind nicht zu seinem Wohl beitragen kann, was wiederum sein Überlebenspotenzial verringert. Auf der anderen Seite ist derselbe Elternteil aber auch eine überlebensfördernde Entität, da er Nahrung, Kleidung und Obdach gewährt und nicht zuletzt auch eine Entität ist, die lieben und geliebt werden kann. Wenn der Elternteil vollständig abwesend ist, ist dies also kein zufriedenstellender Überlebenszustand. Wenn der Elternteil da ist, ist dies kein zufriedenstellender Überlebenszustand.

Hieraus resultiert Unschlüssigkeit, und der Einzelne äußert dem Elternteil gegenüber Besorgtheit. Diese Besorgtheit aber beruht auf vielen verborgenen Situationen, die bis zurück zum Anfang des Lebens eines Menschen reichen.

Die folgenden Fragen sind so abgefasst, dass sie dem Individuum die Möglichkeit geben, die überlebensfördernde und überlebensfeindliche Natur von Personen, Tieren, Objekten, Energien, Raum und Zeit ganz allgemein neu einzuschätzen.

Kannst du dir eine Zeit zurückrufen, als:

1. **Eine Person, die du nicht mochtest, in der Nähe war.**

2. **Eine Person, die du mochtest, über dir stand.**

3. **Du eine Person, die du mochtest, schließlich akzeptiert hast.**

4. **Es dich gefreut hat, eine Person, die du mochtest, zu begleiten.**

5. **Du gegen eine Person warst, die du mochtest.**

6. **Du jemanden gewonnen hast, den du mochtest.**

7. **Du und eine Person, die du mochtest, mit einer angenehmen Tätigkeit beschäftigt waren.**

8. **Das Resultat deiner Tätigkeit war, dass du jemanden losgeworden bist, den du nicht mochtest.**

9. **Du dich gefreut hast, jemanden zu sehen, den du bewundert hast.**

10. **Du dich einer Person genähert hast, die du mochtest.**

11. **Du einen Gegenstand erworben hast, der dir ungeheuer gefallen hat.**

☐ *Sehen*
☐ *Riechen*
☐ *Berühren*
☐ *Farbe*
☐ *Klang*
☐ *Bewegung um einen herum*
☐ *Emotion*
☐ *Lautstärke*
☐ *Körperstellung*
☐ *Geräusch*
☐ *Gewicht*
☐ *Eigene Bewegung*

Kannst du dir eine Zeit zurückrufen, als:

12. Du gewusst hast, dass jemand Zuneigung für dich empfindet.

13. Du von einer Person weggekommen bist, vor der du dich gefürchtet hast.

14. Du hinter jemandem gegangen bist, den du mochtest.

- ☐ *Sehen*
- ☐ *Riechen*
- ☐ *Berühren*
- ☐ *Farbe*
- ☐ *Klang*
- ☐ *Bewegung um einen herum*
- ☐ *Emotion*
- ☐ *Lautstärke*
- ☐ *Körperstellung*
- ☐ *Geräusch*
- ☐ *Gewicht*
- ☐ *Eigene Bewegung*

15. Dir jemand, den du mochtest, geholfen hat.

16. Du mit Leuten, die du mochtest, zusammen warst.

17. Du beinahe jemandem begegnet wärst, den du nicht mochtest.

18. Du froh warst, allein zu sein.

19. Jemand deinen Ehrgeiz unterstützt hat.

20. Du unter Leuten warst, die du mochtest.

21. Du jemanden liebenswürdig gefunden hast.

22. Eine Person dich amüsiert hat.

23. Du schließlich nicht besorgt sein musstest.

Kannst du dir eine Zeit zurückrufen, als:

24. Eine Person, die du mochtest, plötzlich erschienen ist.

25. Du einen guten Appetit hattest.

26. Du dich jemandem genähert hast, vor dem du Achtung hattest.

27. Jemand dich anerkannte.

28. Eine Person auftauchte, die du mochtest.

29. Du von jemandes Schönheit gefesselt warst.

30. Eine Ankunft dir Freude bereitete.

31. Du festgestellt hast, dass du dich nicht schämen musstest.

32. Jemand, den du mochtest, geschlafen hat.

33. Du einen Widersacher mit Erfolg angegriffen hast.

34. Ein Mensch, vor dem du Achtung hattest, dir zur Seite stand.

35. Du dich gefreut hast, einen Gefährten zu haben.

36. Dir jemand, den du mochtest, das Gefühl von Zuversicht vermittelt hat.

- ☐ *Sehen*
- ☐ *Riechen*
- ☐ *Berühren*
- ☐ *Farbe*
- ☐ *Klang*
- ☐ *Bewegung um einen herum*
- ☐ *Emotion*
- ☐ *Lautstärke*
- ☐ *Körperstellung*
- ☐ *Geräusch*
- ☐ *Gewicht*
- ☐ *Eigene Bewegung*

Kannst du dir eine Zeit zurückrufen, als:

37. Du erstaunt warst, festzustellen, dass jemand dich im Grunde respektierte.

38. Du jemanden angegriffen hast, den du nicht mochtest.

39. Du an einem Freund gehangen hast.

40. Jemand, den du mochtest, dir Aufmerksamkeit schenkte.

41. Du für jemanden attraktiv warst.

42. Du von jemandem geweckt wurdest, den du lieb hattest.

43. Du froh warst festzustellen, dass jemand böse war.

44. Du mit einem Ball gespielt hast.

45. Du dir mit Kindern im Spiel eine Schlacht geliefert hast.

46. Jemand dich für schön hielt.

47. Du entdeckt hast, dass du jemanden lieb gewonnen hattest.

48. Jemand, den du nicht mochtest, dich um etwas gebeten hat.

- ☐ *Sehen*
- ☐ *Riechen*
- ☐ *Berühren*
- ☐ *Farbe*
- ☐ *Klang*
- ☐ *Bewegung um einen herum*
- ☐ *Emotion*
- ☐ *Lautstärke*
- ☐ *Körperstellung*
- ☐ *Geräusch*
- ☐ *Gewicht*
- ☐ *Eigene Bewegung*

Kannst du dir eine Zeit zurückrufen, als:

49. Du eine Freundschaft begonnen hast.

50. Du entdeckt hast, dass du dich nicht benehmen musstest.

51. Eine Person, die du nicht mochtest, hinter dir war.

52. Du unter jemandem warst, den du mochtest.

53. Jemand, den du lieb hattest, dich übertroffen hat.

54. Du neben deinem besten Freund warst.

55. Du entdeckt hast, dass du mehr gemocht wurdest, als du gedacht hattest.

56. Du zwischen zwei Freunden warst.

57. Du jemanden, den du nicht mochtest, gebissen hast.

58. Du dich entschieden hast, absolut halsstarrig zu sein.

59. Du jemanden mochtest, der schwarz war.

60. Jemand dich ersuchte, hart zuzuschlagen.

- ☐ *Sehen*
- ☐ *Riechen*
- ☐ *Berühren*
- ☐ *Farbe*
- ☐ *Klang*
- ☐ *Bewegung um einen herum*
- ☐ *Emotion*
- ☐ *Lautstärke*
- ☐ *Körperstellung*
- ☐ *Geräusch*
- ☐ *Gewicht*
- ☐ *Eigene Bewegung*

Kannst du dir eine Zeit zurückrufen, als:

61. Jemandes Frage dich freudig erröten ließ.

62. Jemand dich dazu brachte, dich kühn zu fühlen.

63. Es dich freute, dass jemand geboren war.

64. Niemand dich aus der Ruhe bringen konnte.

- ☐ *Sehen*
- ☐ *Riechen*
- ☐ *Berühren*
- ☐ *Farbe*
- ☐ *Klang*
- ☐ *Bewegung um einen herum*
- ☐ *Emotion*
- ☐ *Lautstärke*
- ☐ *Körperstellung*
- ☐ *Geräusch*
- ☐ *Gewicht*
- ☐ *Eigene Bewegung*

65. Du den Tiefpunkt erreicht und überwunden hattest.

66. Du vor einem Freund wirklich den Hut abnehmen musstest.

67. Du in einem Abteil mit einer angenehmen Person warst.

68. Du ein freundschaftliches Mahl mit jemandem eingenommen hast, den du mochtest.

69. Du mit jemandem, den du mochtest, gefrühstückt hast.

70. Du jemanden so sehr mochtest, dass du kaum atmen konntest.

71. Du jemandem ein Geschenk gebracht hast.

Kannst du dir eine Zeit zurückrufen, als:

72. Du jemanden gestreift hast, den du mochtest.

73. Jemand dir etwas bauen geholfen hat.

74. Jemand eine Verbrennung geküsst hat.

75. Du so glücklich warst, dass du gemeint hast, es zerreißt dich.

76. Du etwas vergraben hast, das du nicht wolltest.

77. Du zu beschäftigt warst, um einen Widersacher zu sehen.

78. Du neben jemandem gestanden hast.

79. Du etwas, das du nicht mochtest, in einem Käfig gesehen hast.

80. Du den Anruf eines Freundes beantwortet hast.

81. Du einen Stock zerbrochen hast.

82. Du einen Feind gefangen genommen hast.

83. Du nicht länger behutsam sein musstest.

- ☐ *Sehen*
- ☐ *Riechen*
- ☐ *Berühren*
- ☐ *Farbe*
- ☐ *Klang*
- ☐ *Bewegung um einen herum*
- ☐ *Emotion*
- ☐ *Lautstärke*
- ☐ *Körper-stellung*
- ☐ *Geräusch*
- ☐ *Gewicht*
- ☐ *Eigene Bewegung*

Kannst du dir eine Zeit zurückrufen, als:

84. Du entdeckt hast, dass sich jemand um dich kümmerte.

85. Es dir Spaß machte, unachtsam zu sein.

86. Eine Katze, die du nicht mochtest, von dir wegging.

87. Du entdeckt hast, dass du nicht die Ursache warst.

- ☐ *Sehen*
- ☐ *Riechen*
- ☐ *Berühren*
- ☐ *Farbe*
- ☐ *Klang*
- ☐ *Bewegung um einen herum*
- ☐ *Emotion*
- ☐ *Lautstärke*
- ☐ *Körperstellung*
- ☐ *Geräusch*
- ☐ *Gewicht*
- ☐ *Eigene Bewegung*

88. Die anderen dich nicht fangen konnten und dir das klar wurde.

89. Du dir eines Freundes sicher warst.

90. Du entdeckt hast, dass du Charme hattest.

91. Du dich über ein Kind gefreut hast.

92. Du eine Kirche als angenehm empfunden hast.

93. Du entdeckt hast, dass es in der Stadt Freunde gab.

94. Du und andere das Klassenzimmer verlassen haben.

95. Jemand dich für clever hielt.

96. Du einen Widersacher plump gefunden hast.

Kannst du dir eine Zeit zurückrufen, als:

97. Du dich nicht so kleiden musstest, wie es angeordnet worden war.

98. Du einen Kragen weggeworfen hast.

99. Du dich nicht zu kämmen brauchtest.

100. Du dich in Gegenwart einer Person gut gefühlt hast.

101. Du einen Widersacher kommen sahst und ihm nicht begegnet bist.

102. Du kommen konntest, wie es dir gefiel.

103. Ein Widersacher deinem Befehl gehorchen musste.

104. Du festgestellt hast, dass du das Kommando hattest.

105. Du gehört hast, dass ein Widersacher in Verwahrung genommen wurde.

106. Du in guter Gesellschaft warst.

107. Du mit einem Widersacher Mitleid hattest.

108. Man entdeckte, dass du ein guter Gefährte warst.

- ☐ *Sehen*
- ☐ *Riechen*
- ☐ *Berühren*
- ☐ *Farbe*
- ☐ *Klang*
- ☐ *Bewegung um einen herum*
- ☐ *Emotion*
- ☐ *Lautstärke*
- ☐ *Körperstellung*
- ☐ *Geräusch*
- ☐ *Gewicht*
- ☐ *Eigene Bewegung*

Kannst du dir eine Zeit zurückrufen, als:

109. Du dich vollkommen gefühlt hast.

110. Du dich vor einem Widersacher verborgen hast.

111. Du einen Widersacher verurteilt hast.

112. Leute Vertrauen zu dir hatten.

- ☐ *Sehen*
- ☐ *Riechen*
- ☐ *Berühren*
- ☐ *Farbe*
- ☐ *Klang*
- ☐ *Bewegung um einen herum*
- ☐ *Emotion*
- ☐ *Lautstärke*
- ☐ *Körperstellung*
- ☐ *Geräusch*
- ☐ *Gewicht*
- ☐ *Eigene Bewegung*

113. Du einen Widersacher verwirrt hast.

114. Du einen Widersacher körperlich überwältigt hast.

115. Jemand einwilligte.

116. Du dich nicht zurückhalten konntest.

117. Du gesehen hast, wie ein Widersacher zusammenschrumpfte.

118. Du dich genau als das Gegenteil erwiesen hast.

119. Es schwer war, deine Freunde zu zählen.

120. Die Leute erkannten, dass du Mut hattest.

121. Dein Werben erfolgreich war.

Kannst du dir eine Zeit zurückrufen, als:

122. Du einen Widersacher beschattet hast.

123. Du einen Widersacher zum Kriechen gebracht hast.

124. Du eine Gruppe geschaffen hast.

125. Du jemandem über seinen Missmut hinweggeholfen hast.

126. Du froh warst, in einer Menge zu sein.

127. Du einen Widersacher zum Weinen gebracht hast.

128. Du einen Freund gesund gemacht hast.

129. Ein Widersacher sich geschnitten hat.

130. Du einen Widersacher im Dunkeln verloren hast.

131. Du entdeckt hast, dass etwas, das du nicht mochtest, tot war.

132. Du dich einem Widersacher gegenüber taub gestellt hast.

133. Du jemandem verziehen hast, dass er dich getäuscht hatte.

- ☐ *Sehen*
- ☐ *Riechen*
- ☐ *Berühren*
- ☐ *Farbe*
- ☐ *Klang*
- ☐ *Bewegung um einen herum*
- ☐ *Emotion*
- ☐ *Lautstärke*
- ☐ *Körperstellung*
- ☐ *Geräusch*
- ☐ *Gewicht*
- ☐ *Eigene Bewegung*

Kannst du dir eine Zeit zurückrufen, als:

134. Du jemanden, den du nicht mochtest, vollkommen mutlos gemacht hast.

135. Du eine Katastrophe aufgehalten hast.

136. Jemand von dir entzückt war.

137. Du einen Gefallen nicht abschlagen konntest.

138. Du nicht leugnen konntest, was du wolltest.

139. Du über einen Fehler bei einem Freund hinweggesehen hast.

140. Man sich auf dich verlassen hat.

141. Ein Widersacher bekam, was er verdiente.

142. Dein Begehren erwidert wurde.

143. Du von einem Widersacher weggegangen bist.

144. Ein Widersacher von dir weggegangen ist.

145. Du einen Widersacher zur Verzweiflung gebracht hast.

146. Du und ein anderer erfolgreich einen Bestimmungsort erreichten.

- ☐ *Sehen*
- ☐ *Riechen*
- ☐ *Berühren*
- ☐ *Farbe*
- ☐ *Klang*
- ☐ *Bewegung um einen herum*
- ☐ *Emotion*
- ☐ *Lautstärke*
- ☐ *Körperstellung*
- ☐ *Geräusch*
- ☐ *Gewicht*
- ☐ *Eigene Bewegung*

Kannst du dir eine Zeit zurückrufen, als:

147. Deine Gruppe einen Widersacher vernichtet hat.

148. Deine Entschlossenheit siegte.

149. Du den Unterschied erkennen konntest.

150. Du einen Widersacher kleiner gemacht hast.

151. Du eine Gruppe zerstreut hast, die du nicht mochtest.

152. Du festgestellt hast, dass du Recht hattest, jemandem zu misstrauen.

153. Du dich hineingestürzt hast.

154. Es viel zu teilen gab.

155. Du über jemanden keine Zweifel hattest.

156. Du jemanden gefahren hast.

157. Du mit einem freundlichen Menschen gegessen hast.

158. Deine Anstrengung belohnt wurde.

159. Du von Freunden umgeben warst.

- ☐ *Sehen*
- ☐ *Riechen*
- ☐ *Berühren*
- ☐ *Farbe*
- ☐ *Klang*
- ☐ *Bewegung um einen herum*
- ☐ *Emotion*
- ☐ *Lautstärke*
- ☐ *Körperstellung*
- ☐ *Geräusch*
- ☐ *Gewicht*
- ☐ *Eigene Bewegung*

Kannst du dir eine Zeit zurückrufen, als:

160. Du jemanden mit Erfolg ermutigt hast.

161. Du etwas ein Ende gesetzt hast, das du nicht mochtest.

162. Es dich freute, jemanden weggehen zu sehen.

163. Du gewusst hast, dass du die Nase voll hattest, und etwas unternommen hast.

- ☐ *Sehen*
- ☐ *Riechen*
- ☐ *Berühren*
- ☐ *Farbe*
- ☐ *Klang*
- ☐ *Bewegung um einen herum*
- ☐ *Emotion*
- ☐ *Lautstärke*
- ☐ *Körperstellung*
- ☐ *Geräusch*
- ☐ *Gewicht*
- ☐ *Eigene Bewegung*

164. Jemand von dir bezaubert war.

165. Du dich mit jedem messen konntest.

166. Du einem Widersacher entkommen bist.

167. Du dich an jemandem, den du nicht mochtest, gerächt hast.

168. Du jemandem zum Trotz eine Prüfung bestanden hast.

169. Du wegen einer Ankunft aufgeregt warst.

170. Jemand, den du nicht mochtest, dir entkommen ist.

Kannst du dir eine Zeit zurückrufen, als:

171. Jemand, den du nicht mochtest, weit wegging.

172. Du entdeckt hast, dass jemand treu gewesen war.

173. Du entdeckt hast, dass du keine Angst mehr zu haben brauchtest.

174. Du jemandem zu essen gegeben hast.

175. Du entdeckt hast, dass du wenig Widersacher hattest.

176. Du jemanden gefunden hast, nach dem du gesucht hattest.

177. Du dich entschieden hast, bis zum Ende dranzubleiben.

178. Dein schlimmster Widersacher von dir wegging.

179. Du beobachtet hast, wie eine verabscheute Person geflohen ist.

180. Du jemandem verboten hast, dir näher zu kommen, und er gehorchte.

181. Du jemandem gegenüber mit Erfolg Gewalt angewendet hast.

182. Du erkannt hast, dass du frei warst.

- ☐ *Sehen*
- ☐ *Riechen*
- ☐ *Berühren*
- ☐ *Farbe*
- ☐ *Klang*
- ☐ *Bewegung um einen herum*
- ☐ *Emotion*
- ☐ *Lautstärke*
- ☐ *Körperstellung*
- ☐ *Geräusch*
- ☐ *Gewicht*
- ☐ *Eigene Bewegung*

Kannst du dir eine Zeit zurückrufen, als:

183. Du gewusst hast, dass du einen Freund hattest.

184. Du jemanden, den du nicht mochtest, in Furcht versetzt hast.

185. Du Freunde versammelt hast.

186. Du durch das Tor hinausgehen konntest.

- ☐ *Sehen*
- ☐ *Riechen*
- ☐ *Berühren*
- ☐ *Farbe*
- ☐ *Klang*
- ☐ *Bewegung um einen herum*
- ☐ *Emotion*
- ☐ *Lautstärke*
- ☐ *Körperstellung*
- ☐ *Geräusch*
- ☐ *Gewicht*
- ☐ *Eigene Bewegung*

187. Die Leute dich großzügig fanden.

188. Du nicht länger auf der Hut zu sein brauchtest.

189. Die Leute dich glücklich machten.

190. Du einer Person geschadet hast, die du nicht mochtest.

191. Jemand, den du mochtest, auf dich zueilte.

192. Du einen Freund geheilt hast.

193. Du einem Verbündeten geholfen hast.

194. Du einen Freund hattest.

195. Du einen Widersacher behindert hast.

Kannst du dir eine Zeit zurückrufen, als:

196. Jemand dich in die Höhe geschleudert hat.

197. Du einen Widersacher in die Klemme gebracht hast.

198. Du zugestimmt hast, dass es heiß war.

199. Du einen Widersacher gejagt hast.

200. Du auf eine Gruppe zugeeilt bist.

201. Du jemanden verletzt hast, den du brauchtest.

202. Du jemanden überredet hast, müßig zu sein.

203. Du eine Gruppe aufgeklärt hast.

204. Du entdeckt hast, dass du dir über jemanden etwas Falsches eingebildet hast.

205. Du und ein Freund das Unmögliche taten.

206. Jemand, nach dem du gejagt hattest, hereinkam.

207. Du bemerkt hast, dass ein Widersacher unwissend war.

208. Du jemanden, den du nicht mochtest, ungeduldig gemacht hast.

209. Man entdeckte, dass du interessant warst.

- ☐ *Sehen*
- ☐ *Riechen*
- ☐ *Berühren*
- ☐ *Farbe*
- ☐ *Klang*
- ☐ *Bewegung um einen herum*
- ☐ *Emotion*
- ☐ *Lautstärke*
- ☐ *Körperstellung*
- ☐ *Geräusch*
- ☐ *Gewicht*
- ☐ *Eigene Bewegung*

Kannst du dir eine Zeit zurückrufen, als:

210. Deine Erfindung geschätzt wurde.

211. Du eine angenehme Reise unternommen hast.

212. Du jemanden froh gemacht hast.

213. Du gesprungen bist.

- ☐ *Sehen*
- ☐ *Riechen*
- ☐ *Berühren*
- ☐ *Farbe*
- ☐ *Klang*
- ☐ *Bewegung um einen herum*
- ☐ *Emotion*
- ☐ *Lautstärke*
- ☐ *Körperstellung*
- ☐ *Geräusch*
- ☐ *Gewicht*
- ☐ *Eigene Bewegung*

214. Du jemanden davon abgehalten hast, etwas Schlechtes zu tun.

215. Du gesehen hast, wie ein Widersacher hinausgeschmissen wurde.

216. Du ein Verlangen, zu töten, bezwungen hast.

217. Jemand fand, dass du nett seiest.

218. Du das erste Mal geküsst wurdest.

219. Du Glück im Unglück hattest.

220. Du zu spät gekommen bist und es nichts ausmachte.

221. Du Leute zum Lachen brachtest.

222. Du und eine Person, die du mochtest, faul waren.

Kannst du dir eine Zeit zurückrufen, als:

223. Du einen Widersacher verlassen hast.

224. Es einen weniger gab.

225. Du einen Widersacher bei einer Lüge ertappt hast.

226. Du und deine Gruppe sich des Lebens freuten.

227. Du froh warst, dass es hell war.

228. Du glücklich warst zuzuhören.

229. Du jemanden besiegt hast, der größer war als du.

230. Du jemanden dazu gebracht hast, dass er sich freute zu leben.

231. Du erkannt hast, dass es die Liebe wirklich gibt.

232. Du irrsinniges Glück hattest.

233. Du für jemanden eine Maschine in Ordnung gebracht hast.

234. Du angenehme Post erhalten hast.

235. Du einen anständigen Menschen gekannt hast.

- ☐ *Sehen*
- ☐ *Riechen*
- ☐ *Berühren*
- ☐ *Farbe*
- ☐ *Klang*
- ☐ *Bewegung um einen herum*
- ☐ *Emotion*
- ☐ *Lautstärke*
- ☐ *Körperstellung*
- ☐ *Geräusch*
- ☐ *Gewicht*
- ☐ *Eigene Bewegung*

Kannst du dir eine Zeit zurückrufen, als:

236. Jemand deine Art nachmachte.

237. Du einen Widersacher unter deiner Kontrolle hattest.

238. Du dich entschieden hast, nicht zu heiraten.

239. Du festgestellt hast, dass du der Herr warst.

- ☐ *Sehen*
- ☐ *Riechen*
- ☐ *Berühren*
- ☐ *Farbe*
- ☐ *Klang*
- ☐ *Bewegung um einen herum*
- ☐ *Emotion*
- ☐ *Lautstärke*
- ☐ *Körperstellung*
- ☐ *Geräusch*
- ☐ *Gewicht*
- ☐ *Eigene Bewegung*

240. Du entdeckt hast, dass du nicht gemein warst.

241. Du ein glückliches Treffen hattest.

242. Du mitten unter Freunden warst.

243. Eine Person, die du nicht mochtest, vor dir auf der Hut war.

244. Ein Freund dich für Musik interessierte.

245. Die Leute dich für geheimnisvoll hielten.

246. Du entdeckt hast, dass niemand eine Abneigung gegen dich hatte.

247. Du so viel Lärm machen konntest, wie du wolltest.

248. Du nicht zu gehorchen brauchtest.

249. Du dir jemanden zu Dank verpflichtet hast.

Kannst du dir eine Zeit zurückrufen, als:

250. Du schließlich entdeckt hast, dass du nicht beobachtet worden warst.

251. Du ein festliches Ereignis daraus gemacht hast.

252. Du jemanden beleidigt hast, den du nicht mochtest.

253. Du auf jemandem gesessen hast.

254. Du einem Widersacher etwas unmöglich gemacht hast.

255. Du einem Befehl nicht gehorcht und festgestellt hast, dass es ganz in Ordnung war.

256. Du ein Spiel organisiert hast.

257. Du erfreut warst teilzunehmen.

258. Du über einen Partner glücklich warst.

259. Du Partei für jemanden ergriffen hast.

260. Jemand Leidenschaft für dich empfunden hat.

261. Du mit einer törichten Person Geduld hattest.

262. Du Frieden gebracht hast.

- ☐ *Sehen*
- ☐ *Riechen*
- ☐ *Berühren*
- ☐ *Farbe*
- ☐ *Klang*
- ☐ *Bewegung um einen herum*
- ☐ *Emotion*
- ☐ *Lautstärke*
- ☐ *Körperstellung*
- ☐ *Geräusch*
- ☐ *Gewicht*
- ☐ *Eigene Bewegung*

Kannst du dir eine Zeit zurückrufen, als:

263. Du für einen Widersacher Mitleid gefühlt hast.

264. Du unhöflich warst und es deinem Zweck diente.

265. Du festgestellt hast, dass du nicht arm warst.

- ☐ *Sehen*
- ☐ *Riechen*
- ☐ *Berühren*
- ☐ *Farbe*
- ☐ *Klang*
- ☐ *Bewegung um einen herum*
- ☐ *Emotion*
- ☐ *Lautstärke*
- ☐ *Körperstellung*
- ☐ *Geräusch*
- ☐ *Gewicht*
- ☐ *Eigene Bewegung*

266. Du neben einem Freund Stellung bezogen hast.

267. Du dich unter Freunden kraftvoll gefühlt hast.

268. Du festgestellt hast, dass jemand für dich wertvoll war.

269. Du mit einer Person das, was du vorzogst, getan hast.

270. Du jemandem, den du mochtest, ein Geschenk gemacht hast.

271. Du jemanden davon abgehalten hast, etwas Dummes zu tun.

272. Jemand dachte, dass du hübsch seiest.

273. Du festgestellt hast, dass du nicht sehen wolltest, wie jemand ins Gefängnis geht.

Kannst du dir eine Zeit zurückrufen, als:

274. Du Recht hattest, deinen Prinzipien treu zu bleiben.

275. Du an einer Prozession teilgenommen hast.

276. Die anderen entdeckten, dass du etwas leisten konntest.

277. Du und ein Freund Fortschritte gemacht haben.

278. Jemand ein Versprechen hielt.

279. Kein Beweis nötig war.

280. Jemand stolz auf dich war.

281. Du deinem Vorsatz treu geblieben bist.

282. Man entdeckte, dass du gute Qualitäten hattest.

283. Du einen Streit beendet hast.

284. Du festgestellt hast, dass du schnell handeln konntest.

285. Es unnötig war, still zu sein.

286. Du ein Kind hochgehoben hast.

- ☐ *Sehen*
- ☐ *Riechen*
- ☐ *Berühren*
- ☐ *Farbe*
- ☐ *Klang*
- ☐ *Bewegung um einen herum*
- ☐ *Emotion*
- ☐ *Lautstärke*
- ☐ *Körperstellung*
- ☐ *Geräusch*
- ☐ *Gewicht*
- ☐ *Eigene Bewegung*

Kannst du dir eine Zeit zurückrufen, als:

287. Du entdeckt hast, dass Feindseligkeit selten war.

288. Jemand dir vorgelesen hat.

289. Es Gefahr gab und du bereit warst.

290. Jemand unerwartet wieder auftauchte.

- ☐ *Sehen*
- ☐ *Riechen*
- ☐ *Berühren*
- ☐ *Farbe*
- ☐ *Klang*
- ☐ *Bewegung um einen herum*
- ☐ *Emotion*
- ☐ *Lautstärke*
- ☐ *Körperstellung*
- ☐ *Geräusch*
- ☐ *Gewicht*
- ☐ *Eigene Bewegung*

291. Du jemanden empfangen hast, den du mochtest.

292. Du einen Freund erkannt hast.

293. Jemand bei dir Zuflucht suchte.

294. Du entdeckt hast, dass dein Bedauern fruchtlos war.

295. Die Leute sich mit dir freuten.

296. Ein Freund sich dir wieder angeschlossen hat.

297. Jemand sich entschieden hat, zu bleiben.

298. Du als bemerkenswert betrachtet wurdest.

299. Du etwas wiederholt hast und es dir nicht leid getan hat.

Kannst du dir eine Zeit zurückrufen, als:

300. Die Leute fanden, dass du falsch dargestellt worden warst.

301. Jemand sagte, dass du jemandem ähneltest.

302. Du festgestellt hast, dass du jemanden nicht zu respektieren brauchtest.

303. Du eine Freundschaft erneuert hast.

304. Du das Wohlwollen anderer behalten hast.

305. Du Betrug aufgedeckt hast.

306. Ein Freund dich gestreift hat.

307. Du versucht hast, jemanden, den du nicht mochtest, vor dem Untergang zu bewahren.

308. Du eine unfreundliche Person zum Rennen brachtest.

309. Du jemanden von seiner Traurigkeit geheilt hast.

310. Du Sicherheit entdeckt hast.

311. Du gewusst hast, dass du Teil einer hübschen Szene warst.

- ☐ *Sehen*
- ☐ *Riechen*
- ☐ *Berühren*
- ☐ *Farbe*
- ☐ *Klang*
- ☐ *Bewegung um einen herum*
- ☐ *Emotion*
- ☐ *Lautstärke*
- ☐ *Körperstellung*
- ☐ *Geräusch*
- ☐ *Gewicht*
- ☐ *Eigene Bewegung*

Kannst du dir eine Zeit zurückrufen, als:

312. Du mit der Behauptung, jemand sei ein Schuft, Recht hattest.

313. Du eine unfreundliche Person zum Schreien gebracht hast.

314. Du glücklich warst, festzustellen, dass jemand nicht das war, was er schien.

- ☐ *Sehen*
- ☐ *Riechen*
- ☐ *Berühren*
- ☐ *Farbe*
- ☐ *Klang*
- ☐ *Bewegung um einen herum*
- ☐ *Emotion*
- ☐ *Lautstärke*
- ☐ *Körperstellung*
- ☐ *Geräusch*
- ☐ *Gewicht*
- ☐ *Eigene Bewegung*

315. Du festgestellt hast, dass du schließlich doch nicht immer an dich selbst gedacht hast.

316. Du jemanden weggeschickt hast.

317. Du bemerkt hast, dass eine Person nicht so streng war, wie du gedacht hattest.

318. Du jemanden zum Zittern gebracht hast.

319. Du Freudenschreie ausgestoßen hast.

320. Es dich freute, etwas einzuschließen.

321. Du einen Freund an deiner Seite hattest.

322. Dich der Anblick einer Person, die wegging, freute.

Kannst du dir eine Zeit zurückrufen, als:

323. Du Ruhe erzwungen hast.

324. Du erkannt hast, dass deine Größe keine Rolle spielt.

325. Jemand fand, dass du geschickt seiest.

326. Du froh warst, dass du langsam gewesen warst.

327. Es dir gelang, ein Puzzle zusammenzusetzen.

328. Du froh warst, dass etwas glitschig war.

329. Du froh warst, dass du zu früh gekommen bist.

330. Jemand auf dich sauer war und damit nichts erreicht hat.

331. Du jemanden an einen Pfahl gebunden hast.

332. Es dir Freude machte, jemandem einen plötzlichen Schrecken einzujagen.

333. Du festgestellt hast, dass du nicht hungern musstest.

334. Du nicht bleiben wolltest und es auch nicht getan hast.

335. Jemand an dir festhielt.

- ☐ *Sehen*
- ☐ *Riechen*
- ☐ *Berühren*
- ☐ *Farbe*
- ☐ *Klang*
- ☐ *Bewegung um einen herum*
- ☐ *Emotion*
- ☐ *Lautstärke*
- ☐ *Körperstellung*
- ☐ *Geräusch*
- ☐ *Gewicht*
- ☐ *Eigene Bewegung*

Kannst du dir eine Zeit zurückrufen, als:

336. Jemand noch immer dein Freund war.

337. Jemand dich aufgerüttelt hat.

338. Du angehalten hast, um mit jemandem zu sprechen.

339. Du eine unfreundliche Person angehalten hast.

- ☐ *Sehen*
- ☐ *Riechen*
- ☐ *Berühren*
- ☐ *Farbe*
- ☐ *Klang*
- ☐ *Bewegung um einen herum*
- ☐ *Emotion*
- ☐ *Lautstärke*
- ☐ *Körperstellung*
- ☐ *Geräusch*
- ☐ *Gewicht*
- ☐ *Eigene Bewegung*

340. Jemand, den du mochtest, in einem Laden nett zu dir war.

341. Jemand dich dazu brachte, dich weniger stark zu fühlen.

342. Du eine unfreundliche Person mittellos gemacht hast.

343. Jemand dich gestreichelt hat.

344. Jemand entdeckt hat, wie stark du warst.

345. Du einen Kampf gewonnen hast.

346. Du eine unfreundliche Person bezwungen hast.

347. Du festgestellt hast, dass du etwas beherrschst.

348. Du eine unfreundliche Person zum Aufgeben gebracht hast.

349. Du trotz der Leute Erfolg hattest.

Kannst du dir eine Zeit zurückrufen, als:

350. Du eine Person mit Recht zum Leiden gebracht hast.

351. Du jemand anderem einen Anzug gegeben hast.

352. Du dich in der Gegenwart von jemandem sicher gefühlt hast.

353. Du jemanden gut gehandhabt hast.

354. Du eine unfreundliche Person ergriffen hast.

355. Deine Suche belohnt wurde.

356. Jemand dich wegzuschicken versuchte und du nicht gegangen bist.

357. Du festgestellt hast, dass du jemanden zu ernst genommen hattest.

358. Du beobachtet hast, wie eine unfreundliche Person sich schnell bewegte.

359. Du entdeckt hast, dass Scham unnötig war.

360. Jemand entdeckt hat, dass die anderen dich falsch verdächtigt hatten.

- ☐ *Sehen*
- ☐ *Riechen*
- ☐ *Berühren*
- ☐ *Farbe*
- ☐ *Klang*
- ☐ *Bewegung um einen herum*
- ☐ *Emotion*
- ☐ *Lautstärke*
- ☐ *Körperstellung*
- ☐ *Geräusch*
- ☐ *Gewicht*
- ☐ *Eigene Bewegung*

Kannst du dir eine Zeit zurückrufen, als:

361. Du etwas sagen solltest und es getan hast.

362. Deine Besorgnis umsonst war.

363. Du eine unfreundliche Person festgenommen hast.

364. Du froh warst, dass jemand groß war.

- ☐ *Sehen*
- ☐ *Riechen*
- ☐ *Berühren*
- ☐ *Farbe*
- ☐ *Klang*
- ☐ *Bewegung um einen herum*
- ☐ *Emotion*
- ☐ *Lautstärke*
- ☐ *Körperstellung*
- ☐ *Geräusch*
- ☐ *Gewicht*
- ☐ *Eigene Bewegung*

365. Deinen Tränen Erleichterung folgte.

366. Du eine unfreundliche Person in Schrecken versetzt hast.

367. Man zugeben musste, dass du es doch nicht gestohlen hattest.

368. Jemand deine Eigentumsrechte respektieren musste.

369. Du eine unfreundliche Person auf die Probe gestellt hast.

370. Du mit einer unfreundlichen Person zusammengekommen bist und den Sieg davongetragen hast.

371. Du mit vielen Leuten umgegangen bist.

372. Du froh warst, dass es wahr war.

Kannst du dir eine Zeit zurückrufen, als:

373. Du bemerkt hast, dass es in Ordnung war, unter jemandem zu sein.

374. Du entdeckt hast, dass du kein unglücklicher Mensch warst.

375. Du den Unterschied zwischen „malen" und „mahlen" entdeckt hast.

376. Du ein Kind hoch emporgehoben hast.

377. Du dich gefreut hast, mit jemandem treppauf zu gehen.

378. Man fand, dass du nützlich warst.

379. Etwas sich als gewöhnlich herausstellte, von dem du dachtest, es sei selten.

380. Du entdeckt hast, dass es ganz in Ordnung war, eitel zu sein.

381. Die anderen entdeckt hatten, wie wertvoll du warst.

382. Du festgestellt hast, dass etwas kein Laster war.

383. Du deine Lebenskraft wiedergewonnen hast.

- ☐ *Sehen*
- ☐ *Riechen*
- ☐ *Berühren*
- ☐ *Farbe*
- ☐ *Klang*
- ☐ *Bewegung um einen herum*
- ☐ *Emotion*
- ☐ *Lautstärke*
- ☐ *Körperstellung*
- ☐ *Geräusch*
- ☐ *Gewicht*
- ☐ *Eigene Bewegung*

Kannst du dir eine Zeit zurückrufen, als:

384. Du eine gewalttätige Person überwältigt hast.

385. Du festgestellt hast, dass du keine unsichtbaren Widersacher hattest.

386. Du einen Hund dazu brachtest, mit dem Schwanz zu wedeln.

- ☐ *Sehen*
- ☐ *Riechen*
- ☐ *Berühren*
- ☐ *Farbe*
- ☐ *Klang*
- ☐ *Bewegung um einen herum*
- ☐ *Emotion*
- ☐ *Lautstärke*
- ☐ *Körperstellung*
- ☐ *Geräusch*
- ☐ *Gewicht*
- ☐ *Eigene Bewegung*

387. Du das Geld, das du bekamst, wirklich verdient hattest.

388. Du einen Widersacher hast warten lassen.

389. Du mit jemandem gegangen bist, den du mochtest.

390. Du eine unfreundliche Person an die Wand gedrückt hast.

391. Du glücklich umhergewandert bist.

392. Jemand fand, dass du warmherzig warst.

393. Du festgestellt hast, dass es in Ordnung war, zuzuschauen.

394. Du entdeckt hast, dass du nicht schwach warst.

395. Du eine unfreundliche Person zum Weinen brachtest.

Kannst du dir eine Zeit zurückrufen, als:

396. Du dich nicht darum gekümmert hast, wohin er ging.

397. Du glücklich warst, jemanden zu beobachten, der wegging.

398. Du jemanden körperlich gezwungen hast zu kommen.

399. Du eine gute Meinung von einer Ehefrau hattest.

400. Du eine gute Meinung von einem Ehemann hattest.

401. Du entdeckt hast, dass es nicht falsch war.

402. Du etwas Falsches getan hast und es gut endete.

403. Du für etwas Geschriebenes ein Kompliment bekommen hast.

404. Du jemanden dazu gebracht hast, gellend zu schreien.

405. Angenehme Objekte gegen dich waren.

406. Du froh warst, dass ein Gegenstand in der Nähe war.

407. Überall um dich herum Gegenstände waren und du glücklich warst.

- ☐ *Sehen*
- ☐ *Riechen*
- ☐ *Berühren*
- ☐ *Farbe*
- ☐ *Klang*
- ☐ *Bewegung um einen herum*
- ☐ *Emotion*
- ☐ *Lautstärke*
- ☐ *Körperstellung*
- ☐ *Geräusch*
- ☐ *Gewicht*
- ☐ *Eigene Bewegung*

Kannst du dir eine Zeit zurückrufen, als:

408. Du froh warst, dass ein Gegenstand über dir war.

409. Jemand einen Gegenstand, den du geben wolltest, annahm.

410. Ein Gegenstand zusammen mit einem anderen kam.

- ☐ *Sehen*
- ☐ *Riechen*
- ☐ *Berühren*
- ☐ *Farbe*
- ☐ *Klang*
- ☐ *Bewegung um einen herum*
- ☐ *Emotion*
- ☐ *Lautstärke*
- ☐ *Körperstellung*
- ☐ *Geräusch*
- ☐ *Gewicht*
- ☐ *Eigene Bewegung*

411. Du einen Gegenstand, den du wolltest, erworben hast.

412. Du Gegenstände zum Funktionieren gebracht hast.

413. Jemand etwas bewunderte, das du hattest.

414. Ein Gegenstand dich vorwärtsbrachte.

415. Du festgestellt hast, dass ein Gegenstand dich schmückte.

416. Du eine Vorliebe für etwas entdeckt hast, wovon du nicht gewusst hattest, dass du es mochtest.

417. Du etwas weggeworfen hast, wovor du dich gefürchtet hast.

418. Du hinter einem Objekt hergerannt bist und es erwischt hast.

Kannst du dir eine Zeit zurückrufen, als:

419. Etwas dir geholfen hat.

420. Du froh warst, etwas ganz und gar loszuwerden.

421. Ein Gegenstand dich beinahe verletzt hat, dir aber nichts passiert ist.

422. Du für etwas einen Ehrgeiz entwickelt hast.

423. Du zwischen angenehmen Gegenständen warst.

424. Du bemerkt hast, dass ein Tier liebenswert war.

425. Du jemanden mit einem Gegenstand amüsiert hast.

426. Du über etwas besorgt warst und es losgeworden bist.

427. Ein gefährliches Objekt sich näherte und du es wegbekommen hast.

428. Jemand etwas billigte.

429. Du einen Gegenstand zum Stillstand gebracht hast.

430. Du froh warst, ein Rivale eines Gegenstandes zu sein.

- ☐ *Sehen*
- ☐ *Riechen*
- ☐ *Berühren*
- ☐ *Farbe*
- ☐ *Klang*
- ☐ *Bewegung um einen herum*
- ☐ *Emotion*
- ☐ *Lautstärke*
- ☐ *Körperstellung*
- ☐ *Geräusch*
- ☐ *Gewicht*
- ☐ *Eigene Bewegung*

Kannst du dir eine Zeit zurückrufen, als:

431. Du froh warst, dass ein Auto kam.

432. Du festgestellt hast, dass du dich nicht ohne Grund geschämt hattest.

433. Du ein Tier eingeschläfert hast.

434. Du etwas siegreich angegriffen hast.

435. Du jemanden mit etwas unterstützt hast.

436. Du aufgehört hast, mit etwas in Verbindung zu sein, das du nicht mochtest.

437. Ein Gegenstand dir Zuversicht gab.

438. Du die Leute mit etwas erstaunt hast.

439. Du etwas mit Erfolg angegriffen hast.

440. Du einen Gegenstand angezogen hast.

441. Du einen Ball hochgeworfen hast.

442. Du etwas schön gefunden hast.

- ☐ *Sehen*
- ☐ *Riechen*
- ☐ *Berühren*
- ☐ *Farbe*
- ☐ *Klang*
- ☐ *Bewegung um einen herum*
- ☐ *Emotion*
- ☐ *Lautstärke*
- ☐ *Körperstellung*
- ☐ *Geräusch*
- ☐ *Gewicht*
- ☐ *Eigene Bewegung*

Kannst du dir eine Zeit zurückrufen, als:

443. Jemand dich um etwas angefleht hat.

444. Du eine Maschine zum Funktionieren gebracht hast.

445. Du froh warst, hinter etwas zu sein.

446. Du glücklich warst, unter etwas zu sein.

447. Du an einen Gegenstand nicht geglaubt hast.

448. Du zwischen zwei Gegenständen warst.

449. Du etwas ausgeblasen hast.

450. Du den letzten Rest zusammengekratzt hast.

451. Du Brot erworben hast.

452. Du einen Gegenstand poliert hast.

453. Du etwas verbrannt hast, das du nicht wolltest.

454. Du etwas vergraben hast, das du nicht mochtest.

- ☐ *Sehen*
- ☐ *Riechen*
- ☐ *Berühren*
- ☐ *Farbe*
- ☐ *Klang*
- ☐ *Bewegung um einen herum*
- ☐ *Emotion*
- ☐ *Lautstärke*
- ☐ *Körperstellung*
- ☐ *Geräusch*
- ☐ *Gewicht*
- ☐ *Eigene Bewegung*

Kannst du dir eine Zeit zurückrufen, als:

455. Du etwas gefangen genommen hast.

456. Du mit einem Auto etwas Geschicktes gemacht hast.

457. Du herausgefunden hast, dass du mit einem Gegenstand nicht vorsichtig sein musstest.

- ☐ *Sehen*
- ☐ *Riechen*
- ☐ *Berühren*
- ☐ *Farbe*
- ☐ *Klang*
- ☐ *Bewegung um einen herum*
- ☐ *Emotion*
- ☐ *Lautstärke*
- ☐ *Körperstellung*
- ☐ *Geräusch*
- ☐ *Gewicht*
- ☐ *Eigene Bewegung*

458. Du mit Erfolg achtlos warst.

459. Du jemanden mit etwas entzückt hast.

460. Du dir über etwas sicher wurdest.

461. Du dich um einigen Besitz gekümmert hast, weil du es wolltest.

462. Du etwas rechtzeitig hast kommen sehen.

463. Du deine Herrschaft über einen Gegenstand ausgeübt hast.

464. Du etwas verhüllt hast.

465. Du einen Gegenstand verworfen hast.

466. Du anderen etwas gegeben hast und es ihnen Zuversicht gab.

Kannst du dir eine Zeit zurückrufen, als:

467. Du einen Gegenstand entwirrt hast, der dich durcheinandergebracht hatte.

468. Du einen Gegenstand erobert hast.

469. Etwas mit deiner Zustimmung weggegeben wurde.

470. Du etwas gut konstruiert hast.

471. Du etwas so eingerichtet hast, dass es sehr bequem war.

472. Du in Bezug auf einen Gegenstand Mut bewiesen hast.

473. Du etwas zerschnitten hast, das du nicht wolltest.

474. Du einen unerwünschten Gegenstand losgeworden bist.

475. Du eine körperliche Handlung verzögert hast.

476. Eine Sache dich entzückt hat.

477. Du die Existenz einer Sache abgestritten hast.

478. Du dich auf einen Gegenstand verlassen hast.

- ☐ *Sehen*
- ☐ *Riechen*
- ☐ *Berühren*
- ☐ *Farbe*
- ☐ *Klang*
- ☐ *Bewegung um einen herum*
- ☐ *Emotion*
- ☐ *Lautstärke*
- ☐ *Körperstellung*
- ☐ *Geräusch*
- ☐ *Gewicht*
- ☐ *Eigene Bewegung*

Kannst du dir eine Zeit zurückrufen, als:

479. Du glücklich warst, etwas zu erhalten, das du verdient hast.

480. Du gesehen hast, wie ein unerwünschtes Objekt sich entfernte.

481. Du Spaß daran hattest, etwas zu zerstören.

- ☐ *Sehen*
- ☐ *Riechen*
- ☐ *Berühren*
- ☐ *Farbe*
- ☐ *Klang*
- ☐ *Bewegung um einen herum*
- ☐ *Emotion*
- ☐ *Lautstärke*
- ☐ *Körperstellung*
- ☐ *Geräusch*
- ☐ *Gewicht*
- ☐ *Eigene Bewegung*

482. Du den Unterschied zwischen zwei Gegenständen gesehen hast.

483. Du beobachtet hast, wie ein Gegenstand kleiner wurde.

484. Du etwas getan hast, das andere als zu schwierig ansahen.

485. Du sehr glücklich warst zu graben.

486. Du viele Gegenstände verstreut hast.

487. Du mit etwas fertig geworden bist, dem du misstraut hast.

488. Du etwas getan hast, was dir gefiel.

489. Du einen Gegenstand verstanden hast, bei dem du dir nicht sicher gewesen warst.

490. Du etwas zu dir hingezogen hast.

Kannst du dir eine Zeit zurückrufen, als:

491. Du einem Tier zu trinken gegeben hast.

492. Du beobachtet hast, wie ein Gegenstand gefallen ist.

493. Du dich an einem angenehmen Ort niedergelassen hattest.

494. Du gespannt auf etwas gewartet hast.

495. Etwas zu gut aussah, um es zu essen.

496. Es dir nach sehr großen Anstrengungen gelang, einen Gegenstand zu bewegen.

497. Du einen Gegenstand eingeschlossen hast.

498. Etwas dich ermutigt hat.

499. Du einem Gegenstand ein Ende gesetzt hast.

500. Ein Gegenstand, den du als feindlich betrachtet hast, in Wirklichkeit freundlich war.

501. Du dich gefreut hast, etwas zu besitzen.

502. Du das Gefühl hattest, dass du von etwas nicht genug bekommen konntest.

503. Du dir Eingang verschafft hast.

- ☐ *Sehen*
- ☐ *Riechen*
- ☐ *Berühren*
- ☐ *Farbe*
- ☐ *Klang*
- ☐ *Bewegung um einen herum*
- ☐ *Emotion*
- ☐ *Lautstärke*
- ☐ *Körperstellung*
- ☐ *Geräusch*
- ☐ *Gewicht*
- ☐ *Eigene Bewegung*

Kannst du dir eine Zeit zurückrufen, als:

504. Du einem Gegenstand entkommen bist.

505. Du mit Erfolg etwas Gefährliches untersucht hast.

506. Du von etwas aufgeregt warst.

507. Du ein Tier abgerichtet hast.

508. Du einen Gegenstand auf seine Stirnseite gelegt hast.

509. Ein Gegenstand zuverlässig war.

510. Du etwas weit von dir weggeworfen hast.

511. Du etwas zum schnellen Gehen gebracht hast.

512. Du die Furcht vor einem Gegenstand überwunden hast.

513. Du ein Tier gefüttert hast.

514. Du das erste Ding, das zu dir kam, ohne Bedenken genommen hast.

515. Du einen Gegenstand passend gemacht hast.

516. Du beobachtet hast, wie jemand vor einem Objekt geflohen ist, und du dich diesem dann genähert hast.

- ☐ *Sehen*
- ☐ *Riechen*
- ☐ *Berühren*
- ☐ *Farbe*
- ☐ *Klang*
- ☐ *Bewegung um einen herum*
- ☐ *Emotion*
- ☐ *Lautstärke*
- ☐ *Körperstellung*
- ☐ *Geräusch*
- ☐ *Gewicht*
- ☐ *Eigene Bewegung*

Kannst du dir eine Zeit zurückrufen, als:

517. Du etwas besessen hast, das zu berühren man dir verboten hatte.

518. Du mit Erfolg Gewalt angewandt hast.

519. Du auf deine Besitztümer stolz warst.

520. Ein Gegenstand ein Freund war.

521. Du jemanden mit einem Gegenstand erschreckt hast.

522. Du glücklich Gegenstände angesammelt hast.

523. Du etwas hast wachsen lassen.

524. Du mit Gegenständen großzügig warst.

525. Du etwas gut beschützt hast.

526. Ein Gegenstand dich sehr glücklich machte.

527. Es dich froh machte, mit einem Gegenstand etwas Böses zu tun.

528. Du ein Tier geheilt hast.

- ☐ *Sehen*
- ☐ *Riechen*
- ☐ *Berühren*
- ☐ *Farbe*
- ☐ *Klang*
- ☐ *Bewegung um einen herum*
- ☐ *Emotion*
- ☐ *Lautstärke*
- ☐ *Körperstellung*
- ☐ *Geräusch*
- ☐ *Gewicht*
- ☐ *Eigene Bewegung*

Kannst du dir eine Zeit zurückrufen, als:

529. Du jemandem mit einem Gegenstand geholfen hast.

530. Du etwas gefunden hast, was jemand vor dir versteckt hatte.

531. Du etwas Böses verhindert hast.

532. Du ein Loch durch einen Gegenstand gebohrt hast.

533. Du einen Gegenstand stark erhitzt hast.

534. Du erfolgreich gejagt hast.

535. Du dich beeilt hast, um etwas zu bekommen, das du wolltest, und es erreicht hast.

536. Du einem Feind mit einem Gegenstand wehgetan hast.

537. Ein Gegenstand dir ermöglichte zu faulenzen.

538. Du etwas mit etwas geschmückt hast.

539. Du dir einen neuen Gegenstand vorgestellt und ihn hergestellt hast.

540. Du mit einem Gegenstand das Unmögliche getan hast.

- ☐ *Sehen*
- ☐ *Riechen*
- ☐ *Berühren*
- ☐ *Farbe*
- ☐ *Klang*
- ☐ *Bewegung um einen herum*
- ☐ *Emotion*
- ☐ *Lautstärke*
- ☐ *Körperstellung*
- ☐ *Geräusch*
- ☐ *Gewicht*
- ☐ *Eigene Bewegung*

Kannst du dir eine Zeit zurückrufen, als:

541. Du beobachtet hast, wie etwas hereinkam.

542. Du deinen Besitz vergrößert hast.

543. Du in eigener freier Wahl einen Gegenstand statt eines anderen genommen hast.

544. Ein Gegenstand dein Interesse gefesselt hat.

545. Jemand mit deiner Erfindung glücklich war.

546. Du etwas Böses getötet hast.

547. Du einen Gegenstand hast springen lassen.

548. Du festgestellt hast, dass etwas wirklich dir gehörte.

549. Du vor Glück einen Gegenstand geküsst hast.

550. Es gut war, dass ein Gegenstand zu spät kam.

551. Du jemanden mit einem Gegenstand zum Lachen gebracht hast.

- ☐ *Sehen*
- ☐ *Riechen*
- ☐ *Berühren*
- ☐ *Farbe*
- ☐ *Klang*
- ☐ *Bewegung um einen herum*
- ☐ *Emotion*
- ☐ *Lautstärke*
- ☐ *Körperstellung*
- ☐ *Geräusch*
- ☐ *Gewicht*
- ☐ *Eigene Bewegung*

Kannst du dir eine Zeit zurückrufen, als:

552. Du Länge und Breite eines Gegenstandes gemessen hast.

553. Du einen Gegenstand liegend vorgefunden hast.

554. Du etwas belebt hast.

555. Du einen Raum gut ausgeleuchtet hast.

- ☐ *Sehen*
- ☐ *Riechen*
- ☐ *Berühren*
- ☐ *Farbe*
- ☐ *Klang*
- ☐ *Bewegung um einen herum*
- ☐ *Emotion*
- ☐ *Lautstärke*
- ☐ *Körperstellung*
- ☐ *Geräusch*
- ☐ *Gewicht*
- ☐ *Eigene Bewegung*

556. Du froh warst, dass etwas klein war.

557. Du einen Gegenstand geliebt und ihn bewahrt hast.

558. Du eine Maschine gehandhabt hast, die ein anderer nicht handhaben konnte.

559. Du ein Objekt kontrolliert hast.

560. Du einen Gegenstand hast Musik machen lassen.

561. Du einem mysteriösen Gegenstand ein Geheimnis entlockt hast.

562. Es dich froh machte, einen Gegenstand schlecht zu behandeln.

563. Du ein verzwicktes Ding gemeistert hast.

Kannst du dir eine Zeit zurückrufen, als:

564. Du das Zusammentreffen zweier Gegenstände beobachtet hast.

565. Du Flüssigkeit in die Luft hinaufgeschleudert hast.

566. Du eine Flüssigkeit erhitzt hast.

567. Du eine Flüssigkeit ausgegossen hast.

568. Du zwei Flüssigkeiten vermischt hast.

569. Du eine Flüssigkeit umgerührt hast.

570. Du festgestellt hast, dass etwas nicht nötig war.

571. Du ein Tier dazu gebracht hast, dir zu gehorchen.

572. Du dir jemanden mit einem Gegenstand verpflichtet hast.

573. Du etwas zu einem besonderen Anlass gekauft hast.

574. Du einen Gegenstand eingeschlossen hast.

575. Du eine Anzahl von Dingen gut organisiert hast.

- ☐ *Sehen*
- ☐ *Riechen*
- ☐ *Berühren*
- ☐ *Farbe*
- ☐ *Klang*
- ☐ *Bewegung um einen herum*
- ☐ *Emotion*
- ☐ *Lautstärke*
- ☐ *Körperstellung*
- ☐ *Geräusch*
- ☐ *Gewicht*
- ☐ *Eigene Bewegung*

Kannst du dir eine Zeit zurückrufen, als:

576. Du den Ursprung von etwas entdeckt hast.

577. Du mit einem Gegenstand Schmerz zugefügt hast und froh darüber warst.

578. Du einen Gegenstand in deine Tasche gesteckt hast.

579. Ein Gegenstand dir das Gefühl gab, reich zu sein.

- ☐ *Sehen*
- ☐ *Riechen*
- ☐ *Berühren*
- ☐ *Farbe*
- ☐ *Klang*
- ☐ *Bewegung um einen herum*
- ☐ *Emotion*
- ☐ *Lautstärke*
- ☐ *Körperstellung*
- ☐ *Geräusch*
- ☐ *Gewicht*
- ☐ *Eigene Bewegung*

580. Du jemandem etwas gegeben hast, das kostbar war.

581. Du eine Mischung zubereitet hast, die erfolgreich war.

582. Du einen Gegenstand dem anderen vorgezogen hast.

583. Du verhindert hast, dass einem Gegenstand Schaden zugefügt wurde.

584. Du einen Streit um einen Gegenstand gewonnen hast.

585. Du Regenwasser gesammelt hast.

586. Du eine Flüssigkeit bekommen hast, die du wolltest.

Kannst du dir eine Zeit zurückrufen, als:

587. Du einen Gegenstand angehoben hast.

588. Du etwas Seltenes instand gehalten hast.

589. Du froh warst, etwas zu erhalten.

590. Du einen Gegenstand erkannt hast, der anderen Rätsel aufgab.

591. Du einem Tier Zuflucht gewährt hast.

592. Du ein Tier kontrolliert hast.

593. Du einen Gegenstand ausgebessert hast.

594. Du jemanden etwas Wertvolles hast behalten lassen.

595. Du etwas zum Laufen gebracht hast, woran andere gescheitert waren.

596. Du einen Gegenstand in Sicherheit gebracht hast.

597. Du einen Gegenstand in etwas hineingetan hast.

598. Du einen Gegenstand aus etwas herausgenommen hast.

- ☐ *Sehen*
- ☐ *Riechen*
- ☐ *Berühren*
- ☐ *Farbe*
- ☐ *Klang*
- ☐ *Bewegung um einen herum*
- ☐ *Emotion*
- ☐ *Lautstärke*
- ☐ *Körperstellung*
- ☐ *Geräusch*
- ☐ *Gewicht*
- ☐ *Eigene Bewegung*

Kannst du dir eine Zeit zurückrufen, als:

599. Du etwas erworben hast, das selten war.

600. Du einen Kratzer auf einem Gegenstand ausgebessert hast.

601. Du jemanden mit einem Gegenstand zum Schreien gebracht hast.

602. Jemand fand, dass man einem Gegenstand gegenüber zu hart gewesen war.

- ☐ *Sehen*
- ☐ *Riechen*
- ☐ *Berühren*
- ☐ *Farbe*
- ☐ *Klang*
- ☐ *Bewegung um einen herum*
- ☐ *Emotion*
- ☐ *Lautstärke*
- ☐ *Körperstellung*
- ☐ *Geräusch*
- ☐ *Gewicht*
- ☐ *Eigene Bewegung*

603. Du Flüssigkeit von etwas abgeschüttelt hast.

604. Du ein Tier aus dem Wasser gezogen hast.

605. Du ein Tier erworben hast, um es zu essen.

606. Du ein Tier an einen Pfosten gebunden hast.

607. Du mit einem Gegenstand erfolgreich gekämpft hast.

608. Du einen Gegenstand gestreichelt hast.

609. Du für einen Gegenstand zu stark warst.

610. Dir etwas als Ehrerbietung dargebracht wurde.

Kannst du dir eine Zeit zurückrufen, als:

611. Die Leute entdeckten, dass man dir zu einem Gegenstand gratulieren musste.

612. Du einen Gegenstand gut gehandhabt hast.

613. Du einen Gegenstand ergriffen hast.

614. Deine Suche nach einem Gegenstand belohnt wurde.

615. Du froh warst, einen Gegenstand zu sehen.

616. Du etwas instand gehalten hast.

617. Du etwas besiegt hast, das dich bedroht hatte.

618. Du unterbunden hast, dass ein Gegenstand Lärm machte.

619. Du jemanden vom Wert eines Gegenstandes überzeugt hast.

620. Du etwas Geld verschwendet hast.

621. Du etwas Geld erworben hast.

622. Du etwas Geld, das dir nicht zustand, abgelehnt hast.

- ☐ *Sehen*
- ☐ *Riechen*
- ☐ *Berühren*
- ☐ *Farbe*
- ☐ *Klang*
- ☐ *Bewegung um einen herum*
- ☐ *Emotion*
- ☐ *Lautstärke*
- ☐ *Körperstellung*
- ☐ *Geräusch*
- ☐ *Gewicht*
- ☐ *Eigene Bewegung*

Kannst du dir eine Zeit zurückrufen, als:

623. **Du beobachtet hast, wie ein unerwünschter Gegenstand verschwand.**

624. **Du beobachtet hast, wie ein erwünschter Gegenstand kam.**

625. **Du etwas zum Fliegen gebracht hast.**

626. **Du einen Raum verlassen hast, den du nicht mochtest.**

- ☐ *Sehen*
- ☐ *Riechen*
- ☐ *Berühren*
- ☐ *Farbe*
- ☐ *Klang*
- ☐ *Bewegung um einen herum*
- ☐ *Emotion*
- ☐ *Lautstärke*
- ☐ *Körperstellung*
- ☐ *Geräusch*
- ☐ *Gewicht*
- ☐ *Eigene Bewegung*

627. **Du einen Raum erworben hast, den du wolltest.**

628. **Du eine Gegend bewundert hast.**

629. **Du durch Raum vorgerückt bist.**

630. **Du für einen Raum Zuneigung empfunden hast.**

631. **Du gegen einen Raum warst.**

632. **Du einen Raum geschmückt hast.**

633. **Du froh warst, aus einem Raum herauszukommen, vor dem du dich gefürchtet hast.**

634. **Du geholfen hast, Raum zu schaffen.**

635. **Du in einem Raum angenehm allein warst.**

Kannst du dir eine Zeit zurückrufen, als:

636. Du in einem amüsanten Raum warst.

637. Du eine Entfernung bewältigt hast.

638. Du durch einen ungesunden Raum hindurchgekommen bist.

639. Du in einem angenehmen Raum angekommen bist.

640. Du einen Raum erschlossen hast.

641. Du einem anderen Sicherheit in Bezug auf einen Raum gegeben hast.

642. Du zu einem Raum hingezogen wurdest.

643. Du an einem angenehmen Ort erwacht bist.

644. Du einen Raum niedergebrannt hast.

645. Du blindlings, aber erfolgreich, durch eine Gegend hindurchkamst.

646. Du Freude an einem schwarzen Raum hattest.

647. Du eine Schachtel gemacht hast.

648. Du einen angenehmen Ort betreten hast.

- ☐ *Sehen*
- ☐ *Riechen*
- ☐ *Berühren*
- ☐ *Farbe*
- ☐ *Klang*
- ☐ *Bewegung um einen herum*
- ☐ *Emotion*
- ☐ *Lautstärke*
- ☐ *Körperstellung*
- ☐ *Geräusch*
- ☐ *Gewicht*
- ☐ *Eigene Bewegung*

Kannst du dir eine Zeit zurückrufen, als:

- ☐ *Sehen*
- ☐ *Riechen*
- ☐ *Berühren*
- ☐ *Farbe*
- ☐ *Klang*
- ☐ *Bewegung um einen herum*
- ☐ *Emotion*
- ☐ *Lautstärke*
- ☐ *Körperstellung*
- ☐ *Geräusch*
- ☐ *Gewicht*
- ☐ *Eigene Bewegung*

649. Du etwas aus einem Raum herausgenommen hast.

650. Du einen Ort ganz ausgefüllt hast.

651. Du dich über eine Schachtel gefreut hast.

652. Du zugelassen hast, dass ein Raum besetzt wurde.

653. Du in einen verbotenen Raum eingebrochen bist.

654. Du einen guten Käfig gemacht hast.

655. Du ein Gebiet eingenommen hast.

656. Du ein Kind von einem Ort fortgenommen hast.

657. Du einen Raum in Ordnung gebracht hast.

658. Es dir Spaß machte, durch einen Raum zu hüpfen.

659. Du im Raum hinuntergegangen bist.

660. Du einen weiten Raum gemacht hast.

661. Du viele Dinge an einem Platz gesammelt hast.

662. Du Hitze erzeugt hast.

Kannst du dir eine Zeit zurückrufen, als:

663. Du ein Licht gebracht hast.

664. Du unfreundliche Energie ausgelöscht hast.

665. Du ein Licht angemacht hast.

666. Du Feuer unter Kontrolle gebracht hast.

667. Du Energie mit Erfolg angewandt hast.

668. Du etwas verbrannt hast, das du nicht wolltest.

669. Du Beleuchtung gut arrangiert hast.

670. Du etwas gekocht hast.

671. Du eine Maschine zum Laufen gebracht hast.

672. Du Hitze zum Verschwinden gebracht hast.

673. Du etwas abgekühlt hast.

674. Du von einem dunklen Ort an einen freundlichen, hellen gegangen bist.

675. Du froh warst, dass es dunkel war.

- ☐ *Sehen*
- ☐ *Riechen*
- ☐ *Berühren*
- ☐ *Farbe*
- ☐ *Klang*
- ☐ *Bewegung um einen herum*
- ☐ *Emotion*
- ☐ *Lautstärke*
- ☐ *Körper-stellung*
- ☐ *Geräusch*
- ☐ *Gewicht*
- ☐ *Eigene Bewegung*

Kannst du dir eine Zeit zurückrufen, als:

676. Du Dunkelheit hinter dir gelassen hast.

677. Du glücklich über den Sonnenaufgang warst.

678. Du die Dämmerung dahinschwinden sahst.

679. Du erleuchtete Fenster gesehen hast.

- ☐ *Sehen*
- ☐ *Riechen*
- ☐ *Berühren*
- ☐ *Farbe*
- ☐ *Klang*
- ☐ *Bewegung um einen herum*
- ☐ *Emotion*
- ☐ *Lautstärke*
- ☐ *Körperstellung*
- ☐ *Geräusch*
- ☐ *Gewicht*
- ☐ *Eigene Bewegung*

680. Du etwas mit einem Licht gefunden hast.

681. Du froh warst, einen warmen Ort zu betreten.

682. Du einen kalten Ort warm gemacht hast.

683. Du jemanden gewärmt hast.

684. Du etwas zu essen warm gemacht hast.

685. Du an Feuer gute Kameradschaft empfunden hast.

686. Du die Körperwärme eines anderen gespürt hast.

687. Du froh warst, einen kalten Ort zu verlassen.

688. Du einen kahlen Ort angenehm gemacht hast.

Kannst du dir eine Zeit zurückrufen, als:

689. Du bemerkt hast, dass jemand an einem dunklen Ort auf dich gewartet hat, und du froh warst.

690. Du Zeit gut eingeteilt hast.

691. Du eine schlechte Zeit hinter dir gelassen hast.

692. Du dich einer guten Zeit genähert hast.

693. Du entschieden hast, dass die Dinge so schlecht nicht gewesen waren.

694. Du der Meinung warst, dass du deine Zeit gut verbracht hattest.

695. Du gestern einige Zeit gut genutzt hast.

696. Du heute eine Zeit genossen hast.

- ☐ *Sehen*
- ☐ *Riechen*
- ☐ *Berühren*
- ☐ *Farbe*
- ☐ *Klang*
- ☐ *Bewegung um einen herum*
- ☐ *Emotion*
- ☐ *Lautstärke*
- ☐ *Körperstellung*
- ☐ *Geräusch*
- ☐ *Gewicht*
- ☐ *Eigene Bewegung*

LISTE 8

Fantasie

Einer der wichtigsten Teile des Denkvorgangs ist die *Fantasie.* Fantasie ist in Wirklichkeit eine Form der Berechnung. Die Fantasie gibt kalkulierte und instinktive Lösungen für die Zukunft. Wenn die Fantasie eines Menschen abgestumpft ist, beeinträchtigt das ernsthaft seine Berechnungen. Fantasie ist eine gute Sache, nichts Schlechtes. Durch Tagträume zum Beispiel kann jemand ein nicht allzu angenehmes Dasein in etwas Lebenswertes umwandeln. Nur mit Fantasie kann jemand Ziele postulieren, die er in der Zukunft erreichen will.

Wenn Sie das Wort „Fantasie“ näher untersuchen, werden Sie entdecken, dass es einfach das Postulieren von Bildern oder die Zusammensetzung von Wahrnehmungen zu Schöpfungen, wie Sie sie haben wollen, bedeutet. Sich etwas vorstellen ist etwas, das jemand aus freiem Willen tut. Dagegen kann man sagen, dass Selbsttäuschungen einem Menschen durch seine Aberrationen aufgezwungen werden. Alles, was jemand über Fantasie wissen muss, ist, zu wissen, wann er sich etwas vorstellt und wann nicht.

Kannst du dir eine Zeit zurückrufen, als:

1. Du vorausgesehen hast, wie etwas sein sollte, und es so eingerichtet hast.

2. Du dir etwas vorgestellt und es gebaut hast.

3. Du dir ein Bild davon gemacht hast, wie ein Ort aussehen würde, und dorthin gegangen bist.

- ☐ *Sehen*
- ☐ *Riechen*
- ☐ *Berühren*
- ☐ *Farbe*
- ☐ *Klang*
- ☐ *Bewegung um einen herum*
- ☐ *Emotion*
- ☐ *Lautstärke*
- ☐ *Körperstellung*
- ☐ *Geräusch*
- ☐ *Gewicht*
- ☐ *Eigene Bewegung*

4. Man dich gezwungen hat, zuzugeben, dass du gelogen hättest, als du die Wahrheit gesagt hast.

5. Jemand etwas, das dir gehörte, in Unordnung brachte, und du es wieder in Ordnung gebracht hast.

6. Du dir einen Heidenspaß daraus gemacht hast, einen Raum mit imaginären Dingen zu füllen.

7. Du eine meisterhafte Schöpfung gemacht hast.

8. Du gesehen hast, wie etwas, das du dir vorgestellt hattest, Wirklichkeit wurde.

9. Du dir vorgestellt hast, es sei dort, und es zerstört hast.

10. Dein Vorstellungsvermögen gelobt wurde.

Kannst du dir eine Zeit zurückrufen, als:

11. Du geplant hast, was du mit der Zeit anfangen wolltest, und es getan hast.

12. Du Unterbrechungen nicht beachtet und planmäßig weitergemacht hast.

13. Du gesehen hast, wie ein Platz verbessert werden könnte, und ihn verbessert hast.

14. Du einen Plan aufgestellt hast und die Leute ihm folgten.

15. Dinge glatter gelaufen sind, weil du gedacht hattest, es solle so sein.

16. Du aus Fantasie Kapital geschlagen hast.

- ☐ *Sehen*
- ☐ *Riechen*
- ☐ *Berühren*
- ☐ *Farbe*
- ☐ *Klang*
- ☐ *Bewegung um einen herum*
- ☐ *Emotion*
- ☐ *Lautstärke*
- ☐ *Körperstellung*
- ☐ *Geräusch*
- ☐ *Gewicht*
- ☐ *Eigene Bewegung*

L I S T E 9

Valenzen

Sie mögen bemerkt haben, dass Sie manchmal anscheinend innerhalb Ihres eigenen Körpers waren, als Sie Dinge wahrgenommen haben, die sich in der Vergangenheit ereigneten, und manchmal haben Sie vielleicht sich selbst beobachtet. Es gibt Leute, die im Rückruf nie außerhalb ihres Körpers sind, und andere, die sich nie in ihm befinden. In jedem Menschen gibt es viele *Valenzen.* Unter „Valenz" versteht man eine tatsächliche Persönlichkeit oder eine Schattenpersönlichkeit. Jemandes eigene Valenz ist seine tatsächliche Persönlichkeit. Es sei Ihnen jedoch versichert, dass man in Bezug auf andere Körper oder Personen in Verwirrung geraten kann. Wenn man in seiner eigenen Valenz ist, während man sich Geschehnisse zurückruft, sieht man das, was man damals gesehen hat, genauso, als würde man es wieder mit seinen eigenen Augen sehen. Das ist ein sehr erstrebenswerter Zustand. Das Symptom, dass man nicht in seiner eigenen, sondern in einer Schattenvalenz ist, bedeutet, dass man seinen eigenen Körper zu gefährlich findet, um ihn in Gedanken zu bewohnen. Außerhalb der Valenz zu sein macht es schwer, beim Zurückrufen mit Wahrnehmungen in Kontakt zu treten. Sie werden feststellen, dass es leichter und leichter wird, die Dinge wieder mit Ihren eigenen Augen zu sehen, wenn Sie mit diesen Listen weitermachen und jede immer wieder durchgehen.

Bei der folgenden Fragenliste und überhaupt immer, wenn man zurückruft, sollte man sich bemühen, den Gesichtspunkt seiner selbst einzunehmen. Damit ist gemeint, dass man die Szene und die darin enthaltenen Wahrnehmungen genauso sehen soll, wie man sie seinerzeit erlebt hat.

Kannst du dir eine Zeit zurückrufen, als:

1. **Du eine Person, die du nicht leiden konntest, etwas tun sahst, das du gerne getan hättest.**

2. **Du eine Person, die du mochtest, etwas tun sahst, das du nicht gerne getan hättest.**

3. **Du eine Person, die du mochtest, etwas tun sahst, das du gerne getan hättest.**

- ☐ *Sehen*
- ☐ *Riechen*
- ☐ *Berühren*
- ☐ *Farbe*
- ☐ *Klang*
- ☐ *Bewegung um einen herum*
- ☐ *Emotion*
- ☐ *Lautstärke*
- ☐ *Körperstellung*
- ☐ *Geräusch*
- ☐ *Gewicht*
- ☐ *Eigene Bewegung*

4. **Du eine Person, die du nicht leiden konntest, etwas tun sahst, das du nicht gerne getan hättest.**

5. **Du bemerkt hast, dass jemand etwas angehabt hat, das du auch angehabt hast.**

6. **Du festgestellt hast, dass jemand eine Gewohnheit hatte, die du auch hattest.**

7. **Du eine Gewohnheit angenommen hast.**

8. **Du festgestellt hast, dass du und ein Hund gleich behandelt wurden.**

9. **Du vor einem Spiegel Grimassen geschnitten hast.**

10. **Du beschlossen hast, vollkommen anders zu sein als eine andere Person.**

Kannst du dir eine Zeit zurückrufen, als:

11. Du entdeckt hast, dass du wie ein Objekt warst.

12. Du mit einer unvorteilhaften Person auf eine Stufe gestellt wurdest.

13. Du mit einer vorteilhaften Person auf eine Stufe gestellt wurdest.

14. Du festgestellt hast, dass du so angezogen warst wie viele andere auch.

15. Du bemerkt hast, dass du dich trotz allem von jemandem unterschieden hast.

16. Du den Unterschied zwischen dir und anderen bemerkt hast.

17. Du mit jemandem gegessen hast, den du mochtest.

18. Du eine Person getroffen hast, die dich an eine andere erinnerte, und du den Unterschied zwischen ihnen bemerkt hast.

19. Du im Gleichschritt mit jemandem, den du mochtest, gegangen bist.

20. Du mit jemandem, den du bewundert hast, gefahren bist.

21. Du die gleiche Stellung einnehmen musstest wie jemand anders.

- ☐ *Sehen*
- ☐ *Riechen*
- ☐ *Berühren*
- ☐ *Farbe*
- ☐ *Klang*
- ☐ *Bewegung um einen herum*
- ☐ *Emotion*
- ☐ *Lautstärke*
- ☐ *Körperstellung*
- ☐ *Geräusch*
- ☐ *Gewicht*
- ☐ *Eigene Bewegung*

Kannst du dir eine Zeit zurückrufen, als:

22. Du ein Spiel mit Leuten gespielt hast, die du mochtest.

23. Du festgestellt hast, dass du etwas tatest, weil jemand es in deiner Kindheit getan hatte.

24. Du festgestellt hast, dass du dich weigertest, etwas zu tun, weil es jemand in deiner Kindheit getan hatte.

Man kann sagen, dass das hinter Valenzen stehende Bemühen der Versuch ist, seinen Freunden ähnlich und seinen Widersachern unähnlich zu sein. Unglücklicherweise stellt man im Leben oft Vergleiche an und stellt dann Ähnlichkeiten zwischen sich und seinen Widersachern fest und wird auf Unähnlichkeiten zwischen sich und seinen Freunden hingewiesen. Man sollte dies so in den Griff bekommen, dass man jeder Bewegung oder Handlung eines Menschen ungehindert folgen kann, ohne sie mit den Begriffen Freund oder Feind in Verbindung zu bringen.

Als ein Bestreben, die Verbindungen und Trennungen einer Person in Bezug auf Menschen zu bereinigen, sind die folgenden Fragen als zweiter Teil der Liste 9 hinzugefügt.

Rufe dir zurück:

1. Eine Person, die dir ähnlich sieht.

2. Eine Person, die ähnliche körperliche Schwierigkeiten hat wie du.

Rufe dir zurück:

3. **Eine Person, von der du eine besondere Angewohnheit übernommen hast.**

4. **Eine Person, die dich an ein Tier erinnert, das du kanntest.**

5. **Eine Person, die dich zu deinen Ungunsten mit unvorteilhaften Leuten verglichen hat.**

6. **Eine Person, die dich zu deinen Gunsten mit vorteilhaften Leuten verglichen hat.**

7. **Zwei Leute, die du miteinander verwechselt hast.**

8. **Eine Person, die du seit langer Zeit gekannt hast, wie z. B. eine Person, mit der du zusammen wohnst.**

9. **Jemanden, den du früher gekannt hast, und der dich an jemanden erinnert, mit dem du nun in Verbindung stehst.**

10. **Wem bist du am meisten ähnlich. Wer hat das gesagt.**

11. **Wer hatte gewöhnlich Angst vor Gefühlen.**

12. **Wer mochte nicht essen.**

13. **Aus wem angeblich nie etwas werden würde.**

14. **Wer hatte zu viel Umgang mit Leuten.**

- ☐ *Sehen*
- ☐ *Riechen*
- ☐ *Berühren*
- ☐ *Farbe*
- ☐ *Klang*
- ☐ *Bewegung um einen herum*
- ☐ *Emotion*
- ☐ *Lautstärke*
- ☐ *Körperstellung*
- ☐ *Geräusch*
- ☐ *Gewicht*
- ☐ *Eigene Bewegung*

Rufe dir zurück:

15. Wer hat jedem das Leben vermiest.

16. Wer hatte schlechte Manieren.

- ☐ *Sehen*
- ☐ *Riechen*
- ☐ *Berühren*
- ☐ *Farbe*
- ☐ *Klang*
- ☐ *Bewegung um einen herum*
- ☐ *Emotion*
- ☐ *Lautstärke*
- ☐ *Körperstellung*
- ☐ *Geräusch*
- ☐ *Gewicht*
- ☐ *Eigene Bewegung*

17. Wen hast du früher gekannt, der den Schmerz hatte, der dir zu schaffen macht.

18. Wem würdest du am liebsten ähnlich sein.

19. Wem ähnlich zu sein würdest du am meisten hassen.

20. Wer hielt dich für einen Taugenichts.

21. Wer versuchte zu erreichen, dass du nicht aus der Reihe tanzt.

22. Wer hat dir geschmeichelt.

23. Wer hat dir zu essen gegeben.

Es wäre sehr gut, wenn Sie noch einmal durch die zweite Hälfte von Liste 9 gehen und sich spezifische Geschehnisse mit allen nur möglichen Wahrnehmungen zurückrufen, die die Antworten auf diese Fragen verdeutlichen.

L I S T E 1 0

Unterbrechungen

Langsames und unsicheres Sprechen, zum Teil auch Lampenfieber, langsames Berechnen - das heißt langsames Denken - und Zögern beim Annehmen von Weisungen rühren hauptsächlich daher, dass man in seiner Kindheit bei körperlichen Handlungen *unterbrochen* wurde.

Das Kind wird ständig bei seinen körperlichen Handlungen unterbrochen, weil es sich in Gefahr bringen könnte. Das Kind versucht, etwas zu erreichen, und wird davon abgebracht, und zwar nicht einfach durch Worte, sondern indem man es von dem Gegenstand entfernt oder aber den Gegenstand von ihm. Es wird von Räumen, die es betreten will, ferngehalten, indem man es zurückzieht. Es will eine Sache haben und bekommt eine andere. So wird das Kind, wenn es sich bemüht, Materie, Energie, Raum und Zeit zu erforschen, zu erlangen oder loszuwerden, in seiner Selbstbestimmung ständig unterbrochen. Von diesen frühen Unterbrechungen ausgehend, baut das Kind eine lange Kette von Unterbrechungserlebnissen auf. Dies sind nicht einfach Unterbrechungen durch gesprochene Worte, sondern Unterbrechungen durch Barrieren und Hindernisse im physikalischen Universum. Wenn ein Mensch als Kind nicht allzu gründlich unterbrochen worden ist, kann er spätere Unterbrechungen analytisch einschätzen. Wenn er aber in seiner Kindheit dermaßen gelenkt und zurückgewiesen wurde, dass er ständig unterbrochen wurde, ist seine Entschlusskraft beeinträchtigt - ganz zu schweigen von seinem Rede- und Denkvermögen.

Das Zurückrufen der in dieser Liste verlangten speziellen Geschehnisse bringt diese zum Vorschein und nimmt so diesen Ketten von Unterbrechungen ihre Macht.

Kannst du dir eine Zeit zurückrufen, als:

1. **Ein Gegenstand dir Widerstand geleistet hat und du ihn bezwungen hast.**

2. **Du dich nicht bewegen konntest und es dir dann gelang wegzukommen.**

3. **Jemand dir etwas aus den Händen nahm und es beendete.**

4. **Deine körperliche Handlung unterbrochen wurde.**

5. **Eine Maschine nicht zu laufen anfing.**

6. **Jemand unerwartet auf dich zusprang.**

7. **Man dir eine Gespenstergeschichte erzählt hat.**

8. **Du eine Karriere aufgeben musstest.**

9. **Jemand deinen Mund berührt hat.**

10. **Du versucht hast, deine Hand zu heben, und daran gehindert wurdest.**

11. **Du festgestellt hast, dass die Straße gesperrt war.**

12. **Du etwas nicht in etwas hineinbekommen konntest.**

- ☐ *Sehen*
- ☐ *Riechen*
- ☐ *Berühren*
- ☐ *Farbe*
- ☐ *Klang*
- ☐ *Bewegung um einen herum*
- ☐ *Emotion*
- ☐ *Lautstärke*
- ☐ *Körperstellung*
- ☐ *Geräusch*
- ☐ *Gewicht*
- ☐ *Eigene Bewegung*

Kannst du dir eine Zeit zurückrufen, als:

13. **Du von einem Freund aufgehalten wurdest.**

14. **Dein Vater dir gezeigt hat, wie es wirklich gemacht wird.**

15. **Jemand dich veranlasst hat, dich um etwas zu kümmern.**

16. **Man dir gezeigt hat, dass du etwas falsch benutzt hast.**

17. **Du „zu deinem eigenen Besten" korrigiert wurdest.**

18. **Du jemanden gekannt hast, der ganz verrückt danach war, nur das richtige Wort zu benutzen.**

19. **Man dir „geholfen hat", indem man deinen Satz für dich beendete.**

20. **Du in letzter Minute nicht gehen konntest.**

21. **Du jemanden gekannt hast, der deine Liedertexte verbesserte.**

22. **Dir nicht erlaubt wurde zu weinen.**

23. **Jemandem Lärm auf die Nerven ging.**

- ☐ *Sehen*
- ☐ *Riechen*
- ☐ *Berühren*
- ☐ *Farbe*
- ☐ *Klang*
- ☐ *Bewegung um einen herum*
- ☐ *Emotion*
- ☐ *Lautstärke*
- ☐ *Körperstellung*
- ☐ *Geräusch*
- ☐ *Gewicht*
- ☐ *Eigene Bewegung*

Kannst du dir eine Zeit zurückrufen, als:

24. Du es aus Zeitmangel nicht beenden konntest.

25. Du geduldig sein musstest.

26. Du zu einem Zeitpunkt nicht einfach gehen konntest.

27. Du dabei warst zu gehen, aber aufgehalten wurdest.

- ☐ *Sehen*
- ☐ *Riechen*
- ☐ *Berühren*
- ☐ *Farbe*
- ☐ *Klang*
- ☐ *Bewegung um einen herum*
- ☐ *Emotion*
- ☐ *Lautstärke*
- ☐ *Körperstellung*
- ☐ *Geräusch*
- ☐ *Gewicht*
- ☐ *Eigene Bewegung*

28. Jemand dich aufzuhalten versucht hat, du aber dennoch weitergemacht hast.

29. Du es genauso benutzt hast, wie es dir gefiel.

30. Du nicht angehalten worden warst.

31. Du loskamst und weitermachen konntest.

32. Du trotzdem gebrüllt hast.

33. Du es jemandem zum Trotz vollendet hast.

34. Du aufhören musstest, dein Essen hinunterzuschlingen.

35. Du alles getrunken hast, was dir gefiel.

36. Du nicht kämpfen solltest.

Kannst du dir eine Zeit zurückrufen, als:

37. Jemand einer Muskelreaktion Einhalt geboten hat.

38. Du hellauf begeistert warst und jemand dies sehr schnell abkühlte.

39. Du trotz Müdigkeit weitergemacht hast.

40. Du eine Gewohnheit abgelegt hast.

41. Du festgestellt hast, dass jemand nicht so stark war, wie du vermutet hattest.

42. Du entdeckt hast, dass du es also doch haben konntest.

43. Du bemerkt hast, dass der wirkliche Beweggrund Egoismus war.

44. Du Beherrschung entkommen bist.

45. Du entdeckt hast, dass es doch nicht zu deinem Besten war.

46. Du dich davon abgehalten hast, jemanden zu unterbrechen.

47. Du festgestellt hast, dass andere Leute nicht weiser waren als du.

48. Jedermann dachte, du hättest Unrecht, aber entdeckte, dass du Recht gehabt hattest.

- ☐ *Sehen*
- ☐ *Riechen*
- ☐ *Berühren*
- ☐ *Farbe*
- ☐ *Klang*
- ☐ *Bewegung um einen herum*
- ☐ *Emotion*
- ☐ *Lautstärke*
- ☐ *Körperstellung*
- ☐ *Geräusch*
- ☐ *Gewicht*
- ☐ *Eigene Bewegung*

Kannst du dir eine Zeit zurückrufen, als:

49. Du trotz allem das Ziel erreicht hast.

50. Du entdeckt hast, dass eine andere Person der Mühe nicht wert war.

- ☐ *Sehen*
- ☐ *Riechen*
- ☐ *Berühren*
- ☐ *Farbe*
- ☐ *Klang*
- ☐ *Bewegung um einen herum*
- ☐ *Emotion*
- ☐ *Lautstärke*
- ☐ *Körperstellung*
- ☐ *Geräusch*
- ☐ *Gewicht*
- ☐ *Eigene Bewegung*

51. Du dem Drang, etwas zu zerstören, nicht nachgegeben hast.

52. Du gegen das Gesetz verstoßen hast und ungeschoren davonkamst.

53. Der Blitz dich nicht traf.

54. Du etwas in Ordnung gebracht hast.

55. Du eine Unterbrechung beim Lesen ignoriert hast.

LISTE 11

ABSCHNITT ÜBER ABWERTUNG

Aberrierte Menschen benutzen zwei verschiedene und sehr aberrierte Methoden, um andere Menschen zu kontrollieren. Die erste besteht darin, den anderen zu zwingen, genau das zu tun, was man von ihm verlangt. Sie benutzen dazu den Mechanismus von Gegenbeschuldigung und Versagen von Freundschaft oder Unterstützung, wenn man nicht sofort gefügig ist. Mit anderen Worten: „Du tust genau das, was ich sage, oder es ist aus mit uns beiden." Dies ist unverblümte *Beherrschung.* Zusätzlich wird damit versucht, einen Menschen durch Wut und offene Kritik, Anschuldigungen und andere Mechanismen, dadurch also, dass man ihn geringer macht, in Unterwürfigkeit hineinzustoßen. Die zweite Methode kann man als Beherrschung durch *Nichtigmachen* bezeichnen. Dies ist versteckt und sehr oft hat der Mensch, gegen den sie eingesetzt wird, keinerlei Verdacht. Er weiß nur, dass er sehr unglücklich ist. Das ist die Methode, mit der Feiglinge herrschen. Wer sie benutzt, fühlt sich dem Menschen, bei dem er sie anwendet, unterlegen und verfügt nicht über die Ehrlichkeit oder Stärke, sich dies einzugestehen. Er beginnt dann, etwa wie Termiten ein Fundament abnagen (zum Beispiel in Kalifornien), den anderen Menschen „auf seinen Platz" zu verweisen, indem er in kleinen Dosen nörglerische Kritik verabreicht. Derjenige, der zu beherrschen sucht, teilt schwere Schläge gegen den Stolz und die Fähigkeiten seines Opfers aus. Doch wenn er von diesem zu irgendeinem Zeitpunkt zur Rede gestellt wird, wird er behaupten, es geschähe nur aus Hilfsbereitschaft und Freundschaft, oder aber er wird vollständig abstreiten, dass es getan wurde.

Von diesen beiden Methoden richtet die zuletzt beschriebene viel größeren Schaden an. Jemand, der sie benutzt, versucht den anderen Menschen bis zu einem Punkt herabzusetzen, an dem er vollständig kontrolliert werden kann, und er wird nicht eher aufhören, bis er sein Opfer so herabgesetzt hat, dass es sich in einer verwirrten Apathie befindet. Den kleinsten gemeinsamen Nenner der Vernichtung könnte man „Abwertung" nennen. Der Vernichtende versucht nicht nur die Person, sondern auch die Fertigkeiten und das Wissen seines Opfers abzuwerten. Die Besitztümer der Person werden als nicht ganz so wichtig bezeichnet, wie sie vielleicht sind, und die Erfahrungen der Person, die vernichtet werden soll, werden im Wert verringert. Das Aussehen des Opfers, seine Stärke, seine körperlichen Fähigkeiten und Möglichkeiten werden ebenfalls abgewertet. All das kann so versteckt getan werden, dass es erscheint, als würde es „zum Besten" des Opfers geschehen. Der Vernichtende strebt danach, die abgewertete Person „zu verbessern".

Die erste Frage bei dieser Liste sollte natürlich sein: Wie viele Leute haben Sie gekannt, die in der Maske desjenigen, der Ihnen helfen will, durchweg versucht haben, Sie als Person zu zerreißen und Ihre Zukunft, Ihre Hoffnungen, Ihre Ziele und die Energie Ihres Lebens selbst herabzusetzen?

Kannst du dir eine Zeit zurückrufen, als:

1. **Jemand, der viel kleiner war als du, dir deine Größe übel genommen hat.**

2. **Jemand, der größer war als du, dir ein Gefühl der Minderwertigkeit gab.**

3. **Jemand dich etwas nicht beenden ließ.**

4. **Ein Gegenstand zu viel für dich war.**

5. **Du einen Raum zu groß gefunden hast.**

6. **Du zurückgestoßen wurdest, weil du zu klein warst.**

7. **Du es nicht geschafft hast, in das Team zu kommen.**

8. **Du festgestellt hast, dass du den Anforderungen entsprochen hast.**

9. **Du bemerkt hast, dass jemand darüber gelogen hat, wie schlecht du seiest.**

10. **Du entdeckt hast, dass du im Grunde Recht gehabt hattest.**

11. **Du festgestellt hast, dass deine Entscheidung die beste gewesen wäre.**

- ☐ *Sehen*
- ☐ *Riechen*
- ☐ *Berühren*
- ☐ *Farbe*
- ☐ *Klang*
- ☐ *Bewegung um einen herum*
- ☐ *Emotion*
- ☐ *Lautstärke*
- ☐ *Körperstellung*
- ☐ *Geräusch*
- ☐ *Gewicht*
- ☐ *Eigene Bewegung*

Kannst du dir eine Zeit zurückrufen, als:

12. Du ein Problem gelöst hast, das sonst niemand lösen konnte.

13. Du entdeckt hast, dass es auf der Welt noch einfachere Menschen gab als dich.

14. Du bemerkt hast, dass du die Meinung eines anderen ignorieren konntest.

15. Du festgestellt hast, dass ein anderer gedacht hatte, dass du wirklich etwas Gutes geleistet hast.

16. Du deines Aussehens wegen bewundert wurdest.

17. Du eine Maschine bezwungen hast.

18. Du eine anstrengende Reise beendet hast.

19. Du entdeckt hast, dass jemand, der dich verleumdete, auch sonst unaufrichtig war.

20. Du festgestellt hast, dass du größer und stärker warst als ein Tier.

21. Du deine Befähigung erkannt hast.

22. Du jemanden gründlich ausgestochen hast.

- ☐ *Sehen*
- ☐ *Riechen*
- ☐ *Berühren*
- ☐ *Farbe*
- ☐ *Klang*
- ☐ *Bewegung um einen herum*
- ☐ *Emotion*
- ☐ *Lautstärke*
- ☐ *Körperstellung*
- ☐ *Geräusch*
- ☐ *Gewicht*
- ☐ *Eigene Bewegung*

Kannst du dir eine Zeit zurückrufen, als:

23. Ein Feind um Schonung gefleht hat.

24. Du jemandem Blut abgezapft hast.

25. Du dir den Löwenanteil genommen und ihn behalten hast.

26. Du dein Gewicht spürbar gemacht hast.

27. Du für jemanden zu schwer warst.

28. Du etwas getötet hast.

29. Du gewonnen hast.

30. Es dir gelungen ist, von jemandem wegzukommen, der dich abgewertet hat.

31. Du entdeckt hast, dass du Recht hattest und der Alte Unrecht.

32. Du festgestellt hast, dass du besser werden konntest.

33. Du gesund geworden bist, als niemand mehr Hoffnung hatte.

34. Du dich mit deiner eigenen Ausdauer erstaunt hast.

- ☐ *Sehen*
- ☐ *Riechen*
- ☐ *Berühren*
- ☐ *Farbe*
- ☐ *Klang*
- ☐ *Bewegung um einen herum*
- ☐ *Emotion*
- ☐ *Lautstärke*
- ☐ *Körperstellung*
- ☐ *Geräusch*
- ☐ *Gewicht*
- ☐ *Eigene Bewegung*

Kannst du dir eine Zeit zurückrufen, als:

- ☐ *Sehen*
- ☐ *Riechen*
- ☐ *Berühren*
- ☐ *Farbe*
- ☐ *Klang*
- ☐ *Bewegung um einen herum*
- ☐ *Emotion*
- ☐ *Lautstärke*
- ☐ *Körperstellung*
- ☐ *Geräusch*
- ☐ *Gewicht*
- ☐ *Eigene Bewegung*

35. Du entdeckt hast, dass du es wirklich verstanden hast.

36. Du etwas geschafft hast, das niemand für möglich hielt.

37. Du heute auf dich selbst stolz warst.

LISTE 12

Die Elemente

Der größte Widersacher des Menschen in seiner Umwelt ist das Wetter. Häuser, Öfen, Kleidung und selbst Nahrung, in dem Maße, wie sie Wärme und Beweglichkeit des Körpers gewähren, sind die Verteidigungswaffen gegen Sturm, Kälte, Hitze und Nacht.

Kannst du dir eine Zeit zurückrufen, als:

1. **Du einem Sturm standgehalten hast.**

2. **Dich Donnern freute.**

3. **Du Spaß im Schnee hattest.**

4. **Du den Sonnenschein genossen hast.**

5. **Jeder andere sagte, es sei zu heiß, du es aber genossen hast.**

6. **Du eine Wasserfläche überwunden hast.**

7. **Der Regen sanft und beruhigend war.**

- ☐ *Sehen*
- ☐ *Riechen*
- ☐ *Berühren*
- ☐ *Farbe*
- ☐ *Klang*
- ☐ *Bewegung um einen herum*
- ☐ *Emotion*
- ☐ *Lautstärke*
- ☐ *Körperstellung*
- ☐ *Geräusch*
- ☐ *Gewicht*
- ☐ *Eigene Bewegung*

Kannst du dir eine Zeit zurückrufen, als:

8. Es dich froh gestimmt hat, dass es ein bewölkter Tag war.

9. Der Wind dich aufgeregt hat.

10. Die Nacht sanft war.

11. Du froh warst, die Sonne zu sehen.

12. Das Wetter freundlich war.

13. Du der Brandung standgehalten hast.

14. Die Luft belebend war.

15. Dich die Jahreszeit froh gestimmt hat.

16. Es dir warm wurde, nachdem dir zu kalt gewesen war.

17. Eine Dämmerung dich entzückt hat.

18. Du das Gefühl hattest, dass die Sterne dir gehörten.

19. Dich ein Hagelkorn in Aufregung versetzt hat.

20. Du die Struktur von Schneeflocken entdeckt hast.

21. Der Tau glänzte.

- ☐ *Sehen*
- ☐ *Riechen*
- ☐ *Berühren*
- ☐ *Farbe*
- ☐ *Klang*
- ☐ *Bewegung um einen herum*
- ☐ *Emotion*
- ☐ *Lautstärke*
- ☐ *Körperstellung*
- ☐ *Geräusch*
- ☐ *Gewicht*
- ☐ *Eigene Bewegung*

Liste 12
Die Elemente

Kannst du dir eine Zeit zurückrufen, als:

22. Ein sanfter Nebel sich ausbreitete.

23. Du gegen die Heftigkeit eines Sturmes siegreich geblieben bist.

24. Es draußen schauderhaft war und du es in deinem Haus behaglich hattest.

25. Der Wind sich gut anfühlte.

26. Du es ausgehalten hast.

27. Du entdeckt hast, dass du das Klima deines Landes mochtest.

28. Es dich froh machte, den Frühling zu sehen.

29. Du das Gefühl hattest, allen Winden der Welt trotzen zu können.

30. Du einen Sturm bewundert hast.

31. Du dich über einen Blitz gefreut hast.

- ☐ *Sehen*
- ☐ *Riechen*
- ☐ *Berühren*
- ☐ *Farbe*
- ☐ *Klang*
- ☐ *Bewegung um einen herum*
- ☐ *Emotion*
- ☐ *Lautstärke*
- ☐ *Körperstellung*
- ☐ *Geräusch*
- ☐ *Gewicht*
- ☐ *Eigene Bewegung*

FANGEN SIE JETZT WIEDER MIT LISTE 1 AN UND GEHEN SIE NOCH EINMAL ALLE LISTEN DURCH, BIS SIE DAS BUCH VIELE MALE DURCHGEARBEITET HABEN.

Wenn Ihnen das Zurückrufen einer bestimmten Sache Unbehagen verursachte

Wenn Sie sich bestimmte Geschehnisse in Ihrem Leben zurückrufen, kann es sein, dass Sie Unbehagen verspüren. Es gibt mehrere Wege, um dieser Sache Herr zu werden.

KÖRPERLICHER SCHMERZ:

Wenn echter *körperlicher Schmerz* ein Bestandteil der Situation ist, die Sie sich zurückgerufen haben, dann versuchen Sie nicht, sich noch weiter hineinzuzwingen, sondern konzentrieren Sie sich auf spätere Geschehnisse, die Sie allmählich wieder in die Gegenwart zurückbringen. Diese Fragen werden Ihnen dabei helfen.

1. **Rufe dir ein angenehmes Geschehnis zurück, das sich später ereignete.**

2. **Rufe dir zurück, was du letztes Jahr um diese Zeit getan hast.**

3. **Rufe dir einen Augenblick zurück, in dem du dich wirklich vergnügt hast.**

4. **Rufe dir zurück, was du letzten Monat um diese Zeit getan hast.**

5. **Rufe dir zurück, was du gestern getan hast.**

6. **Rufe dir etwas Angenehmes zurück, das sich heute ereignet hat.**

Rufen Sie sich der Reihe nach alle diese Dinge noch einmal zurück.

KUMMER:

Wenn Sie nicht körperlichen Schmerz, sondern *Kummer* verspürt haben, so rufen Sie sich das Folgende zurück:

1. **Den nächsten darauffolgenden Zeitpunkt, als du etwas erlangt hast, was du mochtest.**

2. **Rufe dir etwas zurück, das du jetzt hast und das dir Vergnügen bereitet.**

3. **Rufe dir etwas zurück, das du lange wolltest und schließlich bekommen hast.**

4. **Rufe dir eine Zeit zurück, als jemand sehr nett zu dir war.**

5. **Rufe dir zurück, als du das letzte Mal Geld bekommen hast.**

6. **Rufe dir zurück, als du gestern zu Abend gegessen hast.**

7. **Rufe dir zurück, als du heute gegessen hast.**

- ☐ *Sehen*
- ☐ *Riechen*
- ☐ *Berühren*
- ☐ *Farbe*
- ☐ *Klang*
- ☐ *Bewegung um einen herum*
- ☐ *Emotion*
- ☐ *Lautstärke*
- ☐ *Körperstellung*
- ☐ *Geräusch*
- ☐ *Gewicht*
- ☐ *Eigene Bewegung*

Rufen Sie sich alle diese Geschehnisse mit allen verfügbaren Wahrnehmungseindrücken noch einmal zurück.

Wenn Sie bei Ihrem Prozessing ständig auf Geschehnisse mit körperlichem Schmerz und Gram stoßen und nicht fähig zu sein scheinen, dem abzuhelfen, rufen Sie den nächsten professionellen Dianetik Auditor an und vereinbaren Sie einen fachmännischen Besuch, damit Sie bis zu einem Punkt hinaufgebracht werden können, an dem die Liste für Sie zu einem Gewinn wird.

ERINNERUNGEN VERMEIDEN WOLLEN:

Wenn Sie sich, ohne körperlichen Schmerz und großen Kummer, einfach nur unbehaglich fühlten und *die Erinnerung* einfach *vermeiden* wollten, benutzen Sie die folgende Liste:

1. **Rufe dir das Geschehnis wieder in seiner Gesamtheit von Anfang bis Ende zurück.**

2. **Rufe dir das Geschehnis noch einmal zurück.**

3. **Rufe dir ein früheres ähnliches Geschehnis zurück.**

4. **Rufe dir ein noch früheres ähnliches Geschehnis zurück.**

5. **Rufe dir das früheste ähnliche Geschehnis zurück, das du bekommen kannst.**

6. **Rufe dir alle diese Geschehnisse in ihrer Gesamtheit zurück, eines nach dem anderen.**

7. **Rufe dir von neuem alle diese Geschehnisse zurück, eines nach dem anderen, vom frühesten bis zum letzten.**

8. **Rufe dir alle diese Geschehnisse erneut zurück.**

9. **Gehe die Kette der ähnlichen Geschehnisse durch und finde spätere, bis hin zur Gegenwart.**

10. **Rufe dir ein angenehmes Geschehnis zurück, das sich in den letzten Tagen ereignet hat. Bekomme alle Wahrnehmungen dazu, die möglich sind.**

11. **Rufe dir zurück, was du vor einer Stunde getan hast.**

- ☐ *Sehen*
- ☐ *Riechen*
- ☐ *Berühren*
- ☐ *Farbe*
- ☐ *Klang*
- ☐ *Bewegung um einen herum*
- ☐ *Emotion*
- ☐ *Lautstärke*
- ☐ *Körperstellung*
- ☐ *Geräusch*
- ☐ *Gewicht*
- ☐ *Eigene Bewegung*

STABILISIERUNG:

Die folgenden Fragen stabilisieren gewöhnlich *jeden* der oben erwähnten Zustände.

1. **Rufe dir eine Zeit zurück, die dir wirklich real erscheint.**

2. **Rufe dir eine Zeit zurück, als du das Gefühl hattest, dass jemand dir wirklich Affinität entgegengebracht hat.**

3. **Rufe dir eine Zeit zurück, als jemand in guter Kommunikation mit dir war.**

4. **Rufe dir eine Zeit zurück, als du für einen anderen Menschen tiefe Affinität gefühlt hast.**

5. **Rufe dir eine Zeit zurück, als du wusstest, dass du wirklich mit jemandem kommuniziert hast.**

6. **Rufe dir eine Zeit zurück, als mehrere Leute vollständig mit dir übereingestimmt haben.**

7. **Rufe dir eine Zeit zurück, als du mit jemand anderem im Einverständnis warst.**

8. **Rufe dir eine Zeit innerhalb der letzten zwei Tage zurück, als du ein Gefühl der Zärtlichkeit empfunden hast.**

9. **Rufe dir eine Zeit innerhalb der letzten zwei Tage zurück, als jemand Zärtlichkeit für dich empfunden hat.**

10. Rufe dir eine Zeit in den letzten zwei Tagen zurück, als du in guter Kommunikation mit jemandem warst.

11. Rufe dir eine Zeit in den letzten zwei Tagen zurück, die dir wirklich real erscheint.

12. Rufe dir eine Zeit in den letzten zwei Tagen zurück, als du mit Leuten in guter Kommunikation warst.

Rufen Sie sich mehrere Geschehnisse jeder Art zurück.

Laut der medizinischen Praxis und durch Versuche wurde festgestellt, dass während des Prozessings große Mengen von Vitamin B_1 erforderlich sind. Eine gute, eiweißreiche Ernährung und etwa 100 bis 200 mg B_1 pro Tag haben sich als erhebliche Hilfe für das Prozessing erwiesen. Ohne B_1 und eiweißreiche Nahrung entstanden während des Prozessings Alpträume und Nervosität. Es wird darauf hingewiesen, dass dies ein medizinisches Forschungsergebnis ist, das viele Jahre zurückreicht und an sich nicht aus der Dianetik stammt.

LISTE FÜR DAS SITZUNGSENDE

Jedes Mal, wenn Sie sich selbst eine Prozessing-Sitzung geben, sollten Sie diese, ohne dabei die Scheibe zu benutzen, mit den folgenden Routineschritten abschließen:

1. **Machen Sie einen schnellen geistigen Abriss der gerade beendeten Sitzung.**

2. **Machen Sie nochmals einen Abriss davon, was Sie getan haben, und richten Sie dabei Ihre Aufmerksamkeit besonders darauf, wie Sie gesessen haben.**

3. **Gehen Sie die Sitzungszeit durch und achten Sie dabei nur darauf, was Sie während dieser Sitzung mit Ihren Händen getan und welche Dinge der Außenwelt Sie während dieser Sitzung gehört haben.**

4. **Richten Sie Ihre Aufmerksamkeit fest auf einen angenehmen Gegenstand, der jetzt in Ihrer Nähe ist.**

Wiederholen Sie dies so lange, bis Sie sich wieder frisch in Ihrer unmittelbaren Umgebung fühlen.

ANHANG

Weiteres Studium

Bücher und Vorträge von L. Ron Hubbard

Die Materialien der Dianetik und Scientology umfassen das größte Informationsgefüge, das je über den Verstand, das geistige Wesen und das Leben zusammengetragen wurde. Während fünf Jahrzehnten der Forschung, Untersuchung und Entwicklung verbesserte und systematisierte L. Ron Hubbard es unablässig. Die Ergebnisse dieser Arbeit sind in Hunderten von Büchern und mehr als 3.000 aufgezeichneten Vorträgen enthalten. Eine vollständige Auflistung und Beschreibung von ihnen allen, einschließlich der übersetzten Ausgaben, die in Ihrer Sprache erhältlich sind, können von jeder Scientology Kirche oder Verlagsorganisation bezogen werden. (Siehe ***Guide zu den Materialien.***)

Die im Folgenden aufgeführten Bücher und Vorträge bilden die Grundlage, auf der die Brücke zur Freiheit gebaut ist. Sie werden hier in der Reihenfolge aufgeführt, wie L. Ron Hubbard sie geschrieben beziehungsweise gehalten hat. In vielen Fällen hielt L. Ron Hubbard eine Reihe von Vorträgen direkt im Anschluss an die Herausgabe eines neuen Buches, um weitere Erklärungen und Einblicke in diese entscheidenden Informationen zu bieten. Aufgrund enormer Bemühungen, jene Vorträge zu übersetzen, sind sie jetzt auf Deutsch verfügbar. Sie werden hier zusammen mit dem jeweiligen begleitenden Buch aufgeführt.

Während L. Ron Hubbards Bücher die Zusammenfassungen von Errungenschaften und Schlussfolgerungen enthalten, so wie sie auf dem Entwicklungspfad seiner Forschung erschienen, liefern seine Vorträge die laufende, tägliche Aufzeichnung der Forschung und erklären die Gedanken, Schlussfolgerungen, Tests und Demonstrationen, die auf dieser Route liegen. In dieser Hinsicht bilden die Vorträge die vollständige Aufzeichnung des gesamten Forschungsweges und liefern nicht nur die wichtigsten Errungenschaften in der Geschichte des Menschen, sondern auch, *warum* und *wie* L. Ron Hubbard zu ihnen gelangte.

Ein chronologisches Studium dieser Bücher und Vorträge ist nicht zuletzt deshalb von Vorteil, weil dabei Wörter und Ausdrücke einbezogen werden, die L. Ron Hubbard bei ihrer ursprünglichen Verwendung mit beträchtlicher Genauigkeit definierte. Weit über eine bloße „Definition" hinaus sind ganze Vorträge einer vollständigen Beschreibung jedes neuen Dianetik- oder Scientology-Ausdruckes gewidmet – das ermöglichte die Errungenschaft, sowohl ihre Anwendung im Auditing als auch ihre Anwendung auf das Leben selbst. Infolgedessen bleibt man ohne missverstandene Ausdrücke, erhält ein vollständiges begriffliches Verstehen der Dianetik und Scientology und begreift die Themen auf einer Stufe, wie es sonst nicht möglich wäre.

Wenn Sie in der richtigen Reihenfolge studieren, können Sie sehen, wie das Fachgebiet Fortschritte machte, und die höchsten Entwicklungsstufen erkennen. Die nachfolgende Auflistung von Büchern und Vorträgen zeigt, wo *Selbstanalyse* sich innerhalb der Entwicklungslinie einfügt. Davon ausgehend können Sie bestimmen, was Ihr *nächster* Schritt ist oder welche früheren Bücher und Vorträge Sie ausgelassen haben mögen. Dann werden Sie imstande sein, Lücken zu füllen, und somit nicht nur das Wissen jeder Errungenschaft erlangen, sondern ein größeres Verstehen dessen, was Sie bereits studiert haben.

Das ist der Weg, um zu wissen, wie man weiß; so schließen Sie das Tor zu Ihrer zukünftigen Ewigkeit auf. Beschreiten Sie ihn.

DIANETIK: DIE URSPRÜNGLICHE STUDIE • L. Ron Hubbards *erste* Beschreibung der Dianetik. Ursprünglich war das Buch als Manuskript im Umlauf, wurde schon bald vervielfältigt und von einem zum anderen weitergereicht. Die daraus resultierende Mundpropaganda erschuf eine solche Nachfrage nach weiterer Information, dass Hubbard beschloss, dass ein Buch die einzige Möglichkeit wäre, auf die Anfragen zu antworten. Dieses Buch war Dianetik: Der Leitfaden für den menschlichen Verstand, das jetzt zum unübertroffenen Selbsthilfe-Bestseller geworden ist. Finden Sie heraus, wie alles begann. Denn hier befinden sich die fundamentalen Grundlagen der Entdeckungen über die Dianetik: die *Ursprünglichen Axiome*, das *Dynamische Prinzip des Daseins*, der *Aufbau des Analytischen* und *Reaktiven Verstandes*, die *Dynamiken*, die *Tonskala*, der *Auditorenkodex* und die erste Beschreibung eines *Clears*. Und sogar noch mehr als das: Hier findet man die Hauptgesetzmäßigkeiten, die beschreiben, *wie* und *warum* Auditing funktioniert. Es steht nur hier in Dianetik: Die Ursprüngliche Studie.

DIANETIK: DIE ENTWICKLUNG EINER WISSENSCHAFT • Dies ist die Geschichte davon, *wie* L. Ron Hubbard den reaktiven Verstand entdeckte und die Verfahren für Auditing entwickelte, um ihn loszuwerden. Das Buch wurde ursprünglich für ein nationales Magazin geschrieben und erschien zur gleichzeitigen Veröffentlichung mit Dianetik: Der Leitfaden für den menschlichen Verstand – nach seiner Veröffentlichung setzte es praktisch über Nacht eine Bewegung in Gang, die sich wie ein Lauffeuer verbreitete. Hier findet man somit sowohl die Grundlagen der Dianetik als auch den einzigen Bericht von L. Ron Hubbard über seine zwei Jahrzehnte dauernde Entdeckungsreise und darüber, wie er wissenschaftliche Methodik auf die Probleme des menschlichen Verstandes anwandte. Er schrieb es, damit Sie Bescheid wissen würden. Daher ist dieses Buch ein Muss für jeden Dianetiker und Scientologen.

DIANETIK: DER LEITFADEN FUR DEN MENSCHLICHEN VERSTAND • Der Blitz aus heiterem Himmel, der eine weltweite Bewegung in Gang setzte. Zwar hatte Hubbard seine Entdeckung des reaktiven Verstandes vorher bekannt gegeben, doch dieses Buch schürte das entfachte Feuer derer weiter, die nach mehr Informationen strebten. Genauer gesagt: Es war für einen einzigen Menschen praktisch unmöglich, einen ganzen Planeten zu klären. Dieses Buch beinhaltet alle von Hubbards früheren Entdeckungen sowie die Fallgeschichten jener bahnbrechenden Erkenntnisse, die es in Anwendung zeigt. Somit stellte L. Ron Hubbard das vollständige Handbuch des Dianetik Verfahrens zur Verfügung, um Auditoren auszubilden, die es überall anwenden sollten. Dianetik: Der Leitfaden für den menschlichen Verstand ist seit mehr als einem halben Jahrhundert ein Bestseller. Es existieren viele Millionen gedruckte Exemplare in mehr als fünfzig Sprachen und das Buch wird in mehr als 100 Ländern der Erde angewandt. Es ist unbestreitbar das meistgelesene und einflussreichste Buch über den menschlichen Verstand, das je geschrieben wurde. Und das ist der Grund, warum es für immer als *Buch Eins* bekannt sein wird.

DIANETIK-VORTRÄGE UND -DEMONSTRATIONEN • Gleich nach der Veröffentlichung von *Dianetik* begann L. Ron Hubbard vor vollen Auditorien in ganz Amerika Vorträge zu halten. Obwohl er sich an Tausende auf einmal wandte, wuchs die Nachfrage unaufhörlich. Um dieser Nachfrage gerecht zu werden, wurde seine Vorführung in Oakland, Kalifornien, aufgezeichnet. In diesen vier Vorträgen berichtet L. Ron Hubbard von den Ereignissen, die ihn zu seiner Untersuchung veranlassten und zu seiner persönlichen Reise zu seinen bahnbrechenden Entdeckungen. Er ließ dem Ganzen eine persönliche Demonstration von Dianetik Auditing folgen – die einzige erhältliche derartige Demonstration von Buch Eins. *4 Vorträge.*

DIANETIK PROFESSIONELLEN-KURS-VORTRÄGE – *EIN SPEZIELLER KURS FÜR BUCH-EINS-AUDITOREN* • Nachdem L. Ron Hubbard sechs Monate lang von Küste zu Küste gereist war, um den ersten Dianetikern Vorträge zu halten, versammelte er Auditoren in Los Angeles zu einem neuen Professionellen-Kurs. Das Thema war seine nächste umfassende Entdeckung über das Leben – das *ARK-Dreieck*, das die Beziehung von *Affinität, Realität* und *Kommunikation* beschreibt. In einer Reihe von fünfzehn Vorträgen gab Hubbard viele neue Entdeckungen bekannt, einschließlich des *Spektrums der Logik*, das unendlich viele Gradienten von richtig bis falsch enthält, *ARK und die Dynamiken;* die *Tonskalen von ARK*, den *Auditorenkodex* und wie er mit ARK in Verbindung steht; und die *Tabelle der Zugänglichkeit*, die einen Fall klassifiziert und verrät, wie er auditiert werden muss. Hier findet man daher sowohl die endgültige Aussage über das Auditing-Verfahren aus Buch Eins als auch die Entdeckung, an die sich jede weitere Forschung anlehnen sollte. Man hatte seit mehr als fünfzig Jahren angenommen, dass die Informationen in diesen Vorträgen verloren waren und sie nur als Studentennotizen zur Verfügung standen, veröffentlicht in Notizen zu den Vorträgen. Die ursprünglichen Aufnahmen wurden jetzt entdeckt und zum ersten Mal allgemein verfügbar gemacht. Das Leben in seinem höchsten Zustand, *Verstehen*, besteht aus Affinität, Realität und Kommunikation. Und wie LRH sagte, findet man die beste Beschreibung des ARK-Dreiecks in diesen Vorträgen. *15 Vorträge.*

DIE WISSENSCHAFT DES ÜBERLEBENS – *DIE VORHERSAGE MENSCHLICHEN VERHALTENS* • Das nützlichste Buch, das Sie je besitzen werden. Im Mittelpunkt von Die Wissenschaft des Überlebens steht die Hubbard Tabelle der Einschätzung des Menschen. Damit stellt das Buch die erste genaue Vorhersage für menschliches Verhalten dar. Die Tabelle umfasst alle Manifestationen von jemandes Überlebenspotenzial, abgestuft von der höchsten bis zur niedrigsten. Das macht es zum vollständigen Buch über die Tonskala. Wenn man nur ein oder zwei charakteristische Merkmale einer Person kennt und diese Tabelle verwendet, kann man die Position des Betreffenden auf der Tonskala bestimmen und so das Übrige wissen. Man kann auf diese Weise einen akkuraten Hinweis auf die gesamte Persönlichkeit, das Verhalten und den Charakter der Person erhalten. Vor diesem Buch war die Welt davon überzeugt, dass sich Fälle nicht verbessern, sondern nur verschlechtern könnten. Die Wissenschaft des Überlebens vermittelt die Vorstellung von verschiedenen Fallzuständen sowie die brandneue Vorstellung, dass man auf der Tonskala nach oben voranschreiten kann. Dieses Buch bildet die Grundlage der heutigen Gradkarte.

VORTRÄGE ZU DIE WISSENSCHAFT DES ÜBERLEBENS • Der Entwicklung der Tonskala und der Hubbard Tabelle der Einschätzung des Menschen lag eine monumentale Entdeckung zugrunde: Die *Theta-MEST-Theorie*. Sie beinhaltet die Erklärung der Wechselbeziehung zwischen Leben – *Theta* – und dem physikalischen Universum aus Materie, Energie, Raum und Zeit – *MEST*. In diesen Vorträgen, die direkt nach der Veröffentlichung des Buches vor Studenten gehalten wurden, lieferte Hubbard die ausführlichste Beschreibung von allem, was der Tabelle der Einschätzung des menschlichen Verhaltens und ihrer Anwendung im Leben selbst zugrunde liegt. Außerdem befindet sich hier auch die Erklärung des Verhältnisses von *Theta* und *en(turbuliertem) Theta*, d. h. *Entheta*, das jemandes Position auf der Tonskala bestimmt, sowie die Mittel, um zu höheren Zuständen aufzusteigen. *4 Vorträge.*

SELBSTANALYSE • *(Das vorliegende Buch.)* Die Barrieren des Lebens sind eigentlich nur Schatten. Lernen Sie sich selbst kennen – nicht nur einen Schatten Ihrer Selbst. Selbstanalyse, das die vollständigste Beschreibung des Bewusstseins enthält, führt Sie durch Ihre Vergangenheit und Ihre potenziellen Möglichkeiten, Ihr Leben. Unter Verwendung einer speziellen Version der Hubbard Tabelle der Einschätzung des Menschen und einer Reihe von Selbstuntersuchungen ermitteln Sie, wo Sie sich auf der Tonskala befinden. Indem Sie dann eine Reihe leichter, jedoch äußerst wirkungsvoller Prozesse verwenden, beginnen Sie das großartige Abenteuer der Selbstentdeckung. Zusätzlich enthält dieses Buch umfangreiche Prinzipien, die *jeden* Fall erreichen, vom niedrigsten bis zum höchsten – einschließlich Auditing-Techniken, die so wirkungsvoll sind, dass Hubbard in allen folgenden Jahren bis hin zu den höchsten Stufen wiederholt auf sie verweist. Kurz gesagt, dieses Buch bringt jemanden nicht nur die Tonskala hinauf, sondern ist imstande, eine Person aus praktisch allem herauszuholen.

FORTGESCHRITTENES VERFAHREN UND AXIOME • Mit neuen Errungenschaften über die Natur und den Aufbau von Engrammen – „Engramme sind nur dann wirksam, wenn die Person selbst bestimmt, dass sie wirksam sein werden" – ging die Entdeckung einher, wie ein Wesen *Service-Faksimiles* verwendet: ein Mechanismus, der eingesetzt wird, um Versagen im Leben hinwegzuerklären, der eine Person dann aber in schädlichen Verhaltensmustern und weiteren Fehlschlägen festhält. Daraus ging eine neue Art von Prozessing hervor, das sich an *Gedanke, Emotion* und *Anstrengung* richtet. Es wird in den „Fünfzehn Akten" des Fortgeschrittenen Verfahrens beschrieben und zielt auf die Rehabilitierung der *Selbstbestimmung* des Preclears. Daher schließt dieses Buch auch eine allumfassende, keine Ausreden zulassende Beschreibung von *Voller Verantwortung* ein – dem Schlüssel, der das Ganze aufschließt. Des Weiteren finden Sie hier auch die systematische Darstellung von *Definitionen, Logiken* und *Axiomen*, die sowohl eine Zusammenfassung des gesamten Wissensgebietes als auch eine Richtung für jegliche künftige Erforschung darstellt. *Siehe das Handbuch für Preclears, das als begleitendes Selbst-Prozessing-Handbuch zu Fortgeschrittenes Verfahren und Axiome geschrieben wurde.*

GEDANKE, EMOTION UND ANSTRENGUNG • Mit der Systematisierung der Axiome kamen die Mittel, um Schlüsselstellen bei einem Fall anzugehen, die imstande wären, jegliche Aberration zu entwirren. *Grundlegende Postulate, Primärer Gedanke, Ursache und Wirkung* und deren Auswirkung auf alles, von *Erinnerung* und *Verantwortung* bis hin zur Rolle, die eine Person selbst dabei spielt, *Engrammen* Kraft zu verleihen – Themen, die nur in dieser Vortragsreihe behandelt werden. Diese Vorträge enthalten auch die vollständigste Beschreibung von *Service-Faksimiles* – und warum, sie aufzulösen, jegliches selbst auferlegtes Unvermögen behebt. *21 Vorträge.*

HANDBUCH FÜR PRECLEARS • Mit den „Fünfzehn Akten" von Fortgeschrittenes Verfahren und Axiome gehen die im Handbuch für Preclears beschriebenen fünfzehn Selbst-Prozessing-Akte einher. Darüber hinaus enthält dieses Buch eine Reihe von Essays, welche die ausführlichste Beschreibung des *Idealen Zustandes des Menschen* angeben. Entdecken Sie, warum Verhaltensmuster zu etwas derart fest Fixiertem werden, warum Gewohnheiten scheinbar nicht abgelegt werden können, inwiefern vor langem getroffene Entscheidungen mehr Macht über eine Person haben als ihre heutigen Entscheidungen und warum jemand in der Gegenwart vergangene, negative Erfahrungen behält. Alles ist klar in der Tabelle der Einstellungen dargestellt – ein Meilenstein, der die Tabelle der Einschätzung des Menschen ergänzt –, die den idealen Seinszustand und die *Einstellungen* und *Reaktionen* einer Person auf das Leben festlegt. *Beim Selbst-Prozessing wird Das Handbuch für Preclears in Verbindung mit Selbstanalyse verwendet.*

DAS LEBENSKONTINUUM • Unter einem Sturm von Anfragen um Vorträge über seine neusten Errungenschaften antwortete Hubbard mit allem und mehr auf der Zweiten Jährlichen Zusammenkunft von Dianetik Auditoren. Hier beschreibt er die Technologie, die den Selbst-Prozessing-Schritten des *Handbuches* zugrunde liegt, und es ist der Ort, wo das *Wie* und *Warum* des Ganzen zu finden ist: die Entdeckung des *Lebenskontinuums* – des Mechanismus, der die Person dazu zwingt, das Leben einer verstorbenen oder dahingeschiedenen Person fortzuführen, indem sie in ihrem eigenen Körper die Gebrechen und Eigenarten des Verstorbenen hervorbringt. Kombiniert mit Instruktionen an Auditoren, wie sie die Tabelle der Einstellungen beim Bestimmen des richtigen Einstiegsgradienten bei jedem Fall verwenden sollten, finden sich hier ebenfalls Anweisungen in Bezug auf die Verbreitung des Handbuches und somit die Mittel, umfangreiches Clearing in Gang zu setzen. *10 Vorträge.*

SCIENTOLOGY: MEILENSTEIN EINS • Hubbard begann den ersten Vortrag in dieser Reihe mit sechs Worten, die die Welt für immer verändern würden: „Dies ist ein Kurs in *Scientology*." Von da an beschrieb Ron nicht nur den gewaltigen Anwendungsbereich für das damals brandneue Fachgebiet, er beschrieb auch ausführlich seine Entdeckungen über vergangene Leben. Dann ging er zur Beschreibung des ersten E-Meters und seiner anfänglichen Verwendung bei der Enthüllung der *Theta-Linie* (der gesamten Zeitspur des Daseins eines Thetans) über, die sich von der *genetischen Körperlinie* (der Zeitspur von Körpern und ihrer physischen Entwicklung) völlig unterscheidet, erschütterte damit die „Nur-ein-Leben"-Lüge und offenbarte die *Gesamtzeitspur* des spirituellen Daseins. Dies ist die eigentliche Geburtsstunde der Scientology. *22 Vorträge.*

DER WEG ZUR UNENDLICHKEIT: TECHNIK-80-VORTRÄGE • L. Ron Hubbard erklärte: „Technik 80 ist die *Sein-oder-Nicht-Sein*-Technik." Damit enthüllte er das entscheidende Fundament, auf dem Fähigkeit und geistige Gesundheit ruhen: *das Vermögen eines Wesens, eine Entscheidung zu treffen.* Hier sind also der Aufbau von „Vielleicht", die *Wellenlängen von ARK,* die *Tonskala von Entscheidungen* beschrieben und die Werkzeuge, um die Fähigkeit eines Wesens *Zu Sein* zu rehabilitieren ... praktisch *alles. 7 Vorträge. (Die Kenntnis von Technik 80 ist erforderlich für Technik 88, wie sie in Scientology: Entwicklungsgeschichte des Menschen beschrieben ist – im Weiteren.)*

SCIENTOLOGY: ENTWICKLUNGSGESCHICHTE DES MENSCHEN • „Eine kaltblütige, auf Tatsachen beruhende Beschreibung Ihrer letzten 76 Billionen Jahre." So beginnt Entwicklungsgeschichte des Menschen, welches die bahnbrechende *Technik 88* vorstellt. In diesem Buch wird zum ersten Mal die Wahrheit über die Gesamtzeitspur-Erfahrung enthüllt und ausschließlich der Thetan im Auditing angesprochen. Hier wird Geschichte mit dem ersten E-Meter enträtselt und es werden die Hauptgeschehnisse auf der Gesamtzeitspur dargelegt und beschrieben, die bei jedem menschlichen Wesen gefunden werden können: *Elektronische Implants, Entitäten,* die *genetische Zeitspur, Geschehnisse zwischen-den-Leben, wie sich Körper entwickelten und warum Sie in ihnen gefangen wurden* – all das wird hier ausführlich beschrieben.

TECHNIK 88: GESCHEHNISSE AUF DER ZEITSPUR VOR DER ERDE • „Technik 88 ist die übertriebenste, überschäumendste, dramatischste, nicht mehr zu überbietende, hochfliegendste, hervorragendste, eindrucksvollste, überdimensionalste und großartigste Technik, die der Verstand des Menschen in vorstellbarer Weise je umfassen könnte. Sie ist so groß wie die Gesamtzeitspur samt all ihren Geschehnissen darauf. Sie ist das, was Sie darauf anwenden; sie ist das, was geschah. Sie enthält die Rätsel und Geheimnisse, die Mysterien aller Zeiten. Sie könnten dieser Technik eine Schlagzeile widmen, so wie es bei einer Nebenattraktion gemacht wird, aber es gibt nichts, was Sie sagen könnten, es existiert kein Adjektiv, das Sie verwenden könnten, um auch nur einen kleinen Ausschnitt davon angemessen zu beschreiben. Sie setzt nicht nur der Vorstellungskraft arg zu, sondern sie veranlasst Sie dazu, sich zu schämen, sich irgendetwas vorzustellen." So lauten Hubbards einführende Worte an Sie in dieser noch nie zuvor erhältlichen Vortragsreihe, die alles andere ausführt, was in Entwicklungsgeschichte des Menschen enthalten ist. Was Sie erwartet, ist die Gesamtzeitspur selbst. *15 Vorträge.*

SCIENTOLOGY 8-80 • Die *erste* Erklärung der Elektronik menschlichen Denkens und der Energiephänomene bei jedem Wesen. Entdecken Sie, wie sich in einem Wesen sogar Bewegungsgesetze des physikalischen Universums widerspiegeln, ganz zu schweigen von der Elektronik von Aberration. Hier ist die Verbindung zwischen Theta und MEST; hier wird beschrieben, was Energie *ist* und wie man sie *erschafft.* Es war diese bahnbrechende Erkenntnis, die das Gebiet über die *Flows* eines Thetans aufdeckte und die wiederum heute in *jedem* Auditing-Prozess verwendet wird. Im Titel des Buches steht „8-8" für *Unendlichkeit-Unendlichkeit* und „0" symbolisiert das Statik, *Theta.* Es beinhaltet die *Wellenlängen von Emotion, Ästhetik, Schönheit und Hässlichkeit, Inflow und Outflow* sowie die *Unter-Null-Tonskala* – nur auf den Thetan anwendbar.

DER URSPRUNG DER LEBENSENERGIE • Angefangen mit der Ankündigung seines neuen Buches – Scientology 8-80 – enthüllte L. Ron Hubbard nicht nur seine Entdeckungen über Theta als den Ursprung der Lebensenergie, sondern beschrieb auch genau die *Forschungsmethoden,* die er verwendete, um diese sowie jede andere Entdeckung der Dianetik und Scientology zu machen: die *Qs* und *Logiken* – Methoden des *Denkens,* die auf jedes Universum oder jeden Denkprozess Anwendung finden. Hier finden Sie demnach sowohl *wie man denkt* als auch *wie man sämtliche Daten und sämtliches Wissen auswertet,* und somit das Kernstück zu einem vollständigen Verstehen der Scientology und des Lebens selbst. *14 Vorträge.*

DIE HERRSCHAFT VON THETA • Während er sein neuestes Buch und den Doktoratskurs vorbereitete, den er im Begriff war abzuhalten, versammelte Hubbard Auditoren für einen neuen Professionellen-Kurs. Er sagte: „Mit diesem Kurs treten wir zum ersten Mal wirklich außerhalb des Rahmens des Wortes *Überleben.*" Mit dieser Aussicht vermittelt Die Herrschaft von Theta die Technologie, welche die Brücke vom Wissen aus 8-80 zu 8-8008 schlägt, und liefert die erste vollständige Erklärung des Themas *Ursache* sowie einen permanenten Orientierungswechsel im Leben; von *Mest* zu *Theta. 10 Vorträge.*

SCIENTOLOGY 8-8008 • Die vollständige Beschreibung des Verhaltens und der potenziellen Möglichkeiten eines *Thetans* sowie das Lehrbuch für die Philadelphia-Doktoratskurs-Vorträge und die Vorträge über Die Faktoren: Bewunderung und die Renaissance von Beingness. Wie L. Ron Hubbard sagte, dient der Titel des Buches dazu, dem Individuum einen Weg einzuprägen, wie es sich selbst, seine Fähigkeiten, Ethik und seine Ziele rehabilitieren kann – das Erreichen von *Unendlichkeit* (8) durch die Reduzierung der scheinbaren *Unendlichkeit* (8) des MEST-Universums auf *null* (0) und die Vergrößerung der scheinbaren *Null* (0) des eigenen Universums bis zur *Unendlichkeit* (8). Das Buch enthält mehr als 80.000 Stunden Untersuchungen mit einer Zusammenfassung und Erläuterung jeder bis dahin erreichten Erkenntnis – und die vollständige Bedeutung dieser Entdeckungen bildet die neue Aussicht auf *Operating Thetan.*

DIE PHILADELPHIA-DOKTORATSKURS-VORTRÄGE • Diese berühmte Serie bildet das größte eigenständige Werk über Aufbau, Verhalten und potenzielle Möglichkeiten der menschlichen Seele, das je zusammengestellt wurde. Diese Vorträge liefern die Grundlagen, die dem Weg zu Operating Thetan zugrunde liegen. Sie behandeln detailliert die Beziehung des Thetans zur *Erschaffung, Erhaltung* und *Zerstörung von Universen.* Genau diese Ausdrücke beinhalten den *Aufbau* von Materie, Energie, Raum und Zeit und wie man Universen ins Dasein *postuliert.* Hier findet man auch den Abfall des Thetans von Gesamtzeitspur-Fähigkeiten und die *universellen Gesetze,* durch die sie wiederhergestellt werden. Kurz gesagt, wird hier Hubbards Systematisierung der höheren Ebenen der Theta-Beingness und ihres Verhaltens dargestellt. Vortrag für Vortrag wird jeder Begriff des Kurslehrbuchs Scientology 8-8008 näher ausgeführt, wobei der volle Umfang des *Sie* im Urzustand vorgestellt wird. *76 Vorträge samt beiliegenden Reproduktionen der ursprünglichen 54 handgezeichneten LRH-Vortragsschaubilder.*

DIE FAKTOREN: BEWUNDERUNG UND DIE RENAISSANCE VON BEINGNESS • Nachdem die *potenziellen* Möglichkeiten eines Thetans wieder vollständig hergestellt worden waren, richtete Hubbard seinen Blick nach draußen, was in seiner monumentalen Entdeckung eines *universalen Lösungsmittels* resultierte und den grundlegenden Regeln des Theta-*Universums* – Regeln, die praktisch buchstäblich allem übergeordnet sind – *Die Faktoren: Zusammenfassung der Betrachtungen über den menschlichen Geist und das materielle Universum.* Diese Erkenntnisse waren so dramatisch, dass Hubbard das Buch Scientology 8-8008 erweiterte und sowohl vorherige Entdeckungen klarstellte als auch ein Kapitel nach dem anderen hinzufügte. Diese stellen, wenn sie zusammen mit diesen Vorträgen studiert werden, eine weiterführende Stufe zum Doktoratskurs dar. Dies sind also Vorträge mit dem Wissen über *universale Wahrheit,* die das Rätsel der Schöpfung selbst lösen. *18 Vorträge.*

DAS SCHAFFEN MENSCHLICHER FAHIGKEITEN – ***EIN HANDBUCH FÜR SCIENTOLOGEN*** • Direkt im Anschluss an L. Ron Hubbards Entdeckungen von Operating Thetan folgte ein Jahr intensiver Forschung, in dem er das Reich eines *Thetans exterior* erforschte. Mit Hilfe von Auditing und Instruktion, wozu 450 Vorträge in dieser gleichen zwölfmonatigen Zeitspanne zählten, systematisierte L. Ron Hubbard das gesamte Fachgebiet der Scientology. Und es ist alles in diesem Handbuch enthalten, von einer *Zusammenfassung der Scientology* bis zu ihren grundlegenden *Axiomen* und *Kodizes*. Darüber hinaus ist hier das *Intensiv-Verfahren* beschrieben, das die bekannten Exteriorisationsprozesse *Route 1* und *Route 2* enthält – Prozesse, die sich direkt aus den Axiomen ableiten. Jeder einzelne Prozess wird im Detail beschrieben – *wie* er verwendet wird, *warum* er funktioniert, die axiomatische Technologie, die seiner Verwendung zugrunde liegt, und die vollständige Erklärung dessen, wie ein Wesen die *falschen Übereinstimmungen* und *selbst erschaffenen Barrieren* zerbrechen kann, die es zum Sklaven des physikalischen Universums machen. Kurz gesagt, enthält dieses Buch die endgültige Zusammenfassung der OT-Fähigkeiten eines Thetans exterior und wie man sie mit Beständigkeit erreichen kann.

DIE PHOENIX-VORTRÄGE: BEFREIUNG DER MENSCHLICHEN SEELE • Hier ist der umfassende Überblick über die Scientology insgesamt. Nachdem Hubbard das Fachgebiet der Scientology in Das Schaffen Menschlicher Fähigkeiten systematisiert hatte, hielt er eine Reihe halbstündiger Vorträge, um eigens ein vollständiges Studium des Buches zu begleiten. Von den *wesentlichen Grundlagen*, die der Technologie zugrunde liegen – *Die Axiome, Zustände des Daseins* und *Betrachtungen und mechanische Dinge* bis zu den Prozessen des *Intensiv-Verfahrens*, was zwölf Vorträge mit einschließt, die einer nach dem anderen die Thetan-exterior-Prozesse von *Route 1* beschreiben – alles wird vollständig behandelt und vermittelt ein begriffliches Verstehen von der *Wissenschaft des Wissens* und *OT-Fähigkeiten im Urzustand*. Hier finden sich die grundlegenden Prinzipien, auf denen alles in der Scientology aufbaut, einschließlich der allumfassenden Aussage der Religion und ihres Erbes – *Scientology, ihr allgemeiner Hintergrund*. Daher ist dies die entscheidende Vortragsreihe über Scientology selbst und die axiomatische Grundlage für alle zukünftige Forschung. *42 Vorträge.*

DIANETIK 55! – ***DAS VOLLSTANDIGE HANDBUCH ÜBER MENSCHLICHE KOMMUNIKATION*** • Mit allen bisherigen Errungenschaften war ein einziger Faktor isoliert worden, der für den Erfolg bei jeder Art von Auditing ausschlaggebend ist. LRH drückte es folgendermaßen aus: „Kommunikation ist heutzutage in der Dianetik und Scientology so außerordentlich wichtig (wie sie es auf der Gesamtzeitspur immer gewesen ist), dass man sagen könnte, wenn Sie einen Preclear in Kommunikation bringen würden, dann würden Sie ihn in guten Zustand bringen." Und dieses Buch beschreibt den *genauen*, aber früher unbekannten Aufbau von *perfekter* sowie Formeln für *perfekte* Kommunikation. Die Magie des Kommunikationszyklus ist *die* Grundlage des Auditings und der Hauptgrund, weshalb Auditing funktioniert. Die hier erzielten Errungenschaften eröffneten neue Perspektiven zur Anwendung – Entdeckungen von solcher Tragweite, dass L. Ron Hubbard Dianetik 55! das *Zweite Buch* der Dianetik nannte.

DER VEREINIGUNGSKONGRESS: KOMMUNIKATION! FREIHEIT & FÄHIGKEIT • Der historische Kongress, auf dem mit der Veröffentlichung von *Dianetik 55!* die Wiedervereinigung der Fachgebiete Dianetik und Scientology bekannt gegeben wurde. Bisher hatte jedes Fachgebiet in seinem eigenen Bereich gewirkt: Die Dianetik richtete sich an den Menschen *als Menschen* – die ersten vier Dynamiken –, während die Scientology sich an das *Leben selbst* richtete – die Dynamiken fünf bis acht. Die Formel, die als die Grundlage für jede zukünftige Entwicklung diente, war in einem einzigen Wort enthalten: *Kommunikation*. Dies war eine Errungenschaft von großer Tragweite. Hubbard bezeichnete sie später als „die großartige Entdeckung der Dianetik und Scientology". Hier sind die Vorträge, so wie es sich ereignete. *16 Vorträge samt beiliegenden Reproduktionen der ursprünglichen handgezeichneten LRH-Vortragsschaubilder.*

SCIENTOLOGY: DIE GRUNDLAGEN DES DENKENS – *DAS GRUNDLEGENDE BUCH ÜBER DIE THEORIE UND PRAXIS DER SCIENTOLOGY FÜR ANFÄNGER* • Wurde von Hubbard als das *Buch Eins der Scientology* bezeichnet. Nachdem er die Fachgebiete Dianetik und Scientology vollständig vereinigt und systematisiert hatte, folgte die Verfeinerung ihrer *Grundlagen*. Das Buch war ursprünglich als Resümee der Scientology zur Verwendung bei Übersetzungen in nicht-englische Sprachen veröffentlicht worden. Dieses Buch ist von unschätzbarem Wert für den beginnenden wie auch für den fortgeschrittenen Studenten, der den Verstand, die Seele und das Leben studiert. Man kann, nur mit diesem Buch ausgerüstet, eine Praxis eröffnen und praktisch an Wunder grenzende Veränderungen des Wohlergehens von Leuten, ihrer Fähigkeit und Intelligenz bewirken. Im Buch enthalten sind die *Zustände des Daseins, Acht Dynamiken*, das *ARK-Dreieck*, die *Teile des Menschen*, die vollständige Analyse von *Leben als ein Spiel* und mehr, einschließlich exakter Prozesse, damit jeder die Prinzipien im Prozessing anwenden kann. Hier ist also, in einem einzigen Buch, der Ansatzpunkt, um Scientology den Leuten überall zu bringen.

DIE HUBBARD PROFESSIONELLEN-KURS-VORTRÄGE • Während Die Grundlagen des Denkens eine Einführung ins Fachgebiet für Anfänger darstellt, wird auch eine Zusammenfassung von Grundlagen für jeden Scientologen vermittelt. Hier sind die gründlichen Beschreibungen jener Grundlagen enthalten; jeder Vortrag hat halbstündige Länge und vermittelt, einer nach dem anderen, eine vollständige Beherrschung einer eigenständigen Entdeckung in der Scientology – *Axiome 1-10; der Aufbau von Kontrolle; die Handhabung von Problemen; Starten, Verändern und Stoppen; Verwirrung und stabile Daten; Exteriorisation; Valenzen* und mehr – das *Warum* dahinter, *wie* sie ins Dasein kamen, und ihre mechanischen Aspekte. Und alles wird zusammen mit dem *Kodex eines Scientologen* dargestellt, Punkt für Punkt, sowie seiner Verwendung bei der eigentlichen Erschaffung einer neuen Zivilisation. Kurz gesagt, hier sind die LRH-Vorträge, die einen *Professionellen Scientologen* hervorbringen – einen, der das Gebiet auf alle Aspekte des Lebens anwenden kann. *21 Vorträge.*

ZUSÄTZLICHE BÜCHER MIT WESENTLICHEN KONZEPTIONEN DER SCIENTOLOGY

ARBEIT

DIE PROBLEME DER ARBEIT – *SCIENTOLOGY AUF DEN BEREICH DES ALLTAGS ANGEWANDT* • Nachdem L. Ron Hubbard das gesamte Gebiet der Scientology systematisiert hatte, machte er sich sofort daran, das *Anfänger*handbuch verfügbar zu machen, damit jeder sie anwenden konnte. Er beschrieb dies folgendermaßen: Das Leben besteht zu sieben Zehnteln aus Arbeit, zu einem Zehntel aus Familie, zu einem Zehntel aus Politik und zu einem Zehntel aus Entspannung. Hier wird die Anwendung der Scientology auf diese sieben Zehntel des Daseins beschrieben, einschließlich der Lösungen für *Erschöpfung* und des *Geheimnisses der Leistungsfähigkeit.* Hier befindet sich auch die Analyse des Lebens selbst – eines Spiels mit exakten Regeln. Wenn Sie sie kennen, werden Sie Erfolg haben. Die Probleme der Arbeit enthält die Technologie, ohne die niemand leben kann, und sie kann direkt angewandt werden, sowohl von Scientologen als auch von denjenigen, für die das Fachgebiet neu ist.

LEBENSPRINZIPIEN

SCIENTOLOGY: EINE NEUE SICHT DES LEBENS • Scientology Grundlagen für jeden Aspekt des Lebens. Grundwahrheiten, die Ihnen die Verantwortung für Ihr Leben geben, Wahrheiten, auf die man immer wieder zurückgreifen kann: *Ist es möglich, glücklich zu sein?, Zwei Regeln für ein glückliches Leben, Persönliche Integrität, Die antisoziale Persönlichkeit* und vieles mehr. Sie werden in jedem Teil dieses Buches Scientology Grundlagen finden, die Zustände in Ihrem Leben beschreiben und *exakte* Methoden verfügbar machen, um sie zu ändern. Scientology: Eine Neue Sicht des Lebens enthält grundlegendes Wissen für jeden Scientologen und eine perfekte Einführung für jeden, dem das Fachgebiet neu ist.

AXIOME, KODIZES UND SKALEN

SCIENTOLOGY 0-8: DAS BUCH DER GRUNDLAGEN • Der Begleitband zu *allen* Büchern, Vorträgen und Materialien L. Ron Hubbards. Dies ist *das* Buch der Grundlagen. Es enthält unentbehrliche Daten, auf die Sie sich ständig beziehen werden: die *Axiome der Dianetik und Scientology; Die Faktoren;* eine vollständige Zusammenstellung aller *Skalen* – insgesamt über 100; Auflistungen der *Wahrnehmungseindrücke* und *Bewusstseinsstufen;* alle *Kodizes* und *Glaubensbekenntnisse* und vieles mehr. In diesem einen Band sind die übergeordneten Gesetze des Daseins zusammengefasst, die über 15.000 Seiten an Schriften, 3.000 Vorträgen und Dutzenden von Büchern entnommen sind.

Scientology Ethik: Technologie über optimales Überleben

EINFÜHRUNG IN DIE ETHIK DER SCIENTOLOGY • Eine neue Hoffnung für den Menschen entsteht mit der ersten brauchbaren Technologie der Ethik - einer Technologie, um einer Person zu helfen, sich selbst von der Talfahrt des Lebens zu einer höheren Ebene des Überlebens hinaufzuziehen. Dieses Buch ist das umfassende Handbuch, das die entscheidenden Grundlagen zur Verfügung stellt: *Die Grundlagen der Ethik und des Rechts; Ehrlichkeit; Zustände des Daseins; Zustandsformeln* von Verwirrung bis Macht; die *Grundlagen der Unterdrückung* und wie man sie in den Griff bekommt, genauso wie die *Rechtsverfahren* und ihre Verwendung in Scientology Kirchen. Hier findet man also die Technologie, um alle Hürden zu nehmen, sowohl im Leben als auch auf Ihrer persönlichen Reise die Brücke hinauf zu völliger Freiheit.

Reinigung

REINER KÖRPER, KLARES DENKEN – ***DAS WIRKSAME REINIGUNGSPROGRAMM*** • Wir leben in einer biochemischen Welt. Dazu ist dieses Buch die Lösung. Als L. Ron Hubbard die schädlichen Auswirkungen untersuchte, die eine frühere Drogeneinnahme auf die Fälle von Preclears hatte, machte er die bedeutende Entdeckung, dass viele Straßendrogen, vor allem LSD, lange nach ihrer Einnahme im Körper einer Person verblieben. Rückstände der Droge konnten ernste und dauerhafte Folgen haben, bemerkte er, u. a. zur Auslösung von weiteren „Trips" führen. Weitere Forschung enthüllte, dass eine erhebliche Bandbreite von Substanzen - Arzneimittel, Alkohol, Schadstoffe, Haushaltschemikalien und sogar Konservierungsstoffe in der Nahrung - ebenfalls im Körpergewebe eingelagert werden können. Mit Hilfe von Forschungen an Tausenden von Fällen entwickelte L. Ron Hubbard das *Reinigungsprogramm,* um die zerstörerischen Auswirkungen von Drogen zu beseitigen. Reiner Körper, Klares Denken führt im Detail jeden Aspekt des durch und durch natürlichen Verfahrens auf, der einen von den schädlichen Auswirkungen von Drogen und anderen Giftstoffen befreien kann und den Weg zu spirituellem Fortschritt öffnet.

NACHSCHLAGEWERKE

WAS IST SCIENTOLOGY?

Das vollständige und grundlegende enzyklopädische Nachschlagewerk über das Fachgebiet und die Ausübung der Scientology. Dieses Buch ist anwendungsorientiert und enthält die sachdienlichen Daten zu jedem Aspekt des Fachgebietes:

- L. Ron Hubbards Leben und sein Entdeckungspfad
- Das spirituelle Erbe der Religion

- Eine vollständige Beschreibung der Dianetik und Scientology
- Auditing – was es ist und wie es funktioniert
- Kurse – was sie enthalten und wie sie strukturiert sind
- Die Gradkarte der Dienste und wie man zu höheren Zuständen aufsteigt
- Das Ethik- und Rechtssystem der Scientology
- Die Organisationsstruktur der Kirche
- Eine vollständige Beschreibung der vielen gesellschaftlichen Verbesserungsprogramme, die von der Kirche unterstützt werden, einschließlich Drogenrehabilitierung, Reform des Strafvollzugs, Lese- und Schreibfertigkeit und Bildung und die Übermittlung von echten moralischen Werten
- Dieses Buch ist über 1.000 Seiten lang, enthält mehr als 500 Fotos, Illustrationen und Glaubensbekenntnisse, Kodizes, eine vollständige Liste aller Bücher und Materialien sowie einen Katechismus mit Antworten auf praktisch jede Frage über das Fachgebiet.

Sie stellen eine Frage und dieses Buch beantwortet sie.

DAS SCIENTOLOGY HANDBUCH

Die Grundlagen der Scientology für den täglichen Gebrauch in jedem Lebensbereich. Es behandelt 19 verschiedene Bereiche der Technologie und ist damit das umfassendste Handbuch über die Grundlagen des Lebens, das je veröffentlicht wurde. Jedes Kapitel enthält Schlüsselprinzipien und die Technologie für Ihre ständige Verwendung:

- Studiertechnologie
- Die Dynamiken des Daseins

- Die Bestandteile von Verstehen – Affinität, Realität und Kommunikation
- Die Tonskala
- Kommunikation und ihre Formeln
- Beistände für Krankheiten und Verletzungen
- Wie man Konflikte löst
- Integrität und Ehrlichkeit
- Ethik und die Zustandsformeln
- Lösungen für Unterdrückung und eine gefährliche Umgebung
- Die Ehe
- Kinder
- Werkzeuge für den Arbeitsplatz

Mehr als 700 Fotos, Illustrationen und Schaubilder machen es Ihnen leicht, die Verfahren zu erlernen und sie sofort anzuwenden. Dieses Buch ist wirklich das unentbehrliche Handbuch für jeden Scientologen.

Die Technologie, um eine bessere Welt zu bauen.

Über L. Ron Hubbard

Um das Leben wirklich zu kennen, muss man Teil des Lebens sein", sagte L. Ron Hubbard. „Man muss sich heranmachen und schauen; man muss in die Ritzen und Spalten des Daseins vordringen und man muss alle Arten und Typen von Menschen kennen gelernt haben, bevor man schließlich bestimmen kann, was der Mensch ist."

Während seiner langen und außergewöhnlichen Reise der Gründung der Dianetik und Scientology hat L. Ron Hubbard genau das getan. Von seiner abenteuerlichen Jugend in einem rauen und turbulenten amerikanischen Westen bis hin zu seiner weiten Reise durch das damals noch geheimnisvolle Asien; von seiner zwei Jahrzehnte währenden Suche nach dem Wesen des Lebens hin zum Triumph der Dianetik und Scientology – das sind die Geschichten, die in den biografischen Veröffentlichungen L. Ron Hubbards gefunden werden.

L. Ron Hubbard: Bilder eines Lebens präsentiert einen fotografischen Überblick über L. Ron Hubbards große Reise. Diese Bilder wurden Hubbards eigener archivarischer Sammlung entnommen und vermitteln so sein Leben, wie er selbst es gesehen hat.

Die vielen Aspekte dieses reichen und vielseitigen Lebens werden dagegen in der Ron-Serie behandelt. Jede Ausgabe konzentriert sich auf ein spezifisches Metier L. Ron Hubbards: *Auditor, Menschenfreund, Philosoph, Künstler, Dichter, Musiker, Fotograf* und viele mehr; es gehören auch seine veröffentlichten Artikel über *Freiheit* und seine persönlichen *Briefe und Tagebücher* dazu. Hier stellt sich das Leben eines Menschen dar, der im Zeitraum eines einzigen Lebens mindestens zwanzig Leben geführt hat.

Für weitere Informationen besuchen Sie

www.lronhubbard.org

Ihre Reise zu einem vollständigen Verstehen der Dianetik und Scientology ist das größte Abenteuer überhaupt. Aber Sie brauchen eine Karte, die Ihnen zeigt, wo Sie stehen und wohin Sie gehen.

Diese Karte ist die Materialien-Guide-Karte. Sie zeigt alle Bücher und Vorträge von L. Ron Hubbard mit einer vollständigen Beschreibung ihres Inhalts und Themas, sodass Sie genau das finden können, wonach *Sie* suchen und was *Sie* brauchen.

Da jedes Buch und jeder Vortrag in chronologischer Reihenfolge ausgelegt ist, können Sie sehen, *wie* die Fachgebiete Dianetik und Scientology entwickelt wurden. Was das bedeutet, ist Folgendes: Allein beim Studieren dieser Karte können Sie sich auf eine Erkenntnis nach der anderen gefasst machen!

Die Neuausgaben jedes Buches beinhalten umfassende Glossare mit Definitionen für jeden technischen Ausdruck. Und als Ergebnis eines umfangreichen Übersetzungsprogramms werden Hunderte von Vorträgen L. Ron Hubbards auf CD erhältlich gemacht, samt Abschriften, Glossaren, Vortragsschaubildern, Diagrammen und Ausgaben, auf die er sich in den Vorträgen bezieht. Als Ergebnis erhalten Sie *sämtliche* Informationen, können mit Leichtigkeit lernen und ein vollständiges *begriffliches* Verstehen davon erlangen.

All das führt zu einem neuen Goldenen Zeitalter des Wissens, von dem jeder Dianetiker und Scientologe geträumt hat.

Um Ihre KOSTENLOSE Materialien-Guide-Karte mit Katalog zu bekommen oder L. Ron Hubbards Bücher und Vorträge zu bestellen, kontaktieren Sie:

ÖSTLICHE HEMISPHÄRE:
New Era Publications International ApS
Store Kongensgade 53
1264 Kopenhagen K, Dänemark
www.newerapublications.com
Telefon: (0045) 33 73 66 66
Fax: (0045) 33 73 66 33

WESTLICHE HEMISPHÄRE:
Bridge Publications, Inc.
4751 Fountain Avenue
Los Angeles, CA 90029 USA
www.bridgepub.com
Telefon: 001-800-722-1733
Fax: 001-323-953-3328

Bücher und Vorträge sind auch direkt bei Scientology Kirchen erhältlich.
Siehe ***Adressen.***

ADRESSEN

Dianetik ist ein Vorläufer und ein Teilbereich der Scientology, der am schnellsten wachsenden Religion auf der Welt. Zentren und Kirchen existieren in Städten auf der ganzen Welt und ständig bilden sich neue.

Dianetik Stiftungen bieten Einführungsdienste und können Ihnen helfen, Ihre Reise zu beginnen oder Sie mit dem Abenteuer des Dianetik Auditings beginnen zu lassen. Um weitere Informationen zu erhalten oder die nächstgelegene Dianetik Stiftung zu finden, besuchen Sie die Dianetik Website:

www.dianetics.org
E-Mail: info@dianetics.org

Jede Scientology Kirche enthält eine Dianetik Stiftung, die sowohl Einführungsdienste als auch formale Ausbildung auf diesem Gebiet bietet. Sie kann auch weitere Informationen über L. Ron Hubbards spätere Entdeckungen über das Gebiet der Scientology zur Verfügung stellen. Für weitere Informationen besuchen Sie:

www.scientology.org
E-Mail: info@scientology.org

Sie können auch an jede der kontinentalen Organisationen schreiben, die auf der folgenden Seite aufgeführt sind; diese können Sie auf eine der Tausenden von Kirchen auf der ganzen Welt verweisen.

Die Bücher und Vorträge von L. Ron Hubbard können bei jeder dieser Adressen oder direkt bei den Verlagsorganisationen bezogen werden, die auf der vorhergehenden Seite angegeben wurden.

KONTINENTALE ORGANISATIONEN:

EUROPA

Continental Liaison Office Europe

Store Kongensgade 55
1264 Kopenhagen K, Dänemark

Liaison Office of Commonwealth of Independent States
Management Center of Dianetics and Scientology Dissemination
Pervomajskaya Street, House 1A
Korpus Grazhdanskoy Oboroni
Losino-Petrovsky Town
141150, Moscow, Russia

Liaison Office of Central Europe
1082 Leonardo da Vinci u. 8-14
Budapest, Hungary

Liaison Office of Iberia
C/Miguel Menendez Boneta, 18
28460 - Los Molinos
Madrid, Spain

Liaison Office of Italy
Via Cadorna, 61
20090 Vimodrone
Milano, Italy

AUSTRALIEN, NEUSEELAND UND OZEANIEN

Continental Liaison Office ANZO

20 Dorahy Street
Dundas, New South Wales 2117
Australia

Liaison Office of Taiwan
1st, No. 231, Cisian 2nd Road
Kaohsiung City, Taiwan, ROC

VEREINIGTE STAATEN VON AMERIKA

Continental Liaison Office
Western United States

1308 L. Ron Hubbard Way
Los Angeles, California 90027 USA

Continental Liaison Office
Eastern United States

349 W. 48th Street
New York, New York 10036 USA

KANADA

Continental Liaison Office
Canada

696 Yonge Street, 2nd Floor
Toronto, Ontario,
Canada M4Y 2A7

LATEINAMERIKA

Continental Liaison Office
Latin America

Federación Mexicana de Dianetica
Calle Puebla #31
Colonia Roma, Mexico D.F.
C.P. 06700, Mexico

GROSSBRITANNIEN

Continental Liaison Office
United Kingdom

Saint Hill Manor
East Grinstead, West Sussex
England, RH19 4JY

AFRIKA

Continental Liaison Office Africa

5 Cynthia Street
Kensington
Johannesburg 2094, South Africa

Werden Sie ein Mitglied
der International Association of Scientologists

Die International Association of Scientologists ist die Mitgliedschaftsorganisation aller Scientologen, die in der wichtigsten Aktion auf der Erde vereinigt sind.

Eine beitragsfreie sechsmonatige Einführungsmitgliedschaft wird jedem zuteil, der vorher keine Mitgliedschaft bei der Association hatte.

Als Mitglied haben Sie das Anrecht auf Vergünstigungen für Scientology Materialien, die nur IAS-Mitgliedern angeboten werden. Sie erhalten auch das Magazin der Association, *IMPACT,* das sechs Mal im Jahr herausgegeben wird und voll mit Neuigkeiten über die Scientology aus der ganzen Welt ist.

Der Zweck der IAS ist:

„Die Scientology Religion und Scientologen in allen Teilen der Welt zu vereinigen, zu fördern, zu unterstützen und zu schützen, damit die Ziele der Scientology, wie L. Ron Hubbard sie aufgestellt hat, erreicht werden."

Schließen Sie sich der stärksten Bewegung für positive Veränderung an, die es heute auf dem Planeten gibt, die das Leben von Millionen von Menschen für eine höhere Wahrheit geöffnet hat, die in der Scientology enthalten ist.

Treten Sie der International Association of Scientologists bei.

Um sich für eine Mitgliedschaft zu bewerben, schreiben Sie an die International Association of Scientologists c/o Saint Hill Manor, East Grinstead West Sussex, England, RH19 4JY

www.iasmembership.org

HERAUSGEBER-GLOSSAR

VON WÖRTERN, FACHAUSDRÜCKEN UND WENDUNGEN

Wörter besitzen oft mehrere Bedeutungen. Die hier benutzten Definitionen geben nur die Bedeutungen an, die das Wort gemäß seiner Verwendung in diesem Buch hat. Dianetik Ausdrücke erscheinen in Fettschrift. Neben jeder Definition werden Sie die Seite finden, auf der das Wort zum ersten Mal erscheint, sodass Sie sich, wenn Sie wünschen, auf den Text beziehen können.

Dieses Glossar ist nicht zur Verwendung an Stelle eines regulären Wörterbuches gedacht oder eines Wörterbuches der Dianetik und Scientology. Diese Wörterbücher sollte man bei jedem Wort, Fachausdruck oder jeder Wendung benutzen, die nicht im Folgenden aufgeführt sind.

– Die Herausgeber

Aberration: ein Abweichen vom vernünftigen Denken oder Verhalten. Aus dem Lateinischen, *aberrare,* wegwandern; lateinisch *ab,* weg, und *errare,* wandern. Im Wesentlichen bedeutet es, sich zu irren, Fehler zu machen, oder präziser, fixe Ideen zu haben, die nicht wahr sind. Das Wort wird auch in seinem wissenschaftlichen Sinn verwendet. Es bedeutet Abweichen von einer geraden Linie. Wenn eine Linie von A nach B gehen sollte, dann würde sie, wenn sie „aberriert" ist, von A zu einem anderen Punkt hingehen, zu einem anderen Punkt, zu einem anderen Punkt, zu einem anderen Punkt, zu einem anderen Punkt und schließlich bei B ankommen. In seinem wissenschaftlichen Sinn verstanden, würde das Wort auch das Fehlen von Geradheit oder gekrümmte Sicht bedeuten, z. B.: ein Mann sieht ein Pferd, ist jedoch der Ansicht, er sähe einen Elefanten. Seite 13.

aberrierend: Aberration verursachend oder hervorbringend. Seite 98.

aberriert: von *Aberration* betroffen. Aberriertes Verhalten wäre falsches Verhalten oder nicht durch Vernunft gestütztes Verhalten. Aberration ist ein Abweichen vom vernünftigen Denken oder Verhalten; nicht geistig gesund. *Siehe auch* **Aberration**. Seite 38.

abgesperrt: Erinnerungen aufweisend, die von jemandes Bewusstsein abgeschnitten sind; von *absperren,* (eine Passage, Öffnung usw.) verschließen, zuschließen oder zustopfen. Seite 99.

abgestufte Skala: eine Skala von Zuständen, die von Null bis unendlich eingeteilt ist. Das Wort *abgestuft* soll abnehmende oder zunehmende Grade von einem Zustand definieren. Der Unterschied zwischen einem bestimmten Punkt auf einer abgestuften Skala und einem anderen Punkt könnte so verschieden oder so umfassend sein wie die gesamte Reichweite der Skala selbst, oder er könnte so geringfügig sein, dass äußerst genaues Wahrnehmen (Differenzierungsvermögen) nötig wäre, um ihn festzustellen. Seite 22.

abkühlen: beruhigen oder weniger aufgeregt machen; die Intensität von etwas abschwächen. Seite 291.

Ablagerungskrankheiten: eine Krankheit, bei der Ablagerungen von Stoffen in einem Teil des Körpers gebildet werden, wie zum Beispiel bei Arthritis, wo sich verhärtete Knorpelstückchen in den Gelenken bilden, was zu Schwellungen und Verformungen führt. Seite 68.

Ablehnung: eine Zurückweisung oder Missbilligung; eine Verweigerung von etwas. Seite 54.

akut: kurz oder einen kurzen Verlauf haben, im Gegensatz zu *chronisch* (lange andauernd, wird von einer Krankheit oder einem medizinischen Leiden gesagt, die/das über einen langen Zeitraum andauert). Seite 55.

Alte, der: ein familiärer Ausdruck für den eigenen Vater oder Ehemann. Es kann sich auch auf eine Person in einer Stellung mit Autorität beziehen, wie z. B. jemandes Chef, einen militärischen Vorgesetzten usw. Seite 297.

analytisch: charakterisiert durch Bewusstheit, Wachsamkeit, Bewusstsein usw. Vom griechischen *analyze,* lösen, ungeschehen machen, lockern, das heißt, etwas auseinandernehmen, um zu sehen, woraus es besteht. Seite 91.

Antipathie: ein Gefühl der Abneigung gegenüber etwas, gewöhnlich mit dem intensiven Wunsch, es zu meiden oder sich von ihm abzuwenden. Seite 146.

Arthritis: akute oder chronische Entzündung der Gelenke, die Schmerz, Schwellung und Steifheit verursacht. Seite 7.

Atombombe: ein extrem zerstörerischer Bombentyp, dessen Kraft von der gewaltigen Menge an Energie herrührt, die plötzlich freigesetzt wird, wenn die Kerne (Zentren) von Atomen in mehrere Teile gespalten werden. Seite 14.

Auditing: die Anwendung von Dianetik Techniken, um die Tonstufe anzuheben sowie das Wahrnehmungs- und Erinnerungsvermögen zu steigern. Auch *Prozessing* genannt. Seite 59.

Auditor: eine Person, die Dianetik Verfahren bei jemand anderem durchführt; *Auditor* bedeutet jemand, der zuhört und Berechnungen anstellt. Seite 5.

aufgerüttelt: veranlasst, emotional bewegt zu sein, oder stark berührt; aufgeregt. Seite 246.

aufschlussreich: dazu dienend, etwas zu erläutern; erklärend. Seite 57.

aufschrecken: ein plötzliches unwillkürliches Rucken, Aufspringen oder Zucken verursachen, wie bei einem Überraschungs-, Angst- oder Schmerzschock. Seite 132.

auf seinen Platz verweisen: das Ansehen oder die Wichtigkeit von jemandem beschneiden; jemandem zeigen, dass er nicht so wichtig oder so gut ist, wie er meint. Seite 293.

Auge sehen, ins: direkt ansehen; auf eine Weise konfrontieren, die Mut, Zuversicht oder (manchmal) Herausforderung zeigt. Seite 7.

außersinnliche Wahrnehmung: Wahrnehmung oder Kommunikation außerhalb des Vermögens der normalen Sinneskanäle, wie zum Beispiel bei Telepathie. Seite 98.

auswerten: den Wert von etwas bestimmen oder messen. Seite 71.

Axiome: Formulierungen von Naturgesetzen vergleichbar mit denen der Naturwissenschaften. Seite 96.

B_1: ein B-Vitamin, das in der äußeren Schicht von Getreidekörnern, in grünen Erbsen, Bohnen, Eigelb, der Leber usw. gefunden wird und das als eine Vitamin-Ergänzung weithin verfügbar ist. Seite 308.

Banner: eine kleine Flagge, die am einen Ende breit ist und am anderen Ende spitz zuläuft oder sich gabelt. Sie wurde ursprünglich beim Militär zur Identifizierung getragen. Im übertragenen Sinne verwendet. Seite 1.

Bauchspeicheldrüse: eine Drüse, die sich hinter dem Magen befindet und Verdauungssäfte in den Dünndarm absondert. Seite 152.

Beständigkeit: Standhaftigkeit der Loyalität gegenüber einer Person; Treue. Seite 69.

Bestätigung: Bezieht sich auf die Bestätigungs-Technik des Prozessings, wobei man sich auf die analytischen Momente eines bestimmten Geschehnisses konzentriert, im Gegensatz zu den schmerzhaften Augenblicken. Eine vollständige Beschreibung der Bestätigungs-Technik ist im Buch *Die Wissenschaft des Überlebens* enthalten. Seite 65.

Bestätigungs-MEST-Prozessing: Prozessing, wobei die Konzentration auf den analytischen Momenten eines bestimmten Geschehnisses liegt, im Gegensatz zu den schmerzhaften Augenblicken. Dieses Prozessing orientiert eine Person auch im Hinblick auf die Gegenwart und das physikalische Universum, Materie, Energie, Raum und Zeit – MEST. Eine vollständige Beschreibung dieser Art von Prozessing ist in *Die Wissenschaft des Überlebens* enthalten. Seite 65.

Bestrafungsdrang: die psychologische Praktik, bei einem Individuum Schmerz zu verursachen, Entzug (die Handlung, jemandem etwas wegzunehmen oder es vor ihm zurückzuhalten, sodass er kein Vergnügen damit hat oder es nicht besitzen kann) oder andere unangenehme Folgen, um es dazu zu bringen, das zu vermeiden, was vom Praktizierenden als unerwünschte Handlung oder unerwünschtes Verhalten angesehen wird. Seite 190.

Beweis vom Hörensagen: ein Beweis, der darauf gegründet ist, was ein Zeuge von einer anderen Person gehört hat, im Gegensatz zu direktem persönlichem Wissen oder persönlicher Erfahrung. Seite 98.

bezwungen: besiegt oder überwältigt. Seite 27.

Binsenweisheit: etwas, das auf der Hand liegt, offensichtliche Wahrheit. Seite 26.

bis zum Ende durchstehen: bei einer Aufgabe oder einer Unternehmung bleiben, bis sie abgeschlossen ist. Seite 9.

Boil-off: die Manifestation früherer Zeiten von Bewusstlosigkeit, begleitet von Benommenheit. In seiner englischen Verwendung bezieht sich *Boil-off* auf die Verminderung einer Flüssigkeitsmenge durch deren Umwandlung in einen gasartigen Zustand, wie zum Beispiel Dampf. Boil-off wird in Kapitel Zehn beschrieben. Seite 105.

Charme, gesellschaftlicher: Vorgehensweisen oder Haltungen, die positive Eindrücke, Attraktivität oder Reiz vermitteln. Seite 73.

christliche Welt: Bezieht sich auf die gesamte westliche Welt. Seite 3.

chronisch: lange andauernd, wird von einer Krankheit oder einem Leiden gesagt, die/das über einen langen Zeitraum andauert. Seite 40.

Clear: eine unaberrierte Person. Der Clear ist insofern vernünftig, als er die bestmöglichen Lösungen bildet, die er aufgrund der Daten, die er hat, und von seinem Gesichtspunkt aus finden kann. Er wird ein „Clear" genannt, weil seine grundlegende Persönlichkeit, seine Selbstbestimmung, seine Ausbildung und seine Erfahrung von aberrierenden Engrammen, Secondarys und Locks befreit wurden. Siehe *Dianetik: Der Leitfaden für den menschlichen Verstand* und *Die Wissenschaft des Überlebens*. Seite 72.

Cocktail: irgendeines der diversen alkoholischen Mixgetränke. Seite 142.

dahindämmern: eine Endphase (am Ende des Lebens stattfindende oder das Ende des Lebens verursachende Phase) durchmachen, besonders nach voller Entwicklung. Seite 58.

defätistisch: eine Niederlage befürwortend oder akzeptierend; beschreibt eine Person, die leicht aufgibt oder sich nicht länger gegen eine Niederlage wehrt, weil sie überzeugt ist, dass eine weitere Anstrengung nutzlos wäre (zu keinem Ergebnis führen würde). Seite 47.

Dermatitis: eine Entzündung der Haut, die zu Röte, Schwellung, Jucken oder anderen Symptomen führt. Seite 47.

Diabetes: eine Funktionsstörung des Körpers, die zu übermäßigen Mengen an Zucker im Blut führt. (Sie wird durch die unzureichende Herstellung oder Nutzung von *Insulin* erzeugt, einer Substanz, die in einer der Drüsen des endokrinen Systems hergestellt wird.) Seite 152.

Dianetik: vom griechischen *dia*, durch und *nous*, Verstand oder Seele; was die Seele dem Körper antut. Siehe *Dianetik: Der Leitfaden für den menschlichen Verstand* und *Die Wissenschaft des Überlebens*. Seite 1.

Dianetik Straightwire: *Siehe* **Straightwire**. Seite 65.

Dope: ein Aufputschmittel oder eine Art Rauschgift, das eingenommen wird, um Euphorie hervorzurufen oder Abhängigkeit zu befriedigen. Seite 22.

durchdrehen: in einen Zustand geistiger Verwirrung verfallen. Seite 8.

durchstehen: bei einem Unternehmen durchhalten, trotz Schwierigkeiten, Hindernissen oder Entmutigung. Seite 9.

Dynamiken: die Dynamiken sind der Drang zum Überleben, das durch ein Spektrum mit acht Teilen ausgedrückt ist: dem Drang zum Überleben als 1) man selbst, 2) Sexualität, die Familie und die zukünftige Generation, 3) Gruppen, 4) die Menschheit, 5) Leben, alle Organismen, 6) Materie, Energie, Raum und Zeit – MEST – das physikalische Universum, 7) geistige Wesen und 8) das Höchste Wesen. Das Thema Dynamiken ist in *Die Wissenschaft des Überlebens* enthalten. Seite 72.

dynamisch: aktiv, energisch, effektiv, kraftvoll, motivierend, im Gegensatz zu statisch. Vom griechischen *dynamikos,* machtvoll. Seite 19.

Ehrerbietung: ein Geschenk, Zeugnis, Bewunderung oder etwas in dieser Art gegeben, als etwas, das geschuldet wird oder als Bestätigung oder aus Dankbarkeit oder Wertschätzung. Seite 268.

Einkommenssteuererklärung: Formular für die Einkommenssteuer, ein leeres Formular, das an Steuerzahler geschickt wird, auf dem man die Menge der Steuern erklärt und berechnet, die man der Regierung schuldet. Seite 8.

Einzeller: ein Organismus, der aus einer einzigen Zelle besteht. Seite 33.

Elektronen: negativ geladene Teilchen, die Bestandteile aller Atome sind. Seite 33.

endokrin: mit dem Drüsensystem und der Absonderung von Hormonen (chemischen Substanzen) zu tun habend, die von bestimmten Organen und Geweben im Körper abgesondert werden. Diese Drüsen und ihre Hormone regulieren Wachstum, Entwicklung und Funktion von bestimmten Geweben und koordinieren viele Prozesse innerhalb des Körpers. Einige dieser Drüsen erhöhen zum Beispiel während Zeiten von Stress den Blutdruck und die Herzschlagfrequenz. Seite 68.

Engramme: Aufzeichnungen von Erlebnissen, die Schmerz und Bewusstlosigkeit enthalten. Diese Aufzeichnungen können später durch ein ähnliches Wort oder eine ähnliche Umgebung aktiviert werden und verursachen, dass die Person so handelt, als ob Gefahr bestehen würde. Sie zwingen der Person Gedanken- und Verhaltensmuster auf, die bei einer vernünftigen Einschätzung der Situation nicht angebracht sind. Eine Beschreibung von Engrammen und ihrer Relevanz für *Selbstanalyse* ist im Kapitel Zehn, Prozessing-Abschnitt, enthalten. Die vollständige Beschreibung von Engrammen befindet sich in *Dianetik: Der Leitfaden für den menschlichen Verstand* und *Die Wissenschaft des Überlebens*. Seite 9.

Entheta: ein zusammengesetztes Wort, das *enturbuliertes Theta* bedeutet, Theta in einem turbulenten, aufgewühlten oder gestörten Zustand. *Siehe auch* **Theta**. Seite 71.

Entheta-Linien: Entheta-Kommunikationslinien, Linien, die bösartig oder verleumderisch sind. Seite 71.

entlockt: mit Schwierigkeiten erhalten oder wie durch eine Kraft, heftige Aktion oder stetige entschlossene Arbeit. Seite 264.

enturbulieren: einen turbulenten, aufgewühlten oder gestörten Zustand verursachen. Seite 69.

Enturbulierung: etwas, das in einem turbulenten, aufgewühlten oder gestörten Zustand ist; Aufruhr und Verstimmung. Seite 40.

„Erkenne dich selbst": eines der wesentlichen Prinzipien in der Philosophie vom griechischen Philosophen Sokrates (470–399 v. CHR.). Seite 13.

Erscheinungsform: Bekundung oder Darstellung der Qualitäten oder der Natur irgendeiner Person; eine äußerliche oder wahrnehmbare Anzeige. Seite 33.

esoterisch: jenseits des Verstehens oder Wissens der meisten Leute. Seite 22.

Ethik: Vernunft in Richtung auf die höchste Stufe des Überlebens für einen selbst und andere. Seite 61.

Euthanasie: auch „Sterbehilfe" genannt. Es ist die Handlung, eine Person oder einem Tier, die/das an einer unheilbaren, besonders einer schmerzhaften Krankheit oder einem derartigen Leiden erkrankt ist, schmerzfrei den Tod finden zu lassen oder ihr/ihm zu erlauben zu sterben, zum Beispiel durch Vorenthaltung extremer medizinischer Maßnahmen. Seite 39.

Faschist: jemand, der Faschismus praktiziert – ein Regierungssystem, bei dem ein Diktator an der Spitze über die absolute Macht verfügt, gewaltsam Opposition und Kritik unterdrückt und die gesamte Industrie, den Handel usw. reglementiert. Seite 39.

Feindseligkeit: die Gefühle, die für einen Feind bezeichnend sind; Böswilligkeit, Hass, insbesondere wenn es auf Gegenseitigkeit beruht. Seite 151.

Feuer: Lebendigkeit oder Energie. Seite 8.

Filet: eine knochenlose Schnitte oder Scheibe Fleisch; ein Beefsteak. Seite 142.

Gegenbeschuldigung: die Handlung, eine Beschuldigung gegen eine beschuldigende Person vorzubringen. Seite 293.

Geisteskraft: intellektuelle Fähigkeiten; Geistestätigkeit; Denken. Seite 152.

Geruchssinn: Bezieht sich auf die Sinneswahrnehmung des Riechens. Seite 138.

Geschäftszentren: Treffpunkte für das Kaufen und Verkaufen von Waren; Handelszentren oder Märkte. Seite 13.

Geschehnis: ein einzelnes Vorkommnis oder Ereignis. Seite 89.

gesellschaftlicher Charme: Vorgehensweisen oder Haltungen, die positive Eindrücke, Attraktivität oder Reiz vermitteln. Seite 73.

getrübt: was düster geworden ist; verdunkelt. Seite 5.

Gewitztheit: Wissen darüber, wie man eine Sache macht; gekonnte Ausführung. Seite 34.

Grundwahrheit: Prinzip, Doktrin. Seite 48.

Gruppen-Dianetik: derjenige Zweig der Dianetik, der das Gebiet der Gruppenaktivität und Organisation umfasst, um die optimalen (besten oder günstigsten) Bedingungen und Prozesse für das Leiten einer Gruppe und für Beziehungen zwischen Gruppen herzustellen. Seite 5.

halsstarrig: auf seinem Willen beharrend. Seite 223.

Handlanger des Teufels: ein Handlanger ist ein unterwürfiger (sklavenähnlicher) Anhänger oder Untergebener einer Person in einer Machtposition. Der Ausdruck kommt von der religiösen Vorstellung (Christentum und anderen Glaubensrichtungen), dass diejenigen, die sich gegen Gott wenden, für den Teufel und im Namen des Bösen kämpfen. Daher *„Handlanger des Teufels"*. Seite 22.

herausauditieren: *Herausauditieren* bedeutet in der Dianetik, den negativen Einfluss von etwas zu erschöpfen; auszulöschen. Seite 95.

Herr mit der Sense: Bezieht sich auf den Sensenmann, eine Darstellung des Todes, der oft porträtiert wird als ein Mann oder Skelett mit einem Umhang, eine Sense tragend, die er benutzt, während er seiner Pflicht als „Erntearbeiter" oder „Einsammler" von Körpern und Seelen nachkommt. (Eine *Sense* ist ein landwirtschaftliches Gerät mit einer geschwungenen Klinge zum Schneiden, die an einem stockartigen Griff angebracht ist. Sie wird zum Schneiden von Gras oder Korn usw. verwendet.) Seite 29.

hineingestürzt: tief in ein Thema oder eine Aktivität usw. versunken oder eingetaucht. Seite 231.

Implant eingeben, einen: etwas tief in jemandes Verstand verankern, wie z. B. ein Verhaltensmuster, einen Gedanken oder Glauben. Seite 191.

ins Ohr säuseln: durch glattzüngige, schmeichelnde Worte zu beeinflussen oder zu überreden versuchen. Seite 22.

ins Schleudern kommen: ein geprägter Ausdruck, der bedeutet, dass man aufhört, gut vorwärtszukommen; aufhört, reibungslos zu laufen oder zu funktionieren. Seite 8.

Intrige: geheimes Manöver; Verschwörung oder Arglist. Seite 71.

in Verwahrung genommen: offiziell in Haft oder Gewahrsam genommen, besonders für eine kurze Zeit. Seite 227.

Kaliber: Grad an Vortrefflichkeit; Qualität. Seite 57.

Karawanenladung: von *Karawane,* d. h., einer Gruppe von Kaufleuten, die zusammen reisen, wobei sie eine bestimmte Art der Fortbewegung benutzen, wie zum Beispiel Lasttiere, Wagen usw. Daher lässt eine *Karawanenladung* auf eine große Menge schließen. Seite 15.

katalysieren: die Geschwindigkeit einer chemischen Reaktion beschleunigen oder, zuweilen zu verlangsamen (wie zum Beispiel im Körper). Seite 151.

Ko-Auditing: Auditing, das von einem aus zwei beliebigen Personen bestehenden Team durchgeführt wird, die sich gegenseitig auditieren. Kurz für *kooperatives Auditing. Siehe auch* **Auditing**. Seite 59.

Kohlenträger: eine Person, die Kohlen trägt oder schaufelt; ein Arbeiter, hier verwendet mit Bezug auf die verschiedenen Schichten oder Berufsstände der Gesellschaft. Seite 14.

kollektivistischer Staat: ein Staat, in dem die Menschen als eine Gruppe Land, Fabriken und andere Produktionsmittel besitzen und als Gegenleistung alles vom Staat kontrolliert und bezahlt wird (zum Beispiel medizinische Ausgaben), wie im Kommunismus. Seite 21.

Kontrollfall: eine Person, die ihre Emotionen zurückhält. Wenn sich eine Person ganz und gar zurückhält, ist sie ein „guter Kumpel", vorausgesetzt, sie zeigt weder Emotion noch Zittern. Seite 152.

kraftvoll: voller Lebenskraft; energiegeladen. Seite 27.

Kriterium: ein Standard zur Beurteilung; eine Regel oder ein Prinzip, um etwas zu bewerten oder zu testen. Seite 40.

Kulis: ungelernte Arbeiter, verwendet in Bezugnahme auf die verschiedenen Schichten oder Berufsstände in der Gesellschaft, wie im Beispiel: *„Sie könnten Zauberkünstler verstehen und Bankdirektoren, Oberste und Kulis, Könige, Katzen und Kohlenträger."* Seite 14.

Ladung, erfüllt mit: eingenommen von (voll von, getaucht in), zum Beispiel einer Emotion, wie Wut, Furcht, Gram, Apathie usw. Seite 97.

Lock(s): ein Augenblick geistigen Unbehagens, der keinen körperlichen Schmerz und keinen großen Verlust enthält. Ein Schimpfen, eine gesellschaftliche Schande; solche Dinge sind Locks. Jeder Fall hat Tausende und Abertausende von Locks. Seite 96.

Löwenanteil: der größte Teil oder Anteil, insbesondere ein unverhältnismäßig großer Teil. Seite 297.

Manifestation(en): Bekundung oder Darstellung der Qualitäten oder der Natur irgendeiner Person; eine äußerliche oder wahrnehmbare Anzeige. Seite 96.

Marotte: eine vorübergehende Mode, Idee, Verhaltensweise usw., besonders eine, der von einer Gruppe begeistert gefolgt wird. Seite 3.

Mensch: 1. ein menschliches Wesen, unabhängig von Geschlecht oder Alter; eine Person. Seite 1.
2. das Menschengeschlecht oder die menschliche Spezies, Menschheit. Seite 6.

missemotional: Missemotion zeigen oder an den Tag legen. *Miss-* bedeutet fehlerhaft, falsch, inkorrekt; somit ist *Missemotion* jede Emotion, die irrational oder der gegenwärtigen Situation unangemessen ist. Seite 151.

mittellos machen: das, was jemandem gehörte, wegnehmen. Seite 246.

nachlässig: gekennzeichnet durch Gleichgültigkeit oder Unachtsamkeit. Seite 72.

neurologisch: etwas, das mit den Nerven und dem Nervensystem zu tun hat. Seite 68.

New Yorker: ein amerikanisches Wochenmagazin, das 1925 gegründet wurde und sich auf Satiren, gesellschaftliche Berichte und Kritiken spezialisiert. Seite 59.

nötige Mittel: das, womit man etwas machen kann; Mittel oder Vorräte für den Zweck oder den Bedarf. Seite 21.

optimal: am günstigsten oder wünschenswertesten; am besten. Seite 37.

Panzerung, mit: unempfindlich gegen einen Angriff; bedeckt oder geschützt durch einen Überzug oder Panzer. Bezieht sich auf die Platte oder den Überzug mit speziell gehärtetem Stahl, der verwendet wird, um Kriegsschiffe, Panzer, Flugzeuge, Befestigungen usw. zu bedecken, um sie gegen feindlichen Beschuss zu schützen. Eine *Panzerung* verweist auf ein Gürteltier, (ein Gänge grabendes Säugetier, welches eine schützende Hülle aus Knochenplatten besitzt) als ein Beispiel für *„andere Lebensformen"*. Seite 25.

persisch: auf ein altes Reich bezogen oder dazugehörend, das sich im Westen und Südwesten Asiens befand und Teile des heutigen Irans umfasste. Seite 14.

Perversion: irgendeines der verschiedenen Mittel, sexuelle Befriedigung zu erhalten, die allgemein für unnormal gehalten werden. Seite 69.

Physiologie: die Funktionen und Aktivitäten lebender Organismen und ihrer Teile, einschließlich aller physikalischen und chemischen Vorgänge. Seite 56.

Plutonium: ein radioaktives metallisches Element, das in Kernreaktoren und Kernwaffen verwendet wird. Seite 48.

politisch umschwenken: ein Ausdruck, der bedeutet, dass man zur gegnerischen Partei überläuft oder die Seiten wechselt; seine Meinung oder Gesinnung ändern. Seite 21.

positive Suggestion: in der Hypnose, eine Suggestion oder Anweisung, die einer hypnotisierten Person gegeben wird, die diese dann unwissentlich befolgt. Seite 73.

postulieren: etwas hervorbringen (damit es existiert); erschaffen. Seite 277.

Preclear: ein Individuum, das mit Dianetik Prozessing beginnt und sich ihm unterzieht, ohne bereits Clear zu sein. Seite 95.

Promiskuität: der Zustand, promiskuös zu sein, ohne feste Bindung sexuelle Beziehungen mit einer Reihe von Partnern haben. Seite 69.

Protonen: die positiv geladenen Teilchen, die Teil aller Atome sind. Seite 33.

Prozess: eine exakte Reihe von Anweisungen oder eine Reihe von Aktionen, deren Anwendung jemandem hilft, mehr über sich selbst und sein Leben herauszufinden und seinen Zustand zu verbessern. Seite 8.

Prozessing: die Anwendung von Dianetik-Techniken und -Übungen. Wird auch *Auditing* genannt. Seite 7.

psychosomatisch: *Psycho-* bezieht sich auf den Verstand und *somatisch* auf den Körper. Der Ausdruck *psychosomatisch* bedeutet daher, dass der Verstand den Körper krank macht oder dass Krankheiten durch den Verstand physisch im Körper erzeugt worden sind. Die Beschreibung der Ursache und Quelle von psychosomatischen Krankheiten ist in *Dianetik: Der Leitfaden für den menschlichen Verstand* enthalten. Seite 7.

reglementiert: als ein starres System unter strenger Disziplin und Kontrolle organisiert. Seite 26.

restimuliert: reaktiviert; (wieder) stimuliert. Seite 105.

Rheuma: eine Erkrankung der Glieder (Gliedmaßen, Hände oder Füße) oder des Rückens, die mit Schmerz und Steifheit einhergeht. Seite 47.

Rückschlag: die Handlung, jemanden zu zwingen, zurückzuweichen oder wegzugehen. Seite 59.

Russell, Charles (Charlie): (1864–1926) Maler des amerikanischen Westens, der seine Erfahrungen als Trapper und Cowboy als Material für seine Gemälde des „Alten Westens" benutzte (Cowboys, usw.). Seite 7.

sauer sein, auf jemanden: wütend, missmutig oder verärgert auf/über jemanden sein. Seite 245.

Schattenpersönlichkeit: das Annehmen der körperlichen und/oder emotionalen Merkmale oder Eigenschaften eines anderen. Seite 281.

Scheffel: eine Einheit eines Trockenmaßes für Getreide, die 35,24 Litern entspricht. Seite 20.

Schilddrüse: eine Drüse, die Hormone absondert (chemische Substanzen), die das Wachstum und den Stoffwechsel regulieren. Seite 152.

Schilddrüse, Unterfunktion der: Bezieht sich auf eine körperliche Krankheit, die das Ergebnis unzureichender Schilddrüsentätigkeit ist. (Die Schilddrüse sondert chemische Substanzen ab, die das Wachstum und den Stoffwechsel regulieren.) Seite 152.

Schlangenmensch: jemand, zum Beispiel ein Zirkusakrobat, der sich darauf spezialisiert, seinen Körper in unnatürliche oder außergewöhnliche Positionen zu bringen. Seite 187.

schnellen geistigen Abriss machen, einen: etwas im Allgemeinen Revue passieren lassen. Seite 309.

Schönheit: die Kombination von Qualitäten, die etwas angenehm oder zufriedenstellend anzusehen machen, wie z. B. durch Form, Farbe, Struktur, Umriss usw. Auch jemandes Freundin, Frau usw.; (elegante) schöne Frau. Seite 221.

Schürhaken: ein metallener Stab, um in einem Feuer zu stochern oder eines zu schüren. Seite 147.

schwankend: die Handlung, in seiner Meinung, seinem Willen oder seinem Gefühl zu wanken; Zögern bei der Wahl von Meinungen oder Richtungen. Seite 72.

schwänzen: unerlaubt von der Schule fernbleiben. Seite 211.

Secondarys: Momente schweren Verlustes, wie der Tod von etwas oder jemandem, den man geliebt hat; werden Secondarys genannt, weil sie ihre Kraft in Bezug auf das Individuum von einem früheren Engramm beziehen. Das Thema Secondarys und deren Prozessing ist in *Die Wissenschaft des Überlebens* enthalten. Seite 95.

Sehnen: starke Stränge aus Fasern, die dazu dienen, Muskeln mit Knochen oder anderen Teilen zu verbinden. Seite 28.

Sekretion: die Absonderung von körpereigener Flüssigkeit, insbesondere einer Drüse. Seite 151.

Selbstbestimmung: derjenige Seinszustand, in dem das Individuum entsprechend seiner eigenen Entscheidung von seiner Umgebung kontrolliert werden kann oder auch nicht. In diesem Zustand hat das Individuum Zuversicht in seine Fähigkeit, das materielle Universum und die Organismen darin zu kontrollieren. Die Person hat Zuversicht in *alle* ihre Fähigkeiten oder Begabungen, die sie besitzen mag. Sie hat Zuversicht in ihre zwischenmenschlichen Beziehungen. Sie denkt vernünftig, aber sie muss nicht reagieren. Seite 27.

Selbsttäuschung: eine fixierte falsche Vorstellung; eine Wahrnehmung, die irgendwie anders wahrgenommen wird, als sie in Wirklichkeit ist. Vom Wort *Täuschung,* womit etwas gemeint ist, das täuscht, indem es einen falschen oder irreführenden Eindruck der Realität erzeugt. Seite 277.

Sense, Herr mit der: Bezieht sich auf den *Sensenmann,* eine Darstellung des Todes, der oft porträtiert wird als ein Mann oder Skelett mit einem Umhang, eine Sense tragend, die er benutzt, während er seiner Pflicht als „Erntearbeiter" oder „Einsammler" von Körpern und Seelen nachkommt. (Eine Sense ist ein landwirtschaftliches Gerät mit einer geschwungenen Klinge zum Schneiden, die an einem stockartigen Griff angebracht ist. Sie wird zum Schneiden von Gras oder Korn usw. verwendet.) Seite 29.

sich selbst am eigenen Schopf aus dem Sumpf herausziehen: sich ohne fremde Hilfe aufgrund der eigenen Anstrengungen hochziehen oder verbessern. Seite 65.

Sitzung: eine Zeitperiode, die für die Durchführung einer bestimmten Aktivität bereitgestellt oder eingeplant wird. In der Dianetik bezieht sich das Wort auf eine Zeitperiode, die für Prozessing, die Anwendung von Dianetik-Techniken und -Übungen, festgelegt ist. Seite 95.

snobistisch: elegant, teuer und protzig. Seite 144.

Sonik: der Rückruf von etwas, das gehört wurde, sodass es im Verstand mit vollem Ton und mit voller Stärke wieder gehört wird. Seite 133.

sozialistisch: auf ein Wirtschaftssystem bezogen, in dem die Produktion und der Vertrieb von Gütern durch die Regierung kontrolliert werden, anstatt durch Individuen. Seite 21.

statisch: auf eine festgelegte oder bewegungslose Art. Seite 217.

stechend: stark die Organe des Geschmacks oder des Geruchs angreifend wie durch eine durchdringende Kraft; beißend. Seite 105.

stereophon: Bezeichnet oder bezieht sich auf dreidimensionalen Klang durch die Verwendung von zwei Kanälen zur Wiedergabe (wie zum Beispiel Lautsprechern), sodass beim Zuhörer der Eindruck erweckt wird, dass ihn der Klang aus einer beliebigen Palette von Richtungen erreicht, was den Eindruck einer räumlichen Dimension hervorruft. *Stereophon* bedeutet wörtlich lebensechter Klang, da *stereo* fest bedeutet und *phonisch* Klang. Seite 133.

stereoskopisch: Bezeichnet oder bezieht sich auf dreidimensionales Sehen - die Dimensionen von Höhe, Breite und Tiefe. Es stammt vom Wort *Stereoskop*, einem optischen Instrument, durch das zwei Bilder des gleichen Gegenstandes angesehen werden, die aus geringfügig unterschiedlichen Blickwinkeln aufgenommen wurden, jeweils von jedem Auge gesehen werden, was die Wirkung eines einzigen Bildes des Gegenstandes erzeugt und den Anschein von Tiefe vermittelt; daher dreidimensional. *Stereoskopisch* bedeutet wörtlich lebensechtes Sehen, da *stereo* fest bedeutet und *skopisch* schauen. Seite 124.

Sternschnuppe: ein Meteor, der einem über den Himmel sausenden Stern ähnelt. Seite 184.

Straightwire: ein Prozess, der jemanden in bessere Kommunikation mit seinem Verstand und der Welt bringt. Er wird so genannt, weil der Preclear, ähnlich wie durch ein Telefonkabel, zu einer Erinnerung aus der Vergangenheit gelenkt wird. Die Kommunikation zwischen der Vergangenheit und der Gegenwart wird geöffnet. Die Person, die Auditing erhält, ist in der Gegenwart und in Verbindung mit der Gegenwart, und ihr werden Fragen gestellt, die ihr bestimmte Erinnerungen zurückgeben. Seite 65.

sublimiert: in etwas Höheres, Edleres, Feineres verwandelt. Seite 69.

Subversiver: jemand, der versucht, eine etablierte oder gesetzlich erschaffene Regierung, Einrichtung usw. umzustürzen. Seite 21.

„Suche niemals zu finden, wem die Stunde schlägt, sie schlägt dir!": Bezieht sich auf eine Zeile des Gedichtes „Hingabe an sich ergebende Anlässe" vom englischen Dichter John Donne (1572-1631), das zum Teil lautet: „Kein Mensch ist eine Insel, die sich selbst genügt; jeder Mensch ist ein Stück des Kontinents, ein Teil des Festlandes; ... der Tod eines jeden Mannes macht mich geringer, weil ich mit der Menschheit verbunden bin; und daher suche niemals zu finden, wem die Stunde schlägt; sie schlägt dir." Historisch war es Brauch, die Glocken (langsam) zu läuten, um Todesfälle zu verkünden. Seite 37.

Tanganjikasee: der längste Süßwassersee der Welt, er befindet sich im östlichen Zentralafrika. Seite 191.

taubstumm: Bezieht sich auf eine Person, die weder hören noch sprechen kann, insbesondere eine, bei der die Unfähigkeit zu sprechen aufgrund früh einsetzender Taubheit oder Taubheit bei der Geburt existiert. Seite 199.

Tauziehen: ein sportlicher Wettkampf zwischen zwei Mannschaften, die an den entgegengesetzten Enden eines Seiles festhalten, wobei jede Mannschaft versucht, die andere über eine Linie in der Mitte zu ziehen. Seite 177.

teuflisch: extrem oder in überaus starkem Maße. Seite 14.

These: etwas, das vorgeschlagen wird oder von dem angenommen wird, dass es wahr ist, als Grundlage für logisches Denken. Seite 96.

Theta: die Gedanken- und Lebensenergie. *Theta* ist Vernunft, heitere Gelassenheit, Stabilität, Glücklichsein, Gefühl der Fröhlichkeit, Ausdauer und die anderen Faktoren, die der Mensch für gewöhnlich als wünschenswert betrachtet. Die vollständige Beschreibung von Theta ist in *Die Wissenschaft des Überlebens* enthalten. Seite 71.

Tonstufe: jemandes emotionale Stufe. Seite 7.

Trance: auch *hypnotische Trance* genannt, ein Zustand, wie er durch Hypnose herbeigeführt wird, wobei jemand benommen oder wie betäubt ist oder sich der gegenwärtigen Umgebung irgendwie sonst nicht ganz bewusst ist. Seite 73.

Triebkräfte: innere Dränge, die Aktivität anregen; Energie und Initiative. Seite 14.

tugendhaft: moralischen und ethischen Prinzipien und Tugenden entsprechend (den idealen Eigenschaften in gutem menschlichem Verhalten). Seite 160.

überlebensfeindlich: gegen das Überleben gerichtet. Seite 215.

überlebensfördernd: beschreibt etwas, das das Überleben begünstigt oder unterstützt. Seite 215.

umschwenken, politisch: ein Ausdruck, der bedeutet, dass man zur gegnerischen Partei überläuft oder die Seiten wechselt; seine Meinung oder Gesinnung ändern. Seite 21.

umsichtig: sorgfältig für die Zukunft vorsorgend. Seite 20.

unbeständig: zu plötzlichen Launen (plötzlichen oder merkwürdigen Wünschen) neigend; Dinge nicht ernst nehmend; frivol (Mangel an Ernsthaftigkeit aufweisend) oder unverantwortlich. Seite 72.

Universum: alles, was überall existiert; das gesamte Raum-Zeit-Kontinuum, in dem wir zusammen mit aller darin befindlichen

Energie und Materie existieren, im Gegensatz zum beobachtbaren Universum und größer als dieses. Seite 19.

unterjochen: vollständiger Kontrolle unterwerfen. Seite 190.

Untiefe: eine Stelle, an der ein Meer, Fluss oder anderes Gewässer seicht ist. Seite 191.

Valenzen: wörtlich bedeutet das Wort die Fähigkeit, sich mit einem anderen zu verbinden oder Teile von jemand anderem zu übernehmen. In der Dianetik ist eine *Valenz* eine tatsächliche oder eine Schattenpersönlichkeit. Die eigene Valenz ist jemandes echte Persönlichkeit. *Siehe auch* **Schattenpersönlichkeit**. Seite 281.

verbissenes Kämpfen: im übertragenen Sinne verwendet in der Bedeutung eines energischen Angriffs, energischer Verteidigung oder ganz allgemein Aktion; energisch, grimmig, unter Aufwendung seiner äußersten Anstrengungen, mit aller Kraft. Seite 132.

Verbündete(r): eine Person, die einer anderen Person hilft oder mit ihr kooperiert; ein Anhänger oder Partner; auch ein Land oder eine Gruppe, die sich mit einem anderen Land oder Gruppe für einen gemeinsamen Zweck zusammengetan hat, wie z. B. im Krieg usw. Seite 217.

Verdrehung: ein Abweichen von der Wahrheit oder dem, was Recht ist; Ablenkung zu einer nicht korrekten Verwendung. Seite 70.

verleumden: etwas, das gesagt oder gesprochen wird, um das Ansehen oder den Ruf von jemandem zu verletzen. Seite 296.

vermuten: man nimmt an, dass etwas der Fall, möglich oder wahrscheinlich ist. Seite 13.

Vitalität: begeisterte körperliche Stärke oder geistige Lebenskraft. Seite 27.

Voodoo: eine Anzahl von Glaubensprinzipien und -praktiken, ursprünglich aus Afrika, die Zauberei einschließen, sowie die angebliche Ausübung übernatürlicher Kräfte durch die Hilfe böser Geister. Seite 48.

voraussetzen: (von etwas) annehmen, dass es wahr, real oder notwendig ist, insbesondere als Grundlage für logisches Denken. Seite 15.

Wahrnehmungseindrücke: wahrgenommene und aufgezeichnete Sinnesbotschaften, wie z. B. Geruch, Geschmack, Berührung, Klang, Sehen usw.; Wahrnehmungen. Seite 100.

Woge: eine fließende Wassermasse; eine Strömung. Hier in *„Woge des Lebens"* im übertragenen Sinne verwendet, in der Bedeutung von der bewegenden Kraft des Lebens. Seite 39.

Wohlfahrtsstaat: ein Staat, in dem das Wohlergehen der Leute die Verantwortung der Regierung ist, was solche Dinge betrifft wie soziale Sicherheit, Gesundheit und Erziehung, Unterkunft und Arbeitsbedingungen. Seite 190.

Wort, das: ein Hinweis auf das Zitat aus der Bibel: „Am Anfang war das Wort." „Wort" bezieht sich hier auf das Wort Gottes. Seite 14.

Zauberkünstler: jemand, der Geister anruft oder beherrscht oder Zauberei praktiziert; ein Zauberer. Seite 14.

zuletzt gelacht: sich als im Recht oder erfolgreich erwiesen haben, nachdem man mit Unglauben, Mangel an Vertrauen oder starker Kritik behandelt worden war; sich am Ende als erfolgreich herausgestellt haben (nachdem man scheinbar besiegt worden war oder verloren hatte). *Lachen* wird hier in Verbindung mit der Feier des Sieges verwendet, manchmal indem man sich über jemanden oder etwas lustig macht, nachdem man einen Wettbewerb oder etwas wie einen Wettbewerb gewonnen hat. Seite 168.

zwanghaft: die Macht habend zu erzwingen; einen unwiderstehlichen Drang ausübend, eine Handlung tun zu müssen, die dem eigenen Willen entgegengesetzt ist. Seite 113.

Stichwortverzeichnis

F

G

H

S

U

W

Z

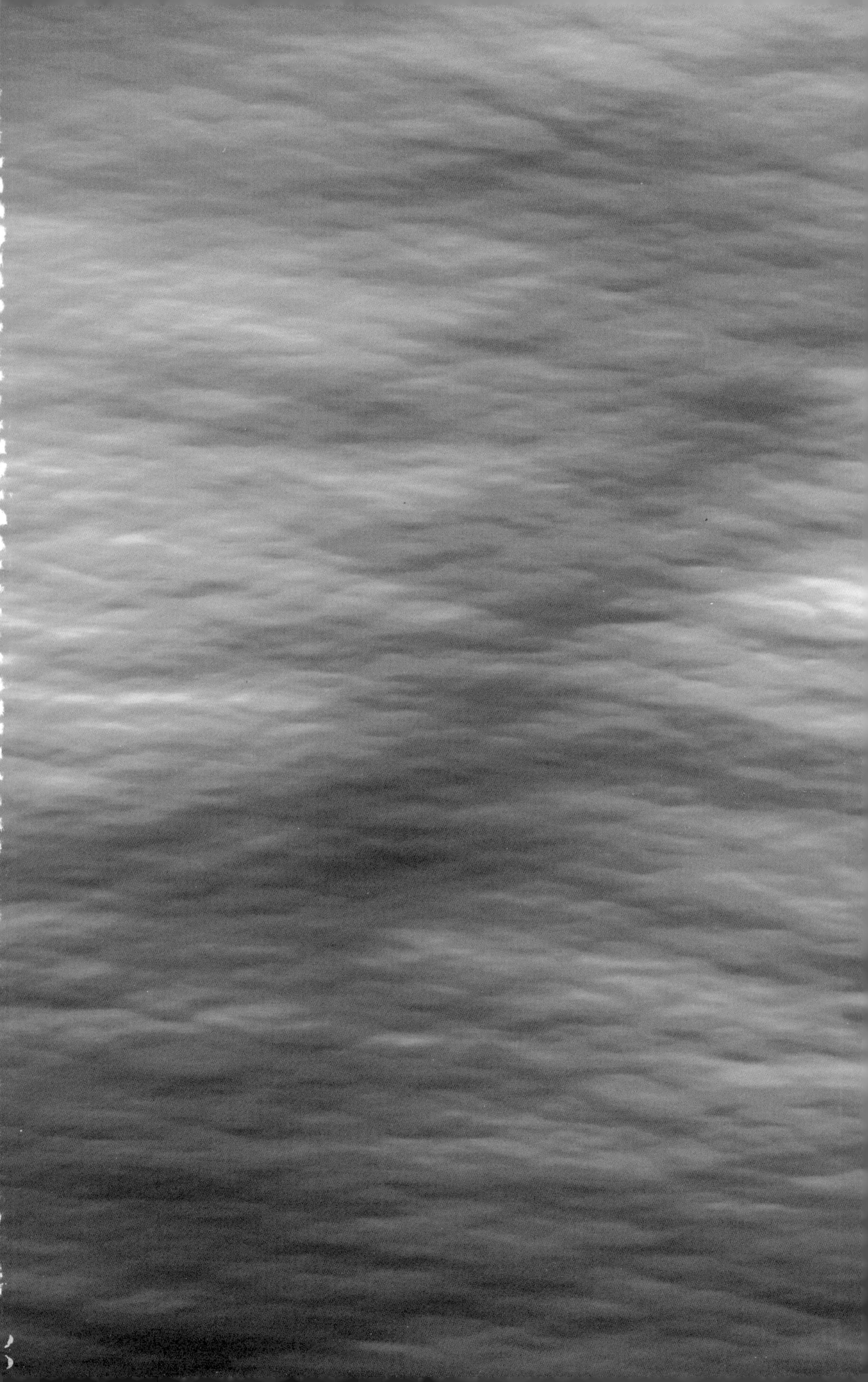